# 雅論與雅俗之辨

## 再版前言

這套「中國美學範疇叢書」初版於二○○一年，時隔十五年再版，作為編委與作者，依然感到書不盡言，言不盡意。

中國美學範疇，顧名思義，是對中國數千年源遠流長的美學與文藝史理論的概括。範疇這個術語本是從西方哲學引進的。西方所謂範疇是指人類主體對事物普遍本質的認識與把握。它與概念不同，概念一般反映某個具體事物的類屬性，而範疇則是對事物總體本質的認識與把握。中國美學的範疇與西方美學相比，富有體驗性與感知性，善於在審美感興中直擊對象，這種範疇把握，融情感與認識、哲理與意興於一體，正如嚴羽《滄浪詩話》所說「唐人尚意興而理在其中」。中國美學範疇，實際上是中國古代美學與哲學智慧的彰顯，也是藝術精神的呈現。諸如感興、意象、神思、格調、情志、知音等美學範疇，既是對中國美學與文藝活動的總結與概括，也是人們從事藝術批評時的器具。對中國美學範疇的認識與研究，不僅是一種學術研究與認識，而且還是一種體驗與濡染的精神活動。中國美學範疇的生成與闡述，與個體生命的活動息息相關，這種美學範疇在社會形態日漸工具化的今天，其精神價值與藝術價值越發顯得重要。中國當代美學範疇與精神的構建，毫無疑問應當從中國傳統美學範疇中汲取滋養。

這套叢書緣起於一九八七年，當時正是國內人文思潮湧動的時

候，那時我還是在中國人民大學哲學系美學教研室任教的一名年輕副教授。吾師蔡鍾翔教授與中國人民大學中文系的同事成復旺、黃保真教授一起編寫出版了《中國文學理論史》，接著又發起與組織編寫了「中國美學範疇叢書」，歷時十三年，於二〇〇一年由百花洲文藝出版社出版了第一輯，有《美在自然》《文質彬彬》《和：審美理想之維》《興：藝術生命的激活》《原創在氣》《因動成勢》《風骨的意味》《意境探微》《意象範疇的流變》《雄渾與沉鬱》等十本。我承擔了其中的《和：審美理想之維》《興：藝術生命的激活》兩本。

在編寫這套叢書時，蔡老師作為主編，撰寫了總序，確定了基本的編寫思想，對於什麼是中國美學範疇及其特點，作出了闡釋，將其歸納為：一、多義性與模糊性；二、傳承性與變易性；三、通貫性與互滲性；四、直覺性與整體性；五、靈活性與隨意性。這五點是中國美學範疇的特點。強調中國美學範疇的認識與體驗、情感與理性、個體與總體的有機融合。另外，蔡師也強調「中國美學範疇叢書」的編寫與出版，是隨著中國美學的研究深入而催生的。在上個世紀八十年代初的美學熱中，對於中國美學史的興趣成為當時亮麗的風景線，我在當時也開始寫作《六朝美學》一書。而隨著中國美學史研究的深入，人們越來越對中國美學範疇產生了濃厚的興趣，在當時，意象、意境、境界、神思、比興、妙悟等範疇成為人們的談資，時見於論文與著作中，也是文藝學與美學中的熱門話題。正是有鑒於此，彙集這方面的專家與學者，編寫一套專門研究中國美學範疇的高水平叢書的策劃，便應運而生。正如蔡師在全書總序中所說：「『叢書』選題主要是

元範疇和核心範疇，也包括少量重要的衍生範疇，在這些範疇之內涵蓋若干相關的次要範疇。這是對中國傳統美學範疇的一次全面深入的調查，工程是浩大的、艱難的，但確是意義深遠的，它將為中國美學和中國文論的史的研究和體系研究打下堅實的基礎。」

這套書從策劃到編寫，再到出版，歷經十多年，作為撰寫者與助手的我，見證了蔡師的嘔心瀝血，不辭辛勞。比如揚州大學古風教授撰寫的《意境探微》一書，傾注了蔡老師審稿時的大量心血。儘管古教授當時已經在《中國社會科學》《文藝研究》《文學評論》等刊物發表了相關論文，在這方面成果不少，但是蔡老師本著精益求精的方針，反覆與他通信商談書稿的修改，經過多次打磨與修改之後，最後形成了目前出版的書稿。記得那時我和蔡老師都住在人民大學校內，每次我去他家拜訪時，總是見到他在昏黃的檯燈下伏案看稿與改稿，聊天時也是談書稿的事。有時他對作者書稿的質量與修改很是著急與焦慮，我也只好安慰他幾句。

本叢書體現這樣的學術立場與宗旨。這就是：一、追求「究天人之際，通古今之變，成一家之言」的學術旨趣。每本書都以範疇的歷史演變與範疇的結構解析為基本框架，同時，立足於探討中國美學範疇的當代價值與當代轉化。作者在遵循基本體例的同時，又有著鮮明的個性與觀點，彰顯「和而不同」的學術自由精神。二、本著「萬物並育而不相害，道並行而不相悖」的兼容并包之襟懷，融會中西，將中國美學範疇與西方美學與文化相比較，盡量在比較中進行闡釋，避免全盤西化或者唯古是好的偏執態度。

　　值得一提的是，叢書的第一輯出版後，在二〇〇二年五月二十五日，叢書編委會與江西百花洲文藝出版社在中國人民大學中文系舉行了第一輯的出版座談會，當時在京的一些著名學者侯敏澤、葉朗、童慶炳、張少康、陳傳才，以及詹福瑞、韓經太、左東嶺、朱良志、張晶、張方等學者參加了座談會並作了發言，我也有幸與會。學者們充分肯定了這套叢書的出版對於推動中國美學的研究，有著積極的意義，認為這套書具有很高的學術水準。與會者讚揚這套書體現了古今融會、歷史的演變與範疇的解析相貫通的學術特色，同時也提出了中肯的意見。正是在這些鼓勵之下，叢書的編委會與作者經過五年的繼續努力，於二〇〇六年底出版了叢書第二輯的十本，即《美的考索》《志情理：藝術的基元》《正變・通變・新變》《心物感應與情景交融》《神思：藝術的精靈》《大音希聲——妙悟的審美考察》《虛實掩映之間》《清淡美論辨析》《雅論與雅俗之辨》《藝味說》等。第二輯與第一輯相比，內容更加豐富，涉及中國美學與藝術的一些深層範疇，寫法愈加靈動，與藝術創作的結合也更加明顯。顯然，中國美學範疇研究的水平隨著叢書的推進也得到相應的提升。

　　從二〇〇六年叢書第二輯出版至今天，一晃又過去了十年。令人哀傷的是，蔡老師因病於二〇〇九年去世了。原先設想的出版三十本的計劃也終止了。在這十年中，中國美學範疇的研究有了很大的進展，比如將中國美學範疇與中國文化、中國哲學相連繫的論著問世不少，將中西美學範疇進行比較研究的成果也頗為可觀。但是這套叢書的學術價值歷經時間的考驗，不但沒有過時，相反更顯示出它的內在

價值與水平。時值當下對中國傳統文化與國學的研究與討論的熱潮，這套叢書的實事求是的治學態度，認真負責的撰寫精神，以及浸潤其中的追求人文與學術統一、古今融會、中西交融的學術立場，不追逐浮躁，潛心問學的心志，在當前越發彰顯其意義與價值。在當前研究中國美學的書系中，這套叢書的地位與價值是不可替代的，在今天再版，實在是大有必要。在這十年中，發生了許多變故，叢書的顧問王元化、王運熙先生，副主編陳良運先生，編委黃保真先生，作者郁沅先生等，以及當初關心與幫助過這套叢書的著名學者侯敏澤、童慶炳先生，還有責任編輯朱光甫先生，已經離世，令人傷懷。對於他們的辛勞與幫助，我們將永遠銘記在心。今天，這套叢書的再版，也蘊含著紀念這些先生的意義在內。

　　本次再版，百花洲文藝出版社本著弘揚優秀傳統文化的宗旨，經過與作者協商，在重新校訂與修訂的基礎之上，將原來的叢書出版，個別書目因各種原因，未納入再版系列。相信此次再版，將在原來的基礎之上，提升叢書的水平與質量。至於書中的不足，也有待讀者的批評與指正。

袁濟喜

二〇一六年十二月三十一日

總序

　　範疇，是對事物、現象的本質連繫的概括。範疇在認識過程中的作用，正如列寧所指出的，它「是區分過程中的梯級，即認識世界的過程中的梯級，是幫助我們認識和掌握自然現象之網的網上紐結」(《哲學筆記》)。人類的理論思維，如果不憑藉概念、範疇，是無法展開也無從表達的。美學範疇，同哲學範疇一樣，是理論思維的結晶和支點。一部美學史，在一定意義上也可以說是一部美學範疇發展史，新範疇的出現，舊範疇的衰歇，範疇含義的傳承、更新、嬗變，以及範疇體系的形成和演化，構成了美學史的基本內容。

　　中國傳統美學範疇，由於文化背景的特殊性，呈現出與西方美學範疇迴然不同的面貌，因而在世界美學史上具有獨特的價值。中國現代美學的建設，非常需要吸納融匯古代美學範疇中凝聚的審美認識的精粹。自二十世紀八十年代後期以來的十餘年中，美學範疇日益受到我國學界的重視，古代美學和古代文論的研究重心，在史的研究的基礎上，有逐漸向範疇研究和體系研究轉移的趨勢，這意味著學科研究的深化和推進，預計在二十一世紀這種趨勢還會進一步加強。到目前為止，研究美學、文藝學範疇的論文已大量湧現，專著也有多部問世，但嚴格地說，系統研究尚處在起步階段，發展的前景和開拓的空間是十分廣闊的。中國傳統美學範疇的特點是很突出的，根據現有的

研究成果，大致可以歸結為以下幾點：

一、多義性和模糊性。範疇中的大多數，古人從來沒有下過明確的定義或界說，因此，這些範疇就具有多種義項，其內涵和外延都是模糊的。如「境」這個範疇，就有好幾種含義。標榜「神韻」說的王士禎，卻缺乏對「神韻」一詞的任何明晰的解說。不僅對同一範疇不同的論者有不同的理解，同一個論者在不同的場合其用意也不盡相同。一個影響很大、出現頻率很高的範疇，使用者和接受者也只是仗著神而明之的體悟。

二、傳承性和變易性。範疇中的大多數，不限於一家一派，而是從創建以後便一代一代地傳承下去，成為歷代通行的範疇，但於其傳承的同時，範疇的內涵卻發生著歷史性的變化，後人不斷在舊的外殼中注入新義，大凡傳承愈久，變易就愈多，範疇的內涵也就變得十分複雜。如「興」這個範疇，始自孔子，本是屬於功能論的範疇，而後來又補充進「感興」「興會」「興寄」「興托」等含義，則主要成為創作論的範疇了。

三、通貫性和互滲性。古代美學中有相當數量的範疇是帶有通貫性的，即貫通於審美活動的各個環節。如「氣」這個範疇，既屬本體論，又屬創作論；既屬作品論，也屬作家論，又屬批評、鑑賞論。至於各個範疇之間的互滲，如「趣」和「味」的互滲，「清」和「淡」的互滲，包括對立的互轉，如「巧」和「拙」的互轉，「生」和「熟」的互轉，就更加普遍。因而範疇之間千絲萬縷、交叉糾纏的關係，形成一個複雜的網絡。

四、直覺性和整體性。許多範疇是直覺思維的產物，其美學內涵究竟是什麼，只可意會，不可言傳。典型的例子如「味」這個範疇，什麼樣的作品是有滋味的，如何賞鑒作品才是品「味」，怎樣才是「辨於味」，「味外味」又何所指等等，都是不可能用言語來指實，只能是一種心領神會的直覺解悟。既然是直覺的，即不經過知性分析的，就必然是整體的把握。如風格論中的許多範疇，何謂「雄渾」，何謂「沖淡」，何謂「沉著痛快」，何謂「優游不迫」，都不可條分縷析。直覺性與模糊性無疑是有不可分割的連繫的。

五、靈活性和隨意性。漢語中存在大量的單音詞，其組合功能極強，一個單音詞和另一個單音詞組合便構成一個新的複音詞。中國古代美學利用組詞的靈活性，創建了許多新的範疇，如「韻」和「氣」組合構成「氣韻」，「韻」和「神」組成「神韻」，「韻」和「味」組成「韻味」，等等。而這種靈活性可以說達到了隨意的程度，一個主幹範疇能繁育滋生出一個龐大的範疇群或範疇系列，舉其極端的例子而言，如「氣」，不僅構成了「氣韻」「氣象」「氣勢」「氣格」「氣味」「氣脈」「氣骨」，還演化成「元氣」「神氣」「逸氣」「奇氣」「清氣」「靜氣」「老氣」「客氣」「屌氣」「傖氣」「山林氣」「官場氣」等等，當然這些衍生的名稱未必都算得上範疇，但確有一部分上升到了範疇的地位。

上述這些傳統美學範疇的特點，也就是研究中的難點，要給予傳統美學範疇以現代詮釋，而不是以古釋古，難度是很大的。根本的問題在於古今思維方式的差異。我們現代的思維方式，基本上是採納了西方的思維方式，因此在詮釋中很難找到對應的現代語彙，要將傳統

美學範疇裝進現代邏輯的理論框架，便會感到方枘圓鑿，扞格難通。中國的傳統思維，經歷了不同於西方的發展道路，即沒有同原始思維決裂，相反地卻保留了原始思維的若干因素。我們不能同意西方某些人類學家的論斷，認為中國的傳統思維還停留在原始思維的水平。中國古人的理論思維在先秦時代已達到很高的水平，所保留的原始思維的痕跡，有些是合理的，保持了宇宙萬物的整體性和完整性，不以形式邏輯來切割肢解，是符合辯證法的原理的，在傳統美學範疇中也表現出這種長處。因此，研究中國美學範疇，必須結合古人的思維方式，連繫整個中國傳統文化的大背景來考察，庶幾能作出比較準確、接近原意的詮釋。範疇研究的深入自然會接觸到體系問題。中國古代美學家、文論家構築完整的理論體系者極少，但從範疇的整體來看是否構成了一個統一的體系呢？範疇的層次性是較為明顯的，如有些研究者區分為元範疇、核心範疇（或主幹範疇）、衍生範疇（或從屬範疇）等三個或更多的層次。但範疇之有無邏輯體系，研究者尚持有截然不同的觀點。我們傾向於首肯「潛體系」的說法，即範疇之間存在有機的連繫，範疇總體雖然沒有顯在的體系，卻可以探索出潛在的體系。但要將這種「潛體系」轉化為「顯體系」並非易事，因為這是兩種思維方式的轉換，轉換實際上是重建。有些研究者梳理整合出了一套範疇體系，只能是一家之言，是一種先行的試驗。由於對個別範疇還未研究深透，重建整個中國美學理論體系的條件就沒有完全成熟。於是我們萌發了一個構想，就是編輯一套「中國美學範疇叢書」，每一種（或一對）範疇列一專題，寫成一本專著，對其美學內涵作詳盡的現代

詮釋，並盡量收全在其自身發展的不同歷史階段上的代表性用法和代表性闡述，力爭通過歷史的評析揭示各範疇內涵邏輯展開的過程。「叢書」選題主要是元範疇和核心範疇，也包括少量重要的衍生範疇，在這些範疇之內涵蓋若干相關的次要範疇。這是對中國傳統美學範疇的一次全面深入的調查，工程是浩大的、艱難的，但確是意義深遠的，它將為中國美學和中國文論的史的研究和體系研究打下堅實的基礎。

這一工程從一九八七年開始策劃，歷時十三年，得到許多中青年學者的熱烈響應。更有幸的是，在世紀交替之年，獲得江西省新聞出版局和百花洲文藝出版社領導的大力支持，在他們的努力下，「叢書」被列入「十五」國家重點圖書出版規劃，「叢書」共計三十本，預定在四年內分三輯出齊。為此組織了力量較強的編委會，投入了充足的人力、物力、財力，力爭使「叢書」成為精品圖書。我們萬分感佩江西出版部門充分估計「叢書」學術價值的識見和積極為文化建設做貢獻的熱忱。最終的成果也許難以盡愜人意，但我們相信「叢書」的出版，必將在中國美學範疇研究的長途跋涉中留下一串深深的足印。

蔡鍾翔

陳良運

二〇〇一年三月

提　內
要　容

　　「雅」與「俗」，是中國美學史上一對既古老又彌新的範疇。

　　就古代文藝美學看，「雅」屬於統治者、士大夫菁英文化層面，是正統的、雅正的；「俗」則屬於被統治者、平民百姓大眾文化層面，是世俗、俚俗與淺俗、粗俗的。從狹義上看，「雅」與「俗」，意指審美意趣與審美境界上的高雅別緻、典雅莊重、超凡脫俗與通俗淺顯、質樸粗獷、自然本色等。從其美學思想的發展看，「雅」與「俗」之間又存在著相互矛盾、相互轉化、相互依賴、相互作用的辯證關係。正是基於此，本書才從「雅者正也」的審美意識出發，考察了中國美學雅論與雅俗之爭的文化淵源，闡述高雅、典雅、和雅、清雅和古雅等雅境的審美內涵與審美特徵，同時，還對中國先秦至清代的雅俗審美意識的歷史軌跡進行系統而深入的探討，旁徵博引，觀點鮮明，充分展示了雅俗審美意識的立體面貌。

# 目次

**第六章**
# 明清：雅俗審美意識的多元化

# 緒論　雅俗論的文化淵源

　　「雅」與「俗」，應是中國美學史上一對既古老而又彌新的範疇。「雅」「俗」之分，原本是指文化教養的程度。《荀子》〈儒效〉云：「不學問，無正義，以富利為隆，是俗人者也。」故就社會文化層面來看，「雅」意指文人雅士、風雅之士；「俗」則指世俗之人、百姓民眾。如《老子》〈二十章〉云：「俗人昭昭，我獨昏昏；俗人察察，我獨悶悶。」上升到人生美學，「雅」則體現著人的儀表姿態閒雅得體、雅正莊重、儒雅端莊；言行舉止溫文爾雅、雅厚純正、意趣富雅、不落俗套、雅正超俗；人格操守高尚，精神境界超凡脫俗、雅潔瑩然、迥然獨立、超脫塵世。「俗」則表現為平庸、低下，格調不高，善於趨炎附勢、追名逐利、庸俗陋劣、同流合污、一味媚俗。

　　就古代文藝美學而言，其含義有廣義與狹義、褒義與貶義之分。廣義上看，「雅」與「俗」之間包含著等級的劃分，「雅」屬於統治者、士大夫菁英文化層面，是正統的、雅正的；「俗」則屬於被統治者、平民百姓大眾文化層面的，是世俗、俚俗與淺俗、粗樸的。狹義看，

「雅」與「俗」，意指審美意趣與審美境界上的高雅別緻、典雅莊重、超凡脫俗與通俗淺顯、質樸粗獷、自然本色等。

「雅」與「俗」，無論廣義還是狹義都為褒義；貶義的「俗」則為下流、低級、庸俗、粗俗。

從其美學思想的發展來看，「雅」與「俗」之間又存在著相互矛盾、相互轉化、相互吻合、相互為用的辯證統一關係。這裡，我們先來探討一下廣義上「雅」「俗」之爭所生成的文化根源。

## 一、「雅正淫奢」之別

在中國文藝美學發展史上，「雅」「俗」之爭可以追溯到先秦時期禮樂制度的建立。西周初年，武王去世，成王年幼，其叔父周公旦攝政七年，制禮作樂，使文禮隆盛、文章炳蔚。所謂「制禮作樂」，就是將「禮」「樂」制度化。而這種禮樂制度的核心，則在於辨別、規定等級區分，使人與人之間的等級關係有序化，並要求人們自覺遵守等級秩序，自覺尊重他人的等級地位。這就是所謂「分」「別」「序」，即「別尊卑，異貴賤」，嚴格區分君臣上下、富貴貧賤、長幼尊卑。《管子》〈五輔〉云：「上下有義，貴賤有分，長幼有序，貧富有度，凡此八者，禮之經也。」《荀子》〈富國〉云：「禮者，貴賤有等，長幼有差，貧富輕重皆有稱者也。故天子袾裷衣冕，諸侯玄裷衣冕，大夫裨冕，士皮弁服。德必稱位，位必稱祿，祿必稱用。由士以上則以禮樂節之，眾庶百姓則必以法數制之。」在中國古代，這種禮樂制度與規範幾乎遍及社會生活的方方面面，所謂「飲食有量，衣服有制，宮室有度」（《管子》〈立政〉）；「衣服有制，宮室有度，人徒有數，喪祭械用，皆有等宜」（《荀子》〈王制〉）。從衣服來看，凡顏色、花紋、質料、飾物；從宮室來看，凡間架、梁棟、繪飾、房階、門釘；從婚喪禮儀來看，禮品、祭品的規格等等，都有嚴格的等級標準，不准踰越。社會

生活中必須遵循特定的行為規範，以體現尊卑、貴賤、長幼等級制度。正如《荀子》〈修身〉所說：「容貌、態度、進退、趨行，由禮則雅，不由禮則夷固僻違，庸眾而野。」推及文化藝術活動也應如此，必須符合禮義，遵守尊卑、貴賤、雅俗等等級關係。因此，在中國古代哲人看來，聖人立樂，和制禮一樣，都是為了「管乎人心」。這點我們可以從其時的文藝活動現象看出。如藝術，就音樂藝術來看，中國古代包括樂懸、舞列、用樂等，都有等級森嚴的規定，不允許僭越。這些規定，一方面貫徹在由大司樂進行的國子教育中，一方面則體現在祭祀、燕享等雅樂活動中。所謂「國子」，指「公卿大夫之子弟」，即貴族子弟，是相對於「國人」，也即平民百姓而言的。中國重樂的傳統非常悠久。即如《呂氏春秋》〈古樂〉所說：「樂之所由來者尚矣，非獨為一世之所造也。」上古時期的朱襄氏、葛天氏、陶唐氏、黃帝、顓頊、帝嚳、堯、舜都有樂。舜時，就以夔為樂官，「以樂傳教於天下」（《呂氏春秋》〈察傳〉）。據《周禮》〈春官宗伯〉〈大司樂〉記載，周初對「國子」進行以「六藝」為內容的禮樂教化，其中就包括「樂德」教育：「以樂德教國子，中、和、祗、庸、孝、友；以樂語教國子，興、道、諷、誦、言、語；以樂舞教國子，舞〈雲門〉〈大卷〉〈大咸〉〈大磬〉〈大夏〉〈大濩〉〈大武〉；以六律、六同、五聲、八音、六舞大合樂，以致鬼神示，以和邦國，以諧萬民，以安賓客，以說遠人，以作動物。乃分樂而序之，以祭，以享，以祀。」此即所謂「以樂造士」，「禮非樂不履」；而「分樂而序」，則體現了等級制度的森嚴。同時，不同場合、不同對象，所演奏的音樂是不同的。《左傳》〈隱公五年〉載：「九月，考仲子之宮，將萬焉。公問羽數於眾仲。對曰：『天子用八，諸侯用六，大夫四，士二。夫舞，所以節八音而行八風，故自八以下。』公從之。」所謂「非禮勿視，非禮勿聽，非禮勿言，非禮

勿動」。《荀子》〈王制〉云：「聲則凡非雅聲者舉廢，色則凡非舊文者舉息，械用則凡非舊器者舉毀。夫是之謂復古，是王者之制也。」又說：「審詩商，禁淫聲，以時順修，使夷俗邪音不敢亂雅，大師之事也。」在中國古代哲人看來，「樂與政通」，和「禮」密不可分，體現著尊卑、貴賤的身分和等級關係，有「雅正淫奢」之分，「夷俗邪音」不能「亂雅」。

就「樂」本身而言，是無所謂「雅正淫奢」的。所謂「樂者，樂也，人情之所必不免也，故人不能無樂。樂則必發於聲音，形於動靜，而人之道聲音動靜性術之變儘是矣，故人不能不樂」（《荀子》〈樂論〉）。人生來就有對「樂」的需求。審美是人的本質與天生需求，正是為審美的需要，從而才發而為聲音，並形諸舞詠。這也就是音樂、舞蹈、詩歌合一的「樂」。人不能不樂，也不能無樂。人不能離開藝術審美活動，好美是人的天性。即如《孟子》〈告子上〉所云：「耳之於聲也，有同聽焉；目之於色也，有同美焉。」又如《孟子》〈盡心下〉所云：「口之於味也，目之於色也，耳之於聲也，鼻之於臭也，四肢之於安佚也，性也。」然而人又是屬於社會的，社會性是人的直接本質和現實本質。人「有夫婦之別，父子兄弟之序。……有君臣之分，尊卑之節」（《無能子》卷上〈聖過〉第一）。《荀子》〈王制〉云：「水火有氣而無生，草木有生而無知，禽獸有知而無義。人有氣，有生，有知，亦且有義，故最為天下貴也。」人進行著各種活動，不但進行著物質生產、社會關係的生產，而且還進行著人類自身的生產和精神生產，正是通過這四種生產組合而成的人類社會生產活動，人才得以不斷發展、實現和確證自己的本質特性。而審美活動就是人所進行的全部社會生產活動中最能體現人的本質和本性的一種特殊形態。人的身心統一體的需要，即「氣」「生」「知」「義」的需要是審美活動的目的和

動力。審美活動的發生與對「雅」的審美境界的追求既是人體驗自我、改善自我、發揮自我、實現自我的需要，也是人本質特性的一種最高表現形式。只有這樣，才能說人「最為天下貴」。

人「最為天下貴」，具有社會性，「有君臣之分、尊卑之節」，故而，作為人藝術審美需要的「樂」也是有區別的，有「雅樂」和「俗樂」、「先王之樂」和「世俗之樂」、「雅頌之聲」和「鄭衛之聲」、「陽春白雪」和「下里巴人」等等。同時，正由於「樂」有區別，有「雅樂」「俗樂」，從而才有了「雅」與「俗」不同的審美意趣和審美追求，也才有了對「雅」與「俗」的褒貶意識。

## 二、雅　樂

所謂「雅樂」又稱「先王之樂」，是指正統的音樂，即無論是從審美意蘊看，還是從審美表達看，都符合禮樂規範，能體現儒家所極力稱頌，和士大夫政治文化精神一脈相承的政治倫理教化審美觀念的宮廷音樂。這種音樂一般都在祭祀活動和朝會儀禮中採用。

「雅樂」的起源和周代的禮樂制度分不開。「禮非樂不履」，據《禮記》〈明堂位〉記載，早在周初，周公就「制禮作樂」，以用於郊社、宗廟、朝會、燕享、賓客、射鄉等祭祀和宮廷儀禮，以及軍事上的大典活動中。

「樂」原本是樂舞、樂曲、樂歌的統稱。根據周代的禮樂制度，等級不同的貴族在禮典儀式中所採用的樂舞、樂曲、樂歌以及樂器的類型、數量、形制等都有嚴格的規定，這些規定是不允許僭越的。在祭祀禮儀和相見禮儀中歌唱的詩也有規定，包括其意旨和意蘊，都應與所祭祀的對象、祭祀儀禮的主持者和祭祀活動的參加者的等級地位相符。如果「樂」的使用不符合規定，那麼就如同禮儀與規定的不相符一樣，要被指責為「非禮」。故而，實際上這裡的「樂」，就是「雅

樂」。

「雅樂」的作用是輔助「禮」，與「禮」相成相濟，以增進社會的和諧。但就「禮」與「樂」的關係來看，兩者之間是既有區別，又相互統一的。分開來看，則「禮」「樂」各一；合起來看，則「禮」中有「樂」，以「禮」為主，以「樂」為輔。「樂」與「禮」的作用是相輔相成的。《禮記》〈樂記〉說：「樂統同，禮別異。」又說：「樂者為同，禮者為異；同則相親，異則相敬；樂勝則流，禮勝則離。合情飾貌者，禮樂之事也。禮義立，則貴賤等矣；樂文同，則上下和矣。」從這裡可以看出，「樂」與「禮」一樣，都是維護宗法性等級秩序和等級文化體系的。但是，「禮」作為「人道之大者」，是把人按血緣譜系的不同而劃分為等級差別，以達到親親、尊尊、長長、男女有別，使貴賤有序、長幼有差、貧富有輕重，「由禮而雅」。這種區分的主要特徵顯然是「別」，即「別異」。但如果「禮勝」，即禮儀特別的「敬慎重正」「敬慎威儀」，那麼，在宗法性等級體系內部就會產生疏離與衝突，以至造成人與人關係的緊張和離散，故而說「禮勝則離」。而「樂」，則是為了緩和這種緊張與衝突的。故稱「樂統同」「樂者為同」「樂勝則流」。通過「樂」，等級制度所造成的人與人之間的矛盾得以消解，並由此而增益了親和關係，所以說，禮主異，樂主同。通過別異，以促進尊尊、親親、長長，達到尊祖敬宗的效果，增強宗族內部的凝聚力和向心力；通過合同，以增強親和意識，風化道德、穩定人心。也就是說，「禮」與「樂」是相配相合、相輔相成的，「禮」的主要作用是區別尊卑貴賤，使卑者敬尊，賤者敬貴，下者敬上，但不能使卑者親尊、賤者親貴、下者親上；「樂」則能善化人心，移風易俗，使尊卑、貴賤、上下之間相親相愛、和睦共處，以維護社會和諧，「故先王導之以禮樂而民和睦」（《荀子》〈樂論〉）。

同時，從所起作用的著眼點來看，「禮」更多地表現為對人的行為的規範，而「雅樂」則更多地是對人內心思想情感的陶冶，故《禮記》〈樂記〉說：「樂由中出，禮自外作。樂由中出，故靜；禮自外作，故文。大樂必易，大禮必簡。樂至則無怨，禮至則不爭。揖讓而治天下者，禮樂之謂也。」《禮記》〈文王世子〉也說：「凡三王教世子，必以禮樂。樂所以修內也，禮所以修外也。」顯而易見，這裡所說的「中」與「內」，是指人的精神或心理，即思想情感；而所謂的「外」，則指人的行為。的確，作為一種規範，「禮」更多的是針對人的外在行為而言，如人的言行舉止、情貌音容，通過禮儀教化，以做到文飾有度；而「樂」則主要作用於人的心靈，通過對人心靈的陶冶，以淨化人的情感，感發人的志意，並由此而使人獲得心靈的和諧，使人不但受到外在規範「禮」的制約，而免除爭鬥之心，由知禮而恭敬，由恭敬而尊讓，安於自己的等級地位，並尊重他人的等級地位；同時，更由於內心情感的和諧而無怨無恨，從而使得「少長貴賤不相踰越」，「亂不生而想不作」，這樣，社會自然安定和諧。因此，儒家哲人極力主張「樂教」，提倡用「雅樂」來「感發人之善心」（《禮記》〈樂記〉），認為「雅樂」「之入人也深，其化人也速」（《荀子》〈樂論〉）。在儒家哲人看來，「雅樂」是「天地之和」，「與天地同和」。「雅樂」的核心美學精神就是「和」。即如荀子所說：「調和，樂也。」（《荀子》〈臣道〉）所謂「和」，即平和、調和、和諧、和雅。儒家哲人認為，「雅樂」的音調、節奏諧調完美、自由和諧、純正溫雅，因此，通過「樂教」，可以使人的心靈得到陶冶，從而「血氣平和」，過分的物質慾望得以合理的節制而保持適度，停止追求外物而返歸自身，「返樸歸真」，以保持內心的寧靜與和平，追求更高的、超越流俗的高雅之境。總之，「禮」是通過各種規範以制約人外在的行為，而「樂」則是通過感染、薰陶

以啟發人內心的自覺。「禮」能培養人良好的道德行為，而「樂」則能熔鑄人高尚的品德情操，「禮」的作用是使尊卑、貴賤有別有序，而「樂」的作用則在於使不平等的等級關係趨於和諧，故而，只有「禮樂交錯」，內外結合，才能使人「志清」「教成」「上下和順」，人與人之間「和教」「和樂」「和平」「和諧」。

由此可見，先秦時期的「隆雅」「尚雅」審美觀中含有極為濃重的政治倫理意味。對此，我們還可以從「雅樂」與「俗樂」的對峙中看到。

### 三、俗　樂

與「雅樂」相對的是「俗樂」。「俗樂」有泛稱和特稱。泛稱的「俗樂」，指古代各種民間音樂，又稱「世俗之樂」，與「先王之樂」相對。《孟子》〈梁惠王下〉云：「寡人非能好先王之樂也，直好世俗之樂也。」

遠古時期，屬於娛樂形式的「樂」是沒有雅俗之分的。這點，從先民的審美需求也可看出。就語義上看，許慎《說文解字》云：「美，甘也。從羊從大。」這就是說，最初所謂的美只是一種肯定性的味覺評價，是中國先民解決了起碼的生存需要後對生活質量的一種追求。同時也表明了中國先民生活中的審美追求是以飲食之樂為基礎，並由此而發展起來的。因此《管子》〈侈靡〉云：「飲食者也，侈樂者也。」可見，從先民最初的審美觀念看來，美的存在意義，首先是作為飲食活動中的享樂價值而出現的，基於人類對口味之美的關注與愛好，其中的「樂」是相同的，無所謂尊卑高下、雅俗不同。故而，墨子說：「目之所美，耳之所樂，口之所甘，身體之所安。」（《墨子》〈非樂〉）荀子說：「人之情，口好味而臭味莫美焉，耳好聲而聲樂莫大焉，目好色而文章致繁婦女莫眾焉，形體好佚而安重閑靜莫愉焉，心好利而谷

祿莫厚焉。」（《荀子》〈王霸〉）莊子說：「夫天下之……所樂者，身安、厚味、美服、好色、音聲也。」（《莊子》〈至樂〉）進入階級社會以後，「先王恥其亂，故制雅頌之聲以道之」（〈樂記〉〈樂化〉），使「貴賤等」「上下和」（〈樂記〉〈樂論〉）、「天尊地卑，君臣定矣；卑高已陳，貴賤位矣；動靜有常，小大殊矣；方以類聚，物以群分」（〈樂記〉〈樂禮〉）。隨著統治者與被統治者、尊卑上下的分化，加之，人在物質生活基礎上，對精神生活的追求，成為不可避免的歷史現象。統治者為促進社會繁榮、穩定社會秩序，於是制禮作樂，而雅樂興焉。即如《荀子》〈樂論〉所云：「是王者之始也。樂姚冶以險，則民流僈鄙賤矣。流僈則亂，鄙賤則爭。亂爭則兵弱城犯，敵國危之。如是，則百姓不安其處，不樂其鄉，不足其上矣。故禮樂廢而邪音起者，危削侮辱之本也，故先王貴禮樂而賤邪音。」這裡所謂的「禮樂」之「樂」，就是「雅樂」。這些宮廷樂舞，有的是對屬於「俗」文藝的原始樂舞的加工提高，有的是為歌功頌德製作的新樂。春秋時期流行的〈雲門〉、〈大卷〉（黃帝時代的樂舞），〈大咸〉（唐堯時代的樂舞），〈大磬〉（虞舜樂，即〈韶〉）屬於前者；禹樂〈大夏〉，商湯樂〈大濩〉，周樂〈大武〉屬於後者，總稱「六樂」，或「先王之樂」，是「雅樂」的典範，體現統治者的政治、社會理想，是「治世之音」。與之相應，那些長期流行於民間的音樂，它在形式和內容上不符合「雅正」的要求，或不遵循五聲音階的規定，或聲不中律。即如〈樂記〉所說：「鄭衛之音，亂世之音也，比於慢矣。」又說：「五者皆亂，迭相陵，謂之慢。」（〈樂本〉篇）這裡所說的「慢」就是不中律，不符合「雅正」的審美要求。這些「比於慢」的「樂」也就自然成為「俗樂」，而作為「雅樂」的對立面，不斷地興起於民間了。如果說「雅樂」的出現在一定時期是符合歷史要求的，起過推進審美意識和樂舞發展的作用，但到了後來，當

人們的審美意識已隨西週末年以後社會的大動盪而發生巨大變化的時候，還堅持過去的審美標準就顯然不合時宜了。因此，我們必須指出，「俗樂」的興起既是文藝發展的必然，也是社會發展所決定的，是不可避免的。在階級社會出現後，雖然審美和藝術成為統治者享受的特權，但百姓大眾的審美和藝術創造並沒有間斷。相反，統治者的審美享受還要依靠百姓大眾的審美創造（包括樂工、舞女、藝術工匠……）。這也是「俗樂」得以生成和發展的根本原因。從藝術發展的規律看，當審美意識隨著時代變化時，往往總是先在作為「俗」文藝的民間歌謠中體現出來，然後再影響到其他藝術領域。從歷史事實來看，從西週末年到春秋戰國的社會大變革，是我國文化發展的重要時期，其時是諸侯異政，百家異說。在整個社會政治、經濟、文化發生巨變的情況下，人的內心世界、思想情感、審美意識也必然隨之發生變化。這種變化不可能首先在「雅樂」中體現出來，而是在「俗樂」中以突破「雅正」的形式表現出來。《呂氏春秋》〈仲夏紀〉〈侈樂〉指出：亂世之樂，「為木革之聲則若雷，為金石之聲則若霆，為絲竹歌舞之聲則如噪。以此駭心氣，動耳目，搖盪生則可矣，以此為樂則不樂」。在這些若雷、若霆的「俗樂」中，就有一部分剛健激越的樂曲，反映了百姓大眾的憤怒情緒和鬥爭意志。它不是那麼溫柔敦厚，而是「怨以怒」，甚至有「殺伐之聲」，是君主專政的亂世之音，亡國之音。這對養尊處優的統治者來說，當然是不愛聽的。

在這些「俗樂」中，除表現激昂憤怒情感的作品外，也不乏纏綿悱惻、哀傷悲涼的曲調，其中有受壓迫者的呻吟，有顛沛流離者的痛苦，也有對故國和親人的懷念。其音悲愴哀痛，纏綿真切，婉轉動聽，「興、觀、群、怨」都有，對豐富和擴展人們審美感受的範圍，提升審美意趣，促進藝術的發展是十分有益的。

　　在「俗樂」之中，有不少是表達男女愛情的。這些「俗樂」曲調
輕快活潑，發自內心深處，情感真摯，與莊嚴肅穆、平和遲緩的雅頌
之聲大相逕庭，其中就包括傳統的所謂「鄭衛之音」。《春秋公羊傳》
〈宣公十五年〉何休《解詁》說：「男女有所怨恨，相從而歌。」朱熹
《詩集傳》說：「鄭衛之樂，皆為淫聲。然以詩考之，衛詩三十有九，
而淫奔之詩才四之一；鄭詩二十有一，而淫奔之詩已不翅七之五。衛
猶為男悅女之辭，而鄭皆為女惑男之語；衛人猶多刺譏懲創之意，而
鄭人幾於蕩然無復羞愧悔悟之萌。是則鄭聲之淫，有甚於衛矣。故夫
子論為邦，獨以鄭聲為戒，而不及衛，蓋舉重而言。」朱熹的這段議
論，除反對詩歌表現男女相悅的愛情外，尤惡「女惑男」，是宋代理學
家封建意識的典型。但它也從一個側面說明，春秋時期的「俗樂」大
多表達男女相悅的內容，所抒發的是對美好愛情的追求，表現的是純
真、深摯的感情和獲得愛情的歡愉，具有反對奴隸制倫理觀念的社會
意義，是歷史和審美意識的進步。具有藝術生命力、生機勃勃的「俗
樂」的興起，給詩歌藝術帶來新的活力，它對「雅正」的審美觀念和
「雅樂」是一個巨大的衝擊。這些或若雷若霆的金石木革之聲，或哀婉
纏綿的「鄭衛之樂」，即男女相戀的情歌，都是人類美好心靈和自由本
性的抒發。可以說正是「俗樂」中所表現的庶民大眾的這些真實情感，
成為推動審美追求和藝術發展的巨大動力。

　　從西週末年到春秋時期，以審美和藝術實踐活動為基礎，在禮樂
教化觀念與以天人合一的和諧意識為基本內容的審美意趣和審美理想
導引下所形成的以「尚雅」精神為主流的美學思想，為中國美學雅俗
觀的形成奠定了基礎。在此基礎上，隨著「俗樂」的興起，「雅俗」審
美意識與審美情趣共存的文藝發展狀況，促使一些思想家提倡「雅俗
並舉」。如孟子就認為：「今之樂猶古之樂也。」這裡所謂的「今之

樂」，即「世俗之樂」，「古之樂」即「先王之樂」也就是「雅樂」（參見《孟子》〈梁惠王下〉）。故而，可以說，這一時期雅俗觀的特徵是強調「雅」與「俗」對立面的和諧統一，並把「雅」與「俗」的和諧與自然、社會的普遍規律聯繫起來，從而形成一種系統的雅俗觀念體系。隨著歷史的變革和審美意識的發展，出現了「俗樂」新聲，這是社會經濟、文化發展的必然結果，它在表現情感和藝術水平上都超過了傳統的「雅樂」，成為擁有廣大世俗民眾的藝術形式。如齊國臨淄的市民，大都會演奏器樂，楚都郢城盛行唱和的風習。樂舞也成為一種職業，如韓國的韓娥，就是當時著名的民間歌唱家，她特別擅長演唱哀婉的歌曲，使老幼聞之，無不為之悲泣（見《列子》〈湯問〉）。所謂「餘音繞樑」，最早就是用來讚美她的歌藝的。當時的楚聲、鄭聲、秦聲都具有各自的地方特色。民間音樂的感人魅力也征服了當時的統治者，齊宣王就說：「寡人非能好先王之樂也，直好世俗之樂耳。」（《孟子》〈梁惠王下〉）春秋時期，禮樂崩壞，新樂興起，魏文侯「端冕而聽古樂，則唯恐臥，聽鄭衛之音，則不知倦」（〈樂記〉〈魏文侯〉）。這說明審美和藝術隨時代發展的歷史必然性。以上所談的情況，雖然已是戰國時期的事了，但「俗樂」新聲作為一種新的審美和藝術潮流，早在孔子之前就興起了。

隋唐時期，又稱用於宮廷宴享的「俗樂」為「燕樂」。杜佑《通典》卷一四六〈坐立部伎〉篇，就將唐初九部、十部樂及坐立部伎統稱為「燕樂」。沈括《夢溪筆談》說：「先王之樂為雅樂，前世新聲為新樂，合胡部為燕樂。」就指出，隋唐時期宮廷中演奏的「燕樂」是與「雅樂」相對而言的，還指出「燕樂」是以「清樂」為主體的漢族「俗樂」和境內各民族及外來俗樂（「胡部」）的總稱。歐陽修《新唐書》〈禮樂志〉云：「凡所謂俗樂者，二十有八調。」這裡的「俗樂」，實際上指的是

隋唐燕樂。特指的「俗樂」，即所謂「鄭衛之音」，又稱「鄭聲」。原本
指春秋戰國時期流傳於鄭、衛等地區（即今河南省新鄭、滑縣一帶）
的民間音樂。我們這裡所說的與「雅樂」相對峙的「俗樂」即指此。
作為「俗樂」的「鄭聲」在中國古代一再受到誹謗和攻訐，特別是春
秋末期。

### 四、尚雅貶俗

　　孔子尚雅貶俗。他極為重視「雅樂」的審美教育作用，指斥「鄭
聲淫」，主張「放鄭聲」，用「雅樂」來「感動人之善心」。其時，在「禮
崩樂壞」的社會背景下，周禮所代表的文化傳統日漸沒落，「鄭衛之
音」的影響日益擴大，並有逐漸取代「雅樂」的趨勢。對此，以孔子
為代表的、重視禮樂教化作用的儒家哲人深感痛心。孔子崇尚「雅
樂」，即使被困於陳蔡時，仍然「絃歌不衰」。為了重建傳統的等級秩
序，他強調必須讓禮樂重新獲得其原有的社會功能，主張「樂則《韶》
《武》，放鄭聲，遠佞人。鄭聲淫，佞人殆。」（《論語》〈衛靈公〉）他
曾表示自己推崇「雅樂」而貶斥「鄭聲」，「惡鄭聲之亂雅樂」。後來的
儒家哲人則繼承和發展了孔子的尚雅貶俗審美觀，並將其與政治教化
緊密地聯繫在一起。《荀子》〈樂論〉云：「亂世之征：其服組，其容
婦，其俗淫，其志利，其行雜，其聲樂險，其文章匿而采，其養生無
度，其送死瘠墨，賤禮義而貴勇力，貧則為盜，富則為賊。」這就是
說，社會動亂，那麼就會出現服飾華侈、男人打扮成女人、民風淫
奢、唯利是圖、行為混亂、音樂淫亂為靡靡之音，文章內容邪惡且多
浮飾等等怪異的徵兆，因此，在荀子看來，必須對「樂」進行審美規
範，使其符合先王聖人的「立樂之道」和「立樂之術」，也即符合「雅
樂」規範。他在《荀子》〈樂論〉中指出：「樂則不能無形，形而不為
道（導），則不能無亂。先王惡其亂也，故制雅頌之聲以道之，使其聲

足以樂而不流，使其文足以辨而不記，使其曲直、繁省、廉肉、節奏，足以感人之善心，使夫邪污之氣無由得接焉，是先王立樂之方也。」先王之所以制定「雅樂」，其目的就是感發人們的善心，因為「雅樂」的審美特質就在於其「中和」，可以「善民心」；並且「其移風易俗易，故先王導之以禮樂而民和睦」（《荀子》〈樂論〉）。正是為了「善民心」「管乎民心」，聖人才制禮立樂。《荀子》〈樂論〉云：「樂也者，和之不可變者也；禮也者，理之不可易者也。樂合同，禮別異。禮樂之統，管乎人心矣。」「樂」就是「和」，「禮」就是「理」。就表面現象看，「樂」與「禮」似乎是有區別的，「樂合同，禮別異」，然而就其實質而言，則兩者的作用是一致的，都是「管乎人心」。

應該說，儒家哲人所推崇的運用「樂德」「樂教」的「禮樂」之「樂」，就是「雅樂」。「樂」和「禮」之間，既相互區別，又相互一致。「禮樂」並舉，突出地表現出隆雅、尚雅、重雅的審美教化意識。如前所說，在儒家哲人看來，「樂者，通倫理者也」，「聲音之道與政通矣」。「雅樂」體現著道德倫理、政治教化的精神。即如《國語》〈周語下〉所說：「政象（表現）樂。」也正因為這樣，所以儒家哲人認為「治世之音安以樂」「亂世之音怨以怒」「亡國之音哀以思」（〈樂記〉〈樂本〉）。「安以樂」的「樂」，自然只能是「雅樂」，也即「治世之音」；而「亂世之音」「亡國之音」則顯然是「俗樂」。〈樂記〉〈樂本〉云：「鄭衛之音，亂世之音也，比於慢矣。桑間濮上之音，亡國之音也，其政散，其民流，誣上行私而不可止也。」「俗樂」會「亂世」，並導致「亡國」；〈樂記〉〈魏文侯〉云：「今夫古樂，進旅退旅，和正以廣；弦匏笙簧，會守拊鼓。始奏以文，復亂以武，治亂以相，訊疾以雅。君子於是語，於是道古，修身及家，平均天下。此古樂之發也。」又云：「今夫新樂，進俯退俯，奸聲以濫，溺而不止；及優侏儒，獶雜子女，

不知父子。樂終，不可以語，不可以道古。此新樂之發也。」這裡所謂的「古樂」，就是「雅樂」，而所謂「新樂」，則為「俗樂」。古樂「和正以廣」「訊疾以雅」；新樂「奸聲以濫，溺而不止」，鮮明地表現了其尚雅卑俗、褒雅貶俗、隆雅鄙俗的審美意識。

「雅樂」「和正以廣」，故而儒家哲人推崇「雅樂」，重視「雅樂」的審美教化作用。《荀子》〈樂論〉云：「凡奸聲感人而逆氣應之，逆氣成象而亂生焉；正聲感人而順氣應之，順氣成象而治生焉。唱和有應，善惡相像。」所謂「奸聲」，即「俗樂」；「正聲」即「雅樂」。荀子認為，社會風氣的邪正與人心有著對應的關係。受邪惡的社會風氣感染，人心與邪惡之氣相通相應，奸邪之氣表現在「樂」中，那麼這就是「淫亂之樂」，即「俗樂」；樂淫亂，「俗樂」盛行，則天下混亂。受雅正的社會風氣的感染，人心就會與順和之氣相應，順和之氣表現於「樂」中，就是「雅正之樂」；樂雅正，那麼社會則得安定和平。正是如此，所以先王制雅樂。

符合於正道，能「感動人之善心」的樂，就是「禮樂」「古樂」「正聲」「德音」「先王之樂」，也即「雅樂」；不符合於道、禮，「使人心淫」的樂，就是「邪音」「淫聲」「鄭衛之音」「桑間濮上之音」，也即「俗樂」。「雅樂」是美與善的高度統一。孔子認為，《武》「盡美矣，未盡善也」，還有些美中不足、雅化不夠，只有《韶》樂，「盡美矣，又盡善矣」（《論語》〈八佾〉），才是他所推崇的「雅樂」典範。「雅樂」最基本的審美特徵是「和」，即「樂而不淫，哀而不傷」《論語》〈八佾〉，後來的「典雅」「和雅」「溫雅」「文雅」等審美範疇都源於此。

同時，儒家推崇「雅樂」「古樂」，排斥「鄭聲」，重視「正樂」，「放鄭聲」，「禁淫聲」，褒雅貶俗，尚雅卑俗，則影響及中國美學史上的雅俗審美觀，造成雅俗對峙，雅俗分野，雅俗衝突。很長時期，一

部分文藝美學家都主張隆雅鄙俗，認為「俗」的東西，有傷大雅，而不能登大雅之堂，貶俗斥俗。同時，從「雅樂」與「俗樂」的嚴重對立中，我們還可以看到，早期的雅俗審美意識中帶有濃烈的政治倫理教化色彩。這也就是一說到「雅」就意味著「正統」，一說到「俗」就意味「邪僻」的文化思想根源。

## 五、「雅正」詩學精神

從語義上看，「雅」是「正」，「雅」又指「雅言」，即「夏言」。「雅言」是當時的京話與官話，就是其時中原一帶諸夏的標準語，以用來實現各地區人們之間的交際，也用來規範各地的方言。《漢書》〈漢文志〉「《爾雅》三卷二十篇」下的注引張晏語云：「爾，近也。雅，正也。」劉熙《釋名》卷六〈釋典藝〉說：「《爾雅》：爾，暱也；暱，近也。雅，義也；義，正也。五方之言不同，皆以近正為主也。」這裡就表明，「雅言」，是用來作不同地區的方言的標準語的。故《荀子》〈正名〉云：「散名之加於萬物者，則從諸夏之成俗曲期。遠方異俗之鄉，則因之而為通。」宇宙間世界萬事萬物，各有不同，但必須有統一的認識和規範性命名，應糾正各種習俗的差異，以中原的「雅言」為準，以有助於不同地區間人們的交往。顯然，荀子的這種看法，與我們所指出的「雅言」的作用是一致的。孔子就追求雅正，講學不用魯語，而用雅言。故《論語》〈述而〉云：「子所雅言，《詩》、《書》、執禮，皆雅言也。」〈毛詩序〉亦云：「雅者，正也。」朱自清指出：「雅是純正不染。」余冠英在《詩經選注》中也曾強調指出：「雅是正的意思，周人所認為的正聲叫雅樂，正如周人的官話叫作雅言。雅字也就是

---

1　雅：古代又為樂器名。參見《周禮》〈春官〉〈笙師〉「笙師掌教獻竽、笙、壎、籥、簫、篪、篴、管，舂牘、應、雅，以教祴樂」條及鄭司農注。

『夏』字，也許是從地名或族名來的。」章炳麟考證：「甲曰：《詩譜》云：『邇及商王，不風不雅。』然則稱『雅』者放自周。周秦同地。李斯曰：『擊甕叩缶，彈箏搏髀，而呼烏烏快樂耳者，真秦聲也。』楊惲曰：『家本秦也，能為秦聲。酒後耳熱，仰天拊缶而呼烏烏。』《說文》：『雅，楚烏也。』雅烏古同聲，若雁與鴈，鳧與鷖矣。《大小疋》者，其初秦聲烏烏，雖文以節族，不變其名。作疋者，非其本也。應之曰：斯各一義，閎通則無害爾。……頌與風得函數義。疋之為足跡，聲近雅故為烏烏，聲近夏故為夏聲，一言而函數義可也。」（《太炎文錄》初編卷一）所謂「聲近夏」，王引之在《讀書雜誌》中解釋《荀子》〈榮辱篇〉「譬之越人安越，楚人安楚，君子安雅」的「雅」字時也認為「夏」「雅」二字相通，說：「雅讀為夏，夏謂中國也，故與楚、越對文。〈儒效篇〉『居楚而楚，居越而越，居夏而夏』是其證。古者夏、雅二字互通，故《左傳》齊大夫子雅，《韓子》〈外儲說右篇〉作子夏。」（《讀書雜誌》卷八《荀子》一）對此，梁啟超在《釋四詩名義》中也指出：「《偽毛序》說：『雅者正也。』這個解釋大致不錯。……依我看，《大小雅》所合的音樂，當時謂之正聲，故名曰《雅》。……然則正聲為什麼叫做『雅』呢？『雅』與『夏』古字相通。……荀氏《申鑑》、左氏《三都賦》皆云『昔有楚夏』，說的是音有楚音夏音之別。然則《風》《雅》之『雅』，其本字當作『夏』無疑。《說文》：『夏，中國之人也。』雅音即夏音，猶言中原正聲云爾。」這就是說，「雅」之所以為「正」，是由於古字「雅」「夏」相通。而「夏」，在古代就意味著中原、中國，也即正統，既然「雅」「夏」相通，「夏聲」為「中原正聲」，自然也就是「雅聲」。「雅」即「正」，故《白虎通義》卷二《禮樂》說：「樂尚雅。雅者古正也，所以遠鄭聲也。」

　　「雅言」既然是「正言」，那麼當然也就是典範的語言，故而具有

極高的地位。由此，對「雅」的審美追求也就成了一種主導傾向，體現著以朝廷與士大夫文人審美情趣為正統的，以恪守現實文化秩序和規範為旨歸的主流意識形態，和以士人意識及其獨立道德人格完善為基本的美學精神導向，並形成隆雅棄俗的審美取向。這樣，在中國美學史上，就有了對「雅正」審美理想的追求。

「雅」為「正」，「雅言」為「正言」，「雅聲」為「正聲」，提升到美學理論高度，「雅」就意味著正規、正統、純正、精純、雅正。故而，《周禮》〈春官〉〈大師〉云：大師「教六詩，曰風，曰賦，曰比，曰興，曰雅，曰頌，以六德為之本，以六律為之音。」鄭玄「注」云：「雅，正也，見今正者以為後世法。」「雅」是正統，當然也就是規範、「為後世法」。但是，後世文藝理論家對「雅」即「正」的理解卻各有不同。如《毛詩序》就基於「雅」為「正」、為規範的基本意旨，將「雅」解釋為一種文體，説：「故詩有六義焉，一曰風，二曰賦，三曰比，四曰興，五曰雅，六曰頌。上以風化下，下以風刺上，主文而譎諫。言之者無罪，聞之者足以戒，故曰風。……雅者，正也，言王政之所由廢興也。政有大小，故有小雅焉，有大雅焉。頌者，美盛德之形容，以其成功告於神明者也。是謂四始，詩之至也。」這裡承襲了傳統「六義」説與詩教精神，同時，又加入了新的解讀，將原來的六體六用，解釋為風、小雅、大雅、頌四種詩體。之後，唐代的孔穎達在《毛詩正義疏》中也認為「雅」是一種詩體，説：「風、雅、頌者，《詩》篇之異體，賦、比、興者，《詩》文之異辭耳。」賦、比、興是《詩》之所用，風、雅、頌是《詩》之成形。賈公彥《周禮疏》也認為：「風、雅、頌，是詩之名也。」宋代朱熹的看法與他們基本一致，都把風、雅、頌看作是《詩經》中的一種詩體。

從風、雅、頌都為詩體的理論生發開來，到劉勰《文心雕龍》就

認為風、雅相通，都涉及作品的意蘊情性，如所謂「雅與奇反」（〈體性〉）、「麗詞雅義，符采相勝」、「孟堅〈兩都〉，明絢以雅贍」（〈詮賦〉）、「頌惟典雅，辭必清鑠」（〈頌讚〉）、「雅麗黼黻，淫巧朱紫」（〈體性〉）、「商周麗而雅」（〈通變〉），並在《文心雕龍》中，多次將風、雅並舉。他提出「聖文之雅麗」，強調作品意蘊的雅正；在「六義」說中，又提出「風清而不雜」「文麗而不淫」，認為「風雅之興，志思蓄憤，而吟詠情性，以諷其上」，「而後之作者，遠棄風雅，近師辭賦」。在《文心雕龍》〈風骨〉篇中他又說：「《詩》總六義，《風》冠其首，斯乃化感之本源，志氣之符契也。是以怊悵述情，必始於風；沉吟鋪辭，莫先於骨。」這裡，劉勰顯然沿襲《毛詩序》「風也，教也、化也」所提出的「風」具有風化、教化的意思，主張「風」必須體現時代精神，表現社會風氣，並發揮其審美教化功能和感化作用。同時，又根據其時的審美創作實踐，將曹丕「文氣」論和魏晉時期品評人物與書畫的「神采骨力」論相融會，進而將「風」與「骨」相聯，作為一個審美範疇，以要求文藝創作必須充滿生氣，以追求剛健完美、清新俊爽、骨力強勁的審美風貌。既然在劉勰看來，「雅」與「風」是相通的，那麼，他所謂的「風雅」，即所推崇的「雅正」，自然也應是一種意蘊高尚健康、充實清新，風貌剛健、遒勁、凝練的審美追求和審美理想。顯然，這對以後文藝美學所提出的「尚雅」「典雅」「和雅」「古雅」等審美範疇的形成，是有直接影響的。如唐代詩論家白居易就在劉勰所提出的「雅正」理論的基礎之上，進一步提出「風雅比興」說，主張繼承「雅正」傳統，注重詩歌的審美教化與政教功能。在白氏看來，「風雅」是「六義」的基本精神，其核心的美學思想就是要求詩歌創作要洩導人情，補察時政，裨益教化，賑濟民生。換言之，即詩歌創作必須以移風俗、助教化為最高審美目的和審美標準。

顯然，這種觀點突出地體現出儒家傳統美學所代表的主流意識和菁英意識。

　　總之，作為中國美學雅俗論中的一個重要範疇，「雅」體現著一種活潑潑的生命力，涉及藝術生命精神的核心問題，只有遵循「雅者正也」傳統審美規範，從而才能使詩文創作躍動著永不衰竭的活力，從而取得詩文創作的成功；凡是背棄和違背「雅者正也」傳統審美規範，詩文創作就會衰頹，就會喪失其所應該具有的充沛活力，而陷入泥沼，庸俗下流、粗俗低級、萎靡頹廢的東西就會氾濫。

上編

從「雅者正也」審美意識出發，中國美學一方面主張隆雅重雅，崇雅尊雅，以雅為美，褒雅貶俗，尚雅卑俗，把「雅正」之境作為最高審美追求；另一方面則主張以俗為雅，以俗歸雅，以俗為美，化俗為雅，借俗寫雅，沿俗歸雅，雅俗並陳，雅俗相通，雅俗互映，雅不避俗，俗不傷雅，同時還提出了不少有關「雅」境的審美範疇，以展現「雅」境多樣的審美內涵與審美特徵，其中最為主要的有「高雅」「文雅」「典雅」「淡雅」「和雅」「清雅」「古雅」「醇雅」等，下面分章論述之。

第一章

# 高　雅

　　「高雅」，其美學意義涉及人生與藝術等兩個方面。從人生美學方面來看，「高雅」意指人格、品德的高尚，心靈的高潔，精神境界的高遠。其審美意識根源於雅與美都在人、人心、人的義理道德，故而特別重視人格價值和人生境界的追求。所謂「稟自然之正氣，體高雅之弘量」（《三國志》〈魏志〉〈崔林傳〉）。而文藝美學之所謂「高雅」則除了對審美創作主體人品志向、情思、意趣的規定外，還涉及作品的審美風貌。所謂「句讀曲屈，韻調高雅」（王勃《釁鑒閣銘序》）；「學識高雅，志操修潔」（李東陽《明故封大安人舒氏墓誌銘》）；「胸襟高，立志高，見地高，則命意自高」（方東樹《昭昧詹言》）。器大者聲必閎，志高者意必遠。從審美風貌與審美意趣方面來看，「高雅」之「高」則意味著高遠、高潔、高妙、高邁、高逸、高古。可以説，就中國美學而言，「高雅」，實際上就是一種理想的人生審美境界與藝術境界，體現著中國美學所推崇的心靈超越與昇華的最高審美追求。

## 第一節 雅 人

高雅，首先體現為人雅，即人格的高尚和心志的高潔。如陸機在《遂志賦》中就指出，崔篆與蔡邕人品高雅，情性氣質「沖虛溫敏，雅人之屬也」。這裡就提出「雅人」説。

### 一、「雅人」説形成的美學根源

「雅人」，又稱「雅士」「雅子」「博雅之人」（《文心雕龍》〈雜文〉）等。早在先秦時期，老子就提出「俗人」「眾人」之説，其「俗」則意指庸俗、粗俗，有鄙薄、貶斥之意；莊子更是推崇「神人」「至人」「真人」，鄙棄「今人」「眾人」「世人」「世俗之人」；而孔子則認為：「人有五儀，有庸人、有士、有君子、有賢人、有大聖。」（見《荀子》〈哀公〉引）荀子説：「故有俗人者，有俗儒者，有雅儒者，有大儒者。不學問，無正義，以富利為隆是俗人者也。逢衣淺帶，解果其冠，略法先王而足亂世；術繆學雜，不知法後王而一制度，不知隆禮義而殺《詩》《書》；其衣冠行為已同於世俗矣，然而不知惡者；其言議談説已無以異於墨子矣，然而明不能別；呼先王以欺愚者以求衣食焉，得委積足以掩其口，則揚揚如也；隨其長子，事其便辟，舉其上客，億然若終身之虜而不敢有他志：是俗儒者也。法後王，一制度，隆禮義而殺《詩》《書》；其言行已有大法矣，然而明不能齊法教之所不及，聞見之所未至，則知不能類也；知之曰知之，不知曰不知，內不自以誣，外不自以欺，以是尊賢畏法而不敢怠傲：是雅儒者也。法後王，統禮義，一制度，以淺持博，以古持今，以一持萬，苟仁義之類也，雖在鳥獸之中，若別白黑；倚物怪變，所未嘗聞也，所未嘗見也，卒然起一方，則舉統類而應之，無所疑怍，張法而度之，則晻然若合符節：是大儒者也。故人主用俗人，則萬乘之國亡；用俗儒，則

萬乘之國存；用雅儒，則千乘之國安；用大儒，則百里之地久，而後三年，天下為一，諸侯為臣；用萬乘之國，則舉措而定，一朝而伯。」（《荀子》〈儒效〉）在這段論述中荀子提出了「雅儒」「俗儒」之說，並論述了「雅儒」與「俗儒」的差別。

首先，「俗儒」與「雅儒」的劃分形成了「俗」與「雅」的對立。同時，由於「俗」有「俗人」「俗儒」的不同層面，而「雅儒」之上又還有人格層面更高的「大儒」，故「俗」與「雅」並不是處於極端的位置，其對立程度顯得還不太尖銳。

其次，儒者的人格層面可分為三種：即俗儒、雅儒、大儒。所謂俗儒之「俗」，是：「略法先王而足亂世；術繆學雜，不知法後王而一制度，不知隆禮義而殺《詩》《書》。」衣冠行為同於世俗而不知惡，言議談說與墨子同而不能辨；吹捧先王以欺愚者而求衣食；趨炎附勢，奉承權貴及其親信，若終身之虜而不敢有他志，譏笑身處逆境之大儒。在荀子看來，君王如任用這樣的俗儒，則萬乘之國勉強可以獲得保存。

在《荀子》〈正論篇〉中，荀子還對「世俗之為說者」進行了全面的批駁。其內涵大致可分為以下幾個方面：

第一，俗者主張「主道利周」。即俗者認為君主在治理國家時要注意隱瞞實情，不讓臣下知情。而在荀子看來，君主是臣民的表率，臣民「聽唱而應，視儀而動」。如君主言行詭秘，則臣民不應不動，上下便不能相待而成，「不祥莫大焉」。荀子以為，「上者下之本也」，「上週密則下疑玄矣，上幽險則下漸詐矣，上偏曲則下比周矣」，他反對「主道利周」，主張「主道利明不利幽，利宣不利周」，認為只有行為光明磊落，讓政令公之於眾，才是君主治國之道。

第二，俗者稱「桀、紂有天下，湯、武篡而奪之」，又稱「堯、舜

禪讓」。荀子駁斥了這種鄙陋淺薄之說，認為「天下者，至大也，非聖人莫之能有也」，桀、紂「反禹、湯之德，亂禮義之分，禽獸之行，積其凶，全其惡，而天下去之也」。湯、武為民之父母，桀、紂為民之怨賊，故桀、紂無天下，湯、武不弒君。對於俗者所說的堯、舜禪讓的問題，荀子認為，天子之勢位至尊，只要「禮義之分盡」，又何必採用禪讓呢？在權力的交接上，最重要的是法令制度的變更，即「唯其徙朝改製為難」。

可見，「世俗之為說者」所表現出來的「俗」，與「俗儒」之「俗」的內涵大體接近。而荀子對俗儒的蔑視、貶抑，關鍵在於俗儒法先王而不知法後王，以致不知治道而亂世。在荀子看來，子思、孟軻便是這樣的儒者，他們「略法先王而不知其統」，世俗之儒愚昧無知，不知其非卻受而傳之，此乃子思、孟軻之罪過。針對俗儒之陋，荀子提出「法二後王謂之不雅」（《荀子》〈儒效〉）的命題，即法令制度如果背離了後王便是不正確的。「雅」，這裡就是「正」的意思。

荀子還將人的品格分為四個層次：即「小人」「至人」「君子」「聖人」。所謂「小人」，即「言無常信，行無常貞，唯利所在，無所不傾，若是則可謂小人矣」（《荀子》〈不苟〉）。這就是說，「小人」說話不算話，不守信用，行為舉止不守規矩，做事毫無主見，善於媚俗順風，隨波逐浪，見風使舵，追逐物慾，唯利是圖。而所謂「君子」，則與「小人」相反。荀子說：「君子敬其在己者，而不慕其在天者，是以日進也；小人錯其在己者，而慕其在天者，是以日退也。」（《荀子》〈天論〉）在荀子看來，「小人」之所以為「小人」，其根本原因在於其不能「明於天人之分」，不知道人與動物的根本區別，在本質上與動物相似，缺乏社會屬性，故而其品格最低。「至人」與「小人」不同。「至人」能「明於天人之分」，故而能自尊、自信、自強。「君子」在「至

人」之上。因為「至人」「明於天人之分」，能正確處理好人與自然的
關係。而「君子」則不但會處理人與自然的關係，而且還能處理好人
與社會、人與人之間的關系，所以達到了更高的人生境界。在荀子看
來，「君子」能「道禮義」，即遵循禮義規範，遵守等級秩序、尊尊、
親親，能遵照尊卑貴賤的等級制度，來處理人與人之間的關係，以治
理天地，役使萬物。

　　「聖人」的品格則比「君子」更高。「君子」能正確認識人在宇宙
間的地位，體悟人生真諦，因而「其言多當矣」，「其行多當矣」（《荀
子》〈儒效〉）。即「君子」還未能使自己完全進入隨心所欲而不踰矩的
自由境界，還有待進一步昇華為「聖人」。達到「聖人」境界，即自在
自如、隨心所欲、左右逢源、水流花開、過雨浮萍。可以説，在荀子
這裡，「小人」就是「俗人」，而「至人」「君子」「聖人」則都屬於
「雅人」。

　　雅儒就是「君子」。故在《荀子》一書中，「雅儒」往往又稱為「君
子」。如前所說，君子的品格情操是荀子所極力推崇的。他説：「君子
無爵而貴，無祿而富，不言而信，不怒而威，窮處而榮，獨居而樂；
豈不至尊、至富、至重、至嚴之情舉積此哉！」又説：「君子務修其內
而讓之於外，務積德於身而處之以遵道。如是，則貴名起如日月，天
下應之如雷霆。故曰：君子隱而顯，微而明，辭讓而勝。」（〈儒效〉）
與「雅儒」或「君子」相對的則稱為「鄙夫」「小人」。他説：「鄙夫
反是：比周而譽俞少；鄙爭而名俞辱，煩勞以求安利其身俞危。」（〈儒
效〉）他劃分「俗儒」與「雅儒」的主要標準是「法先王」或者「法後
王」。「法後王」是荀子的政治主張。他認為，「天地合而萬物生，陰陽
接而變化起」（〈禮論〉），天地萬物均處於不斷變化的過程之中，社會
生活也是如此。從這樣的歷史發展觀出發，荀子曰：「天地始者，今日

是也；百王之道，後王是也。」（〈不苟〉）他力主「百家之說，不及後王，則不聽也」（〈儒效〉）。所謂道德之求不二後王，道過三代謂之蕩，「法二後王謂之不雅」（〈儒效〉），就是這種政治主張的體現。

除了因其法先王而貶斥俗儒外，荀子還繼承了道家哲人尚雅貶俗的美學精神，進一步斥責世俗小人的不學無術、無正義感、唯利是圖、剛愎自用、獨斷專行等種種卑劣品行。他說：「快快而亡者，怒也；察察而殘者，忮也；博而窮者，訾也；清之而俞濁者，口也；豢之而俞瘠者，交也；辯而不說者，爭也；直立而不見知者，勝也；廉而不見貴者，劌也；勇而不見憚者，貪也；信而不見敬者，好專行也。此小人之所務，而君子之所不為也。」（《荀子》〈榮辱〉）荀子還對古今士大夫文人的不同品行作了非常精到的描述，說：「古之所謂仕士者，厚敦者也，合群者也，樂可貴者也，樂分施者也，遠罪過者也，務事理者也，羞獨富者也。今之所謂仕士者，污漫者也，賊亂者也，恣睢者也，貪利者也，觸抵者也，無禮義而唯權勢之嗜者也。古之所謂處士者，德盛者也，能靜者也，修正者也，知命者也，著是者也。今之所謂處士者，無能而云能者也，無知而云知者也，利心無足而佯無慾者也，行偽險穢而強高言謹愨者也，以不俗為俗，離縱而跂訾者也。」（《荀子》〈非十二子〉）荀子還對雅俗不同，從而言行舉止、儀容神態上也存在著巨大差異的儒者進行了深入的分析，指出：「今世俗之亂君，鄉曲之儇子，莫不美麗、姚冶，奇衣、婦飾，血氣、態度擬於女子；婦人莫不願得以為夫，處女莫不願得以為士，棄其親家而欲奔之者，比肩而起。然而中君羞以為臣，中父羞以為子，中兄羞以為弟，中人羞以為友，俄則束手有司而戮乎大市，莫不呼天啼哭，苦傷其今而後悔其始。是非容貌之患也，聞見之不眾，議論之卑爾。」（《荀子》〈非相〉）又指出：「士君子之容：其冠進，其衣逢，其容良；

儼然，壯然，祺然，蕼然，恢恢然，廣廣然，昭昭然，蕩蕩然，是父
兄之容也。其冠進，其衣逢，其容慤；儉然，侲然，輔然，端然，訾
然，洞然，綴綴然，瞀瞀然，是子弟之容也。」（《荀子》〈非十二子〉）
在〈非十二子〉中，荀子還描述了一些穿戴怪異、神情傲慢、見識淺
陋、寡廉鮮恥的學者之容，和他們同樣鄙陋的還有孔子的弟子子張
氏、子夏氏、子游氏一類賤儒。子張氏語言索然無味，子夏氏終日不
言，子游氏懶惰貪食，儘管他們的個性各不相同，但在人格的淺陋卑
俗上卻是共同的，都屬於被荀子所鄙棄的賤儒。

　　荀子以後，古代典籍中「俗人」「俗吏」「俗儒」等帶鄙視意味的
詞就經常出現，《淮南子》中，「俗」，往往指與「道」相對的鄙陋、卑
瑣等，如「俗世庸民」「世俗之人多尊古而賤今」「君子絕世俗」等
等。王充在其《論衡》中，更是繼承前代隆雅卑俗的美學精神，以其
更加堅決的態度，毫不妥協地對俗、世俗、庸俗、俗人、俗士、俗
夫、俗吏、俗材、俗儒、俗文、俗言、俗書、俗說、俗議等，進行了
深刻的揭露和尖銳的斥責。的確，尚雅、隆雅就意味著絕俗、鄙俗。
可以說，在隆雅尚雅的基礎上，「俗」是王充貶抑的對象。「俗」就是
鄙陋、庸俗。他一針見血地指出：「禮俗相背，何世不然」（《論衡》
〈自紀〉），這就是說「俗」與「禮」是相互對立、水火不相容的。

　　王充還提出「雅子」與「俗人」「俗士」相對，以表示其尚雅卑俗
的美學觀。據《論衡》〈四諱〉篇記載，齊相田嬰賤妾有子名文，文以
五月生。世俗諱五月子，以為將殺父與母，故嬰告其母勿舉，其母竊
舉生之。及長，文名聞諸侯。嬰信忌，而文不辟諱。對此，王充認
為，「田嬰俗父，而田文雅子」，父子「雅俗異材，舉措殊操」，就以雅
俗對舉，贊揚田文為「雅子」，鄙棄其父田嬰，認為其「俗」。顯然，
這裡「雅」是指人物品格之「雅」。王充在《論衡》〈自紀〉中還說自

已喜歡結交「傑友雅徒」，而不願意與「俗材」交往。正是出於對「雅」的品德才能的崇尚，所以王充尊崇賢人、聖者。但當時的世人是既不能尊賢、更不能知聖崇「雅」的。對此，王充表示了他隆雅卑俗、憤世嫉俗的審美主張，說：「世無別，故真賢集於俗士之間。俗士以辯惠之能，據官爵之尊，望顯盛之寵，遂專人賢之名。」（《論衡》〈定賢〉）對那些是非不明、黑白顛倒，俗士專賢名，離俗之禮則為世所譏，賢材不易為世所用的現象表示了極大的憤慨。

王充崇尚「雅子」，因此，對「俗」的種種鄙陋、卑下的表現進行了毫不留情的貶斥，尤其是「俗人」。他指出，「俗人」知識淺陋，對社會人生的真諦知之甚少。他舉例說：「孔子侍坐於魯哀公，公賜桃與黍，孔子先食黍而啖桃，可謂得食序矣。然左右皆掩口而笑，貫俗之日久也。今吾實猶孔子之序食也；俗人違之，猶左右之掩口也。善雅歌，於鄭為人悲；禮舞，於趙為不好。堯舜之典，伍伯不肯觀；孔墨之籍，季孟不肯讀。寧危之計黜於閭巷，撥世之言訾於品俗。有美味於斯，俗人不嗜，狄牙甘食。有寶玉於是，俗人投之，卞和佩服。」「俗人」不喜好有獨到之處的精闢之論，卻偏好惑眾的妖言，鄙陋之極。「俗人」還不懂禮，「歌曲妙者，和者則寡；言得實者，然者則鮮。和歌與聽言，同一實也。曲妙人不能盡和，言是人不能皆信。魯文公逆祀，去者三人；定公順祀，畔者五人。貫於俗者，則謂禮為非。曉禮者寡，則知是者稀」（《論衡》〈定賢〉）。「俗人」由於「貫俗之日久」「貫於俗者」，即長時期處在庸俗鄙陋的環境中、耳濡目染，無不是「俗」，而「曉禮者寡」，所以「知是者稀」，「離俗之禮為世所譏」，正是時代精神使然。「俗人寡恩」，「俗性貪進忽退，收成棄敗。充升擢在位之時，眾人蟻附；廢退窮居，舊故叛去」（《論衡》〈自紀〉）。就是說「俗人」往往鮮廉寡恥，趨炎附勢，追名逐利，唯利是圖，只顧追

求自己的利益，不擇手段、不顧信義。所謂「人者熙熙，皆為利來；人者往往，皆為利往」，「利之所在，眾皆趨之」，哪裡有什麼道義可言！

所以，王充指出，「俗人」總是降意損崇，以稱媚進取，隨世俯仰，寡廉鮮恥。他說：「有俗材而無雅度者，學知吏事，亂於文吏，觀將所知，適時所急，轉志易務，晝夜學問，無所羞恥，期於成能名文而已。」（《論衡》〈程材〉）又說：「世俗學問者，不肯競經明學，深知古今，急欲成一家章句，義理略具，同趨學史書，讀律諷令，治作請奏，習對向，滑跪拜，家成室就，召署輒能。徇今不顧古，趨仇不存志，競進不按禮，廢經不念學。」（《論衡》〈程材〉）「俗人」競進造成的惡果是：古經廢，舊學暗，儒者寂，文吏嘩，學風日下，世風敗壞。「俗人」目光短淺，識見低下，不識人，不知賢，往往以「仕宦為高官，身富貴為賢」「以事君調合寡過為賢」「以朝廷選舉皆歸善為賢」「以人眾所歸附，賓客云合者為賢」「以居位治人，得民心歌詠之為賢」「以居職有成功見效為賢」等等。世人不知賢，更不能知聖，「世人自謂能知賢，誤也」，「夫順阿之臣，佞幸之徒是也。准主而說，適時而行，無廷逆之隙，則無斥退之患。或骨體嫻麗，面色稱媚，上不憎而善生，恩澤洋溢過度」（《論衡》〈定賢〉）。這樣的佞幸之徒，在王充看來，的確「未可謂賢」。同時，王充還指出，「俗人」為了個人目的或一己之私利而收買人心，即使民悅而歌頌之，也不能稱為「賢」。

「俗人」好信禁忌，輕愚信禍福，信禍祟。王充說：「世俗信禍祟，以為人之疾病死亡，及更患被罪、戮辱歡笑，皆有所犯。起功、移徙、祭祀、喪葬、行作、入官、嫁娶，不擇吉日，不避歲月，觸鬼逢神，忌時相害。故發病生禍，法入罪，至於死亡，殫家滅門，皆不重慎、犯觸忌諱之所致也。如實論之，乃妄言也。」（《論衡》〈辨祟〉）

人生在世必定要做事，而做事則必定有吉凶；人之生未必得吉逢喜，人之死亦非犯凶觸忌。人稟自然之氣而生，故也必有一死，「有血脈之類，無有不生，生無不死。以其生，故知其死也」（《論衡》〈道虛〉）。世俗之人認為，龍藏在樹木之中、屋室之間，雷電毀壞樹木屋室，龍則出現在外面並升天，這就是所謂天取龍之説。但在王充看來，所謂災異譴告是荒誕不經的，「天能譴告人君，則亦能故命聖君。擇才若堯、舜，受以王命，委以王事，勿復與知。今則不然，生庸庸之君，失道廢德，隨譴告之，何天不憚勞也」（《論衡》〈自然〉）。「夫天道，自然也，無為。如譴告人，是有為，非自然也。」（《論衡》〈譴告〉）

王充的尚雅卑俗審美觀還表現在他對俗儒、俗文、俗言、俗書、俗説等的厭惡。王充貶斥俗儒，認為只有鴻儒才是雅士。他説：「儒生過俗人，通人勝儒生，文人逾通人，鴻儒超文人。」在他看來，鴻儒與儒生相去懸殊，與俗人更有天淵之別，乃「世之金玉也」。而儒者又分為文儒與世儒。王充指出：「著作者為文儒，説經者為世儒。」（《論衡》〈書解〉）王充的觀念與世俗之人的看法不同，他認為，「世儒説聖情，文儒述聖意，共起並驗，俱追聖人」，不能説「文儒之説無補於世」。「世儒業易為，故世人學之多；非事可析第，故官庭設其位」，而「文儒之業，卓絕不循，人寡其書，業雖不講，門雖無人，書文奇偉，世人亦傳」（《論衡》〈書解〉）。所謂「世儒業易為」「文儒之業，卓絕不循」，王充認為，世儒説經為「虛説」，文儒著作為「實篇」，實篇高於虛説，故文儒亦高於世儒。

從崇尚「雅士」的審美觀出發，王充反對當時世俗之人「好信師而是古」、尚古卑今的不良風氣。他強調指出：「俗儒好長古而短今……漢有實事，儒者不稱；古有虛美，誠心然之。信久遠之偽，忽近今之實，斯蓋『三增』『九虛』所以成也。能聖實聖所以興也。儒者

稱聖過實，稽合於漢，漢不能及。非不能及，儒者之說使難及也。」
（《論衡》〈須頌〉）又指出：「俗好高古而稱所聞，前人之業，菜果甘
甜；後人新造，蜜酪辛苦。長生家在會稽，生在今世，文章雖奇，論
者猶謂稚於前人。天稟元氣，人受元精，豈為古今者差殺哉！優者為
高，明者為上。實事之人，見然否之分者，睹非卻前，退置於後，見
是推今，進置於古，心明知昭，不惑於俗也。」（《論衡》〈超奇〉）還
指出：「夫俗，好珍古不貴今，謂今之文不如古書。夫古、今，一也。
才有高下，言有是非，不論善惡而徒貴古，是謂古人賢今人也……蓋
才有淺深，無有古今；文有偽真，無有故新。」（《論衡》〈案書〉）針
對「俗好褒遠稱古」「漢有實事，儒者不稱」的貴古賤今的世俗心態，
王充據理力爭，指出「天稟元氣，人受元精，豈為古今者差殺哉」！
並主張「優者為高，明志為上」，強調在「才」「文」「實」等方面「古
今一也」。他斥責世儒「世未有聖人」之說，認為能致太平者即聖人，
同時還從文學發展的視角切入，充分肯定了漢文人如揚雄、班固等。

　　世儒不但尚古卑今，「世俗之性，好奇怪之語，說虛妄之文」（《論
衡》〈對作〉），因「實事不能快意，而華虛驚耳動心」，一般才智之士
「好談論者，增益實事，為美盛之語；用筆墨者，造生空文，為虛妄之
傳。聽者以為真然，說而不捨；覽者以為實事，傳而不絕」（《論衡》
〈對作〉）。對此，王充指出：「世俗所患，患言事增其實；著文垂辭，
辭出溢其真，稱美過其善，進惡沒其罪」（《論衡》〈藝增〉）。身處這
樣的社會環境，疾虛妄、尚實誠、求真尚美、崇雅卑俗便成了王充的
審美追求。他曾多次申明，自己寫《論衡》的目的就是要尚雅卑俗，
要「譏世俗」。這裡的「世俗」，是對庸俗、粗野、鄙陋的「俗人」的
猛烈譴責，體現了王充對「高雅」人格境界的追求。顯然，王充的這
種鮮明強烈的崇尚「雅子」的美學精神對「雅人」說的形成具有重要

影響。

## 二、「雅人」說的文藝美學意義

所謂「高士之文雅」（王充《論衡》〈自紀〉），《三國志》〈吳志〉〈陸遜傳〉云：「雅人所以怨刺，仲尼所以嘆息也。」這裡就認為，從事詩歌創作，即「怨刺」，必須是「雅人」。所謂「雅人」，與「俗人」相對，指有文化教養、品格高尚、風流儒雅、高雅超俗之人。從文藝美學來看，文藝創作中，高雅之境的構築需要主體的介入。只有「雅人」，才有「深致」，才能意興高遠，不同於流俗。據《晉書》〈列女傳〉〈王凝之妻謝氏〉記載，謝安曾問：「《毛詩》何句最佳？」謝道韞回答說：「吉甫作頌，穆如清風。仲山甫永懷，以慰其心。」謝安則稱其「有雅人深致」。《世說新語》〈文學〉亦記載云：「謝公因子弟集聚，問《毛詩》何句最佳。遏（謝玄小字）稱曰：『昔我往矣，楊柳依依。今我來思，雨雪霏霏。』公曰：『謨定命，遠猷辰告。』謂此句偏有雅人深致。」「高雅」之境的創構決定於主體內在的審美價值取向與審美心理結構，沒有人的實踐活動，沒有人的生命存在價值的作用，則不可能有審美價值的存在，也不可能有「雅」的存在。同理，沒有審美主體「按轡文雅之場，環絡藻繪之府」（《文心雕龍》〈序志〉），則不會有「高雅」之境的創構，創作主體「雅好文會」「雅好慷慨」「雅愛詩章」（《文心雕龍》〈時序〉）的審美活動既是審美關係的建立與美的生成的重要條件，也是「高雅」之境創構的重要條件。所以，中國古代美學特別強調「高雅」之境的創構是既「隨物以宛轉」又「與心而徘徊」（《文心雕龍》〈物色〉），離不開創作主體的「潤色取美」（《文心雕龍》〈隱秀〉）。「高雅」之境的創構，離不開「雅人」。王充說得好，只有「高士」才有「文雅」，才「言無不可曉，指無不可睹」（《論衡》〈自紀〉）劉勰說：「孟堅雅懿，故裁密而思靡。」（《文心雕龍》〈體性〉）所謂

「心不雅則詞亦不能掩」「不雅由於為人而不自得」（潘德輿《養一齋詩話》）。「心志正，則道德仁義語，高雅淳厚之義自具」（韓駒《陵陽室中語》）。作為「高雅」之境創構不可或缺的主要條件，審美主體必須「心雅」「心志正」。「高雅」的人格建構在「高雅」審美境界創構中占有主導的地位。是的，中國古代詩歌審美創作史上，無論是李白的豪放，還是杜甫的沉鬱；無論是王維、孟浩然的靜遠，還是蘇軾的灑脫、司空圖的高雅，全都植根於一個活躍的、至動而有韻律的心靈，全都「在人意舍取」，全都是獨特的「這一個」，也即「人」的創構，既不能重複也不能替代。故而，張戒在《歲寒堂詩話》中指出：「詩文字畫，大抵從胸臆中出。子美篤於忠義，深於經術，故其詩雄而正（雅）；李太白的喜任俠，喜神仙，故其詩豪而逸。」而施補華在《峴傭說詩》中也指出：「陶公詩一往真氣，自胸中流出，字字雅淡，字字沉痛。」陶淵明詩歌的「雅淡」，杜甫詩的「雄而正（雅）」，李白詩的「豪而逸」都與其人格個性相關，「高雅」之境的創構中不能沒有「人」的世界。清代葉燮留下這麼一些名言，他說：「凡物之美者，盈天地間皆是也，然必待人之神明才慧而見。」（《己畦文集》卷六《滋園記》）又說：「天地無心，而賦萬事萬物之形，朱君以有心赴之，而天地萬事萬物之情狀皆隨其手腕以出，無所不得者。」（《己畦文集》卷八〈赤霞樓詩集序〉）天地萬物是「無心」的，只有「因人」，通過「有心」的人的「舍取」，與「人之神明才慧」的作用和介入，其盈溢於整個天地自然間的「美」與「萬事萬物之情狀」才能顯現出來，才能通過藝術審美創作活動「隨其手腕以出」，而生成為藝術的審美意境。「盈天地間」的萬事萬物其本身是非常複雜的社會存在和自然存在，絕不可能以其自身的原生形態徑直闖入藝術殿堂。藝術的審美意境只能熔鑄於最自由、最生動的心源之中。故而，張炎認為，「詞欲雅而正，志之

所之，一為情所役，則失雅正之音」（《詞源》）。宋濂認為，「詩乃吟詠性情之具，而所謂風、雅、頌者，皆出乎吾之一心」（《答章秀才論詩書》）。徐禎卿也認為，詩歌創作的「詞氣」「良由人士品殊，藝隨遷易。故宗工巨匠，詞淳氣平；豪賢碩俠，辭雄氣武；遷臣孼子，辭厲氣促；逸民遺老，辭玄氣沉；賢良文學，辭雅氣俊；輔臣弼士，辭尊氣嚴；閨童壺女，辭弱氣柔；媚夫幸士，辭靡氣蕩；荒才嬌麗，辭淫氣傷」（《談藝錄》）。

「高雅」的人格也就是真善美統一的理想人格境界。與西方哲學不同，中國哲學不太注重對外在世界的追求，而是注重對人的內在價值的探求。在中國古代哲人看來，天人之間的關係是統一的整體，「人道」本於「天道」，故而，人自身是能夠體現「天道」的。同時，由於人是宇宙天地的核心，所以人的內在價值就是「天道」的價值。正是基於此，中國傳統哲學的基本精神就是教人如何「做人」，如何培養自己的理想道德人格。「做人」與理想道德人格的培養對自身要有個規範，要追求真、善、美的理想人格境界。《大學》說：「大學之道，在明明德，在親民，在止於至善」，「古之慾明明德於天下者，先治其國；欲治其國者，先齊其家；欲齊其家者，先修其身；欲修其身者，先正其心；欲正其心者，先誠其意；欲誠其意者，先致其知；致知在格物。格物而後致知，知致而後意誠，意誠而後心正，心正而後身修，身修而後家齊，家齊而後國治，國治而後天下平。」所謂「知行合一」，「知」和「行」是應該一致的。從「格物致知」到「修身、齊家、治國、平天下」就是一個認識過程與實踐過程的統一。人生活在天地之中，就應該有理想，應「自強不息」：「天行健，君子以自強不息」（《周易》〈乾〉〈象傳〉）。要體驗天地造化的偉大生命力，體現宇宙大化的流行，首先就應對自己有個理想人格的要求。要做到「真」，即達

到人與自然的和諧關係；做到「善」，就是使自己的道德知識與道德實踐統一，「知行合一」；做到「美」，就是作為審美創作主體要使自己的情感以再現天地造化之工而「情景合一」。只有這樣，才能使人進入「高雅」的理想人格境界，即真善美和合統一的完美人格境界。由此，也才能使人的自我價值得到充分的肯定和自由發揮，以實現自我，超越自我，創造自我。故而，孔孟的審美理想是要做聖人、仁人。他們非常強調「做人」與人的「高雅」人格素質的培養，所謂「天生德於予」（《論語》〈述而〉），「天將以夫子為木鐸」（《論語》〈八佾〉）。孔子以「仁」釋「禮」，又認定求「知」應該為求「仁」服務，強調「未知，焉得仁」（《論語》〈公冶長〉）。在論及「君子」應具有人格素質時，孔子強調指出人們必須使自己「志於道，據於德，依於仁，游於藝」（《論語》〈述而〉）。「道」是指宇宙間普遍的、根本的道理、規律，屬於認識和真理範圍；「德」和「仁」是講道德倫理，包含著善的內涵；「藝」則是指禮、樂、射、御、書、數等六藝，蘊含著美的內容。道、德、仁、藝在人的真善美人格素質發展中具有不同的作用。老莊的理想則是做真人、至人。作為道家的代表人物，他們同樣注重內省。可以說，「君子」「聖人」「真人」「至人」「神人」也就是「雅人」。總之，「六經」、孔孟和老莊所開啟的中國哲學，最重視的不是確立於對外部世界的認識，而是致力於成就一種偉大的「高雅」人格，由「內聖」而「外王」。

中國古代哲學這種強調「天人合一」「知行合一」「內聖外王」的思想，對「高雅」之境創構中的主體「高雅」人格建構，特別是藝術審美創作主體的「高雅」人格建構，具有重要影響。「高雅」之境的創構離不開主體人格結構的高雅。中國古代美學肯定人的存在意義，強調人的價值和作用，認為天地萬物之中，人「最為天下貴」（《荀子》〈王

制〉），「惟人得其秀而最靈」（董仲舒《春秋繁露》〈天地陰陽〉）。中國美學認為，在自然、社會、人類，即天、地、人三才中，作為主體的人是天、地的中心，萬物的尺度。通過盡心思誠，人能夠向內認識自我、實現自我而進入與天地萬物合一的境界。所謂「誠，天之道也；誠也者，人之道也」（《中庸》）。天人本源於一「道」，並同歸於「誠」，故而荀子説：「君子養心莫善於誠。……天地為大矣，不誠則不能化萬物。」（《荀子》〈不苟〉）盡心知天，以誠為先。回歸於本心，返回人心原初之誠，方能窮神達化，天人合一。反觀內照則能窮盡宇宙人生的真諦，並使人從中獲得審美的自由超越。要達到此，作為主體的人的感知、想像、情感、理解等審美心理素質與審美能力必須得到增強與提高，要「以至敏之才，做至純功夫」（朱熹語），以培養其理想人格，健全其審美心理結構和審美智能結構。所謂「志和而音雅」（董仲舒《春秋繁露》〈玉杯〉），「嚴莊溫雅之人，其詩自然從容而超乎事物之表」（宋濂《林伯恭詩集序》），「賢良文學，辭雅氣俊」，而「媚夫幸士」則「辭靡氣蕩」（徐禎卿《談藝錄》），「人非流俗之人，而後其文非流俗之文」（黃宗羲《錢屺軒先生七十壽序》）。因此，只有增強其審美能力，完善其審美素質，通過親身實踐和感受現實世界，增加知識積累和生活經驗積累，做到「知行合一」，使自己的審美活動適應客觀世界中對稱、均衡、節奏、有機統一等美的動力結構模式，方始可能超越這些模式進入天地境界，從而盡己心便可以盡人盡物，參天地，贊化育，以達到超塵絕俗的「高雅」極境。

「高雅」之境創構中的心靈體驗方式的生成，離不開「天人合一」思維模式的影響。西方美學是在思辨和論難的文化氛圍中發展起來的，講究謹嚴的邏輯論證和深透的理論開掘，通行「始、敘、證、辯、結」的運思和表達程式，立論縝密，儘管不免流於煩瑣。這和其以邏

輯分析和推理為基礎，注重認識活動的細節的傳統思維模式的影響分不開。而中國的傳統思維模式則是以直觀綜合為基礎，比較注重從整體方面來把握對象，具有較為突出的模糊化色彩。從中國哲學史來看，除晚周諸子和魏晉玄學之外，一般說來論辯風氣不濃，因襲枷鎖沉重，形式邏輯相當薄弱。宋明理學的「格物致知」說，是中國傳統認識發展史上的典型代表，其所推崇的「格物」，也不是對事物的觀察和實驗，而是採取靜坐修心的「內省功夫」，以達到「明心見性」的目的。即使是思辨水平較高的莊禪哲學，雖然其哲學宗旨和形態不盡相同，然而其思辨模式的共同點則都在於是一種無須以概念邏輯思維為基礎的直觀思辨。這種傳統思維模式對中國科學精神的發展起了極大的抑製作用，但是卻成全了中國美學，並形成強調著手成春，人淡如菊，不著一字，如天馬凌空，飛仙遊弋，「風流儒雅，無入不得」（葉燮《原詩》），主張「寫意要閒雅」、追求「高明、玄曠、清虛、澹遠、雅潔」，通過心靈體悟以把握宇宙生命意旨的體驗方式，使中國美學精神達到至高之境。

受傳統「天人合一」審美意識的影響，中國美學認為，在「高雅」之境創構過程中，「用意高妙，興象高妙」（方東樹《昭昧詹言》），「使情興抒發得超逸奇妙，自然不俗」（王士禛《帶經堂詩話》），「以氣韻清高深眇者絕，以格力雅健雄豪者勝」（張表臣《珊瑚鉤詩話》），要達到「高妙」「超逸奇妙」「不俗」，「清高」「雅健」，則必須「意」「情」「興」「氣韻」「格力」都「高妙」「奇妙」「清高」「雅健雄豪」，要通過心靈體驗，「貴悟不貴解」，講「目擊道存」「心知了達」與「直覺了悟」，其核心是「悟」。而「悟」的極致則是禪宗所標榜的「以心傳心」「不立文字」。蘇軾曾以司空圖論詩「美在鹹酸之外」來標舉「高雅」（《書黃子思詩集後》）。所謂「美在鹹酸之外」，其美學核心就

在於「悟」。中國古代哲人認為宇宙萬物的生命本體是「道」，而「道」即先天地而生的混沌的氣體。它是空虛的、有機的靈物，連綿不絕，充塞宇宙，是生化天地萬物的無形無象的大母。它混混沌沌，恍恍惚惚，視之不見，聽之不聞，搏之不得。它是宇宙旋律及其生命節奏的秘密，貫注萬物而不滯於物，成就萬物而不集於物。在「高雅」之境的創構中審美主體必須憑藉直覺去體驗、感悟，通過「心齋」與「坐忘」，「無聽之以耳，而聽之以心；無聽之以心，而聽之以氣」（《莊子》〈人間世〉），排除外界的各種干擾，以整個身心沉浸到宇宙萬相的深層結構之中，從而始可能超越包羅萬象、複雜豐富的外界自然物象，超越感觀，體悟到那種深邃幽遠的「道」，即宇宙之美。可以說，正是這種對「道」的審美體驗，才使中國古代美學把「高雅」之境的創構的重點指向人的心靈世界，「求返於自己深心的心靈節奏，以體合宇宙內部的生命節奏」，並由此而形成獨特的心靈體驗方式和傳統特色。

中國美學推崇溫文爾雅、風流儒雅的人格風範；標舉人格的獨立與人的主體性原則。儒家強調「仁者愛人」、剛健有為、自強不息，注重個體品格的自我完善，重視人格尊嚴；道家追求任情逍遙、物我齊一，表現在人生美學方面就是對「高雅」人生風範的推崇，標舉清心淡雅、閒遠雅致的人生境界。「高」，首先是人品的高尚。我們知道，獨特、豐富的審美品性是主體特殊的生活經歷、思想品格、氣質性格等心理素質以及由此表現出的屬於人的自我意識、智慧力量、理智情操、意志追求與人生價值取向等因素在審美中的光輝體現。它制約並規定著主體人生價值觀和審美觀的構成，並標誌著作為主體的人「有氣有生有知亦且有義，故最為天下貴」（《荀子》〈王制〉），體現著人之所以為人的一種真正的「自由」。這「自由」意味著「道大、天大、地大、人亦大」（《老子》〈二十五章〉），意味著人具有自身的獨立性、

高貴性和能動性，所以能通過「自強不息」（《周易》〈乾〉〈象傳〉），以「參」天，而達到與道為一、與天為一的極致審美境界。

　　審美創作活動是主體人生價值取向的生動體現，是主體對社會人生、自然萬物的一種積極的精神觀照，是生活現象與自然物象的心靈化，是心畫心聲、心苗心跡、心術心胸的表現，是心之感觸、心之吐納，是社會生活與自然萬物同主體心靈交會互撞的閃光。故而，作為這種心物交融、情景互滲、意象相合的審美體驗活動的物態化成果——文藝作品，就勢必刻上屬於主體自己獨特個性的心靈印記。

　　中國古代美學很早就注意到了這種審美創作中的人生價值觀的體現和個性心理現象及其對作品審美風格的影響，因此，中國美學認為只有主體是「雅人」，其作品才可能「雅」。並提出「大雅君子，言符其德」「嚴莊溫雅之人，其詩自然從容而超乎事物之表」（宋濂《林伯恭詩集序》），「人高則詩亦高，人俗則詩亦俗」（徐增《而庵詩話》）的美學命題，以強調「雅」的審美境界的營構是主體心靈的觀照與物態化的過程；主體獨特的審美心理個性特徵是作品審美價值的主要構成要素，是雅人，才有雅語、雅意、雅趣、雅境。司空圖《二十四詩品》中所謂「畸人乘真，手把芙蓉」（〈高古〉），「坐中佳士」「眠琴綠蔭」（〈典雅〉），「體素儲潔，乘月返真」，「載瞻星辰，載歌幽人」（〈洗煉〉），「金樽酒滿，伴客彈琴」（〈綺麗〉），「幽人空山，過雨采」（〈自然〉），「可人如玉，步屧尋幽」（〈清奇〉），「一客荷樵，一客聽琴」（〈實境〉）「高人惠中，令色姻媪」（〈飄逸〉），「倒酒既盡，杖藜行歌」（〈曠達〉），等等「高古」「飄逸」「曠達」「清奇」「自然」「典雅」之境的構築，都離不開「畸人」「佳士」「幽人」「可人」「高人」「伴客彈琴」之人，「築屋松下」之人、「脫帽看詩」之人、「荷樵」之人、「聽琴」之人，「采」之人，「尋幽」之人、「杖藜」之人、「惠中」之

人。的確，審美創作是創作主體根據一定的、特有的審美情趣與精神
需要，從其人生價值觀和個性的心理特徵出發，去選取並體驗那些烙
印著自己心靈的意蘊最深的東西，以發現最能適應作為主導意識的審
美對象的精神內涵和恰如其分的審美意識的語言載體的過程，是屬於
主體自己的獨特的審美體驗，與獨特的審美傳達，因而必然顯示出屬
於主體個人的獨特性和獨創性。

「人高則詩亦高，人俗則詩亦然」（徐增《而庵詩話》）。的確，審
美創作活動是心靈與個性的外化。可以說，沒有多姿多彩的個性特
色，就沒有審美創作。審美心理個性在審美創作中具有不可忽視的特
殊重要意義。即如陸游所說：「夫心之所養，發而為言；言之所發，比
而成文。人之邪正，至觀其文則盡矣、決矣，不可復隱矣。」（《上辛
給事書》）創作主體獨特的人生價值觀和個性，與審美創作鮮明的個性
化特色，是審美創作得以存在的前提。文藝作品是創作主體的思想感
情、品德情操、氣質性格與人生價值取向等審美個性因素通過語言載
體的物態化表現結果，是發「心之所養」而為言成文，因而，透過文
藝作品的「言」「文」，則「可以洞見其人之心術才能」，「人之邪正」
與「平生窮達壽夭」（陸游《上辛給事書》）。用今天的話說，則通過其
作品，就能夠在一定程度上瞭解到創作主體的人生價值觀與審美個性
特徵。同時，審美創作必定要對主體的個性心理有比較充分的反映和
表現，「不可復隱」。葉燮說得好：「作詩有性情，必有面目。」（《原
詩》外篇）所謂「性情」就是創作主體特殊的個性；所謂「面目」，則
是作品對主體獨特個性的鮮明顯現。審美創作的表情顯意性特徵決定
著創作主體個性的必然外現。所謂「詩是心聲，不可違心而出」（葉燮
《原詩》外篇），因此，必定體現出創作主體的人生價值取向與審美個
性。可以說，個性化特色的鮮明與否，決定著審美創作成就的大小，

決定著作品審美價值的高低。

　　現代心理學指出，所謂個性，是指個人體內基於自然素質，經過社會實踐而形成的心理特徵的總和。它包括個人的氣質、性格、情趣、理想、信念、價值觀與世界觀等心理要素。作為單個的個性，既具有作為人的共同性，又具有區別於他人的獨特性。故個性又是人與人之間的共同性與差異性的辯證統一。

　　通過個別以表現一般，通過特殊以顯示普遍既是馬克思主義辯證法的基本內容，也是審美創作應遵循的根本法則之一。有異彩紛呈各不重複的審美個性，才有絢麗多彩、萬紫千紅的審美創作。個性在審美創作中有著十分重要的作用。石濤說：「我之為我，自有我在。」（《石濤畫語錄》）所謂「我」，就是指創作主體的個性。有「我」始有「藝」，有「藝」則必有「我」，無「我」便無「藝」。傑出的審美創作必定是創作主體獨特的心靈化世界的充分表現，必然具有如其人的強烈審美效應。即如徐增在《又與申勖庵》中所指出的：「不難於如其詩，而難於如其人。」「能如其人，則庶幾矣。」朱彝尊在《高舍人詩序》中指出：「詩之為教，其義風、賦、比、興、雅、頌，其辭嘉、美、規、誨、戒、刺，其事經夫婦、成孝敬、厚人倫、美教化、移風俗，其效至於動天地、感鬼神，惟蘊諸心也正。」就認為詩歌創作為「心」之所「蘊」，並強調主體必須「心正」。「正」，即「雅」。沈祥龍《論詞隨筆》說：「雅者，其意正大，其氣平和，其趣淵深也。」故而可以說，主體只有「心正」，其人生價值與「意正大」「氣平和」「趣淵深」的「雅」的人格在文藝作品中的完全實現，才能在審美創作中創構出「高雅」之境，並獲得審美創作的成功。

　　「高雅」之境的構成是高尚人品的表現。是藝術家將其「高雅之情」，寄興於文藝創作之中。因此，「人品既已高矣，氣韻不得不高，

氣韻既已高矣，生動不得不至；所謂神之又神而能精焉」（郭若虛《圖畫見聞志》〈敘論〉）。「中國人重品」，作為名詞，「品」是指品德、品質與品格。受儒家人生價值觀的影響，中國美學追求人格的完美，強調個人的品質修養、道德情操與氣節尊嚴等人格美的塑造。審美創作中，歷代傑出的文藝家都力求使自己成為理想人格形象的建構者、人格精神的掘發者和完美人格的體現者。可以說，在中國美學看來，「品」就是美。高尚的人品是作品具有高雅風格的基本心理素質。在中國古代美學看來，這種個性中高尚的人品與文藝作品高雅風貌的審美特質相關，影響及文藝作品審美意旨的熔煉與審美境界的高下。歐陽修在評議作家作品時，就根據其人品，認為「李建中清慎溫雅」，故而「愛其書者，兼取其為人」（《世人作肥字說》）。即如劉熙載在《藝概》〈詩概〉中所指出的：「詩品出於人品。」徐禎卿在《談藝錄》中也指出：「賢良文學，辭雅氣俊」，「媚夫幸士，辭靡氣蕩」。創作主體審美個性中的人品決定著文藝作品的品格和審美價值；文藝作品的韻味與風味是創作主體審美個性中人品的外觀，透過作品的語言文辭、風格體貌，可以體會出創作主體的人生價值觀以及個人的氣格和形象。

　　創作主體高尚的人品，或謂高尚的品格，表現為其對社會人生的態度，立身的準則。其中包括個體的審美理想、審美價值觀念、審美需要及其指向等審美心理要素。因此，可以說，高尚的人品就是指主體的人格美。它是審美創作的根本。陳仁錫說：「士不立品，才思索然，文章千古，寸心自知。無人品則寸心安在？誰與較失得哉？……有德有造。士生其間，不以定志立品為第一義，豈不負遭遇哉？」（《明文奇賞序》）薛雪也說：「要知心正則無不正，學詩者尤為吃緊。蓋詩以道性情，感發所至，心若不正，豈可含毫覓句乎？……詩者，心之言、志之聲也。心不正，則言不正；志不正，則聲不正；心志不

正，則詩亦不正。」（《一瓢詩話》）又說：「學問深，品量高，心術正，其著作能振一時，垂萬世。」（《一瓢詩話》）創作主體的人品，即主體的胸襟、品德、學識是審美創作成敗的關鍵，有高雅的人品，才能創構「高雅」之境，才有傑出的不朽之作。從高雅人品的內容來看，它是主體的思想品格、道德情操的美，最富於自我修養的自覺性，是主體的情感與理智的總體釀造之果。中國古代美學所推崇與標舉的高雅人品，包括中華民族傳統精神的所有珍貴素質。

　　文藝作品的審美意旨及其審美價值的「高雅」與否，同創作主體的人品有著密切的關係，有什麼樣的人品就有什麼樣的詩品和文品。魏了翁說：「氣之薄厚，志之小大，學之粹駁，則辭之險易正邪從之，如聲音之通政，如蓍蔡之受命，積中而形外，斷斷乎不可掩也。」（〈攻媿樓宣獻公文集序〉）文藝作品是創作主體心靈化的產物，是主體個性精神的傳神寫照，作品審美意境中所蘊藉的是「氣」「志」「學」，「積中而形外」，由「氣」「志」「學」則可以觀照到的「人」，亦即人的品格、審美理想、道德情操和精神面貌。「莊周為人有壺視天地、囊括萬物之態，故其文宏博而放肆，飄飄然若雲游龍騫不可守。荀卿恭敬好禮，故其文敦厚而嚴正，如大儒老師，衣冠偉業，揖讓進退，具有法度」（方孝孺〈張彥輝興寫文集序〉）。既然「高雅」之境的創構首先必須要有「高雅」的人品，那麼審美主體必須洗濯襟靈，加強道德情操的修養，使自己具有高尚的品德與氣節，以增強對整個人類的幸福、前途、憂患、命運的審美洞察力，完善其審美心理結構，從而始能創作出藝術的精品。揭侯斯說：「學詩必先調變性靈，砥礪風義，必優游敦厚，必風流醞藉，必人品清高，必精情簡逸，則出詞吐氣，自然與古人相似。」（《詩學指南》卷一《詩法正宗》）薛雪也認為：「著作以人品為先，文章次之。」（《一瓢詩話》）創作主體性中的人品價值

是文藝作品審美價值的根本，人品高尚自然就能營構出「高雅」之境創作出優秀之作。這是「高雅」說一個方面的內容。

## 第二節 雅 趣

「高雅」之境的構築、離不開高雅的意趣。江淹《修心賦》云：「保自然之雅趣，鄙人間之荒雜。」提出了「雅趣」說。在審美活動中，由於人格境界的高低以及人生價值取向的不同，從而形成審美趣味的差異。中國美學早就注意到這種差異現象，並根據其旨意趣尚的不同總結出「奇趣」「野趣」「真趣」「異趣」「佳趣」「高趣」「古趣」「樂趣」「生趣」「清趣」「天趣」「媚趣」「雅趣」等許多審美趣味的不同表現。所謂「趣味」無爭辯，作為審美主體的個體，其審美趣味是尤其人生價值觀所決定的。「觀好殊聽，愛憎難同」。但究其旨趣趣尚而言，總體上又可以分為「雅」與「俗」兩大類。

從語義學看，「趣」的本義是沿著一定的方向疾速地前行。《說文解字》云：「趣，疾也。」《詩》〈大雅〉〈棫樸〉云：「濟濟辟王，左右趣之。」《毛詩傳》云：「趣，趨也。」《廣韻》：「趍，俗趨字。」故而，《毛詩箋》云：「左右之諸臣皆促疾於事。」朱熹《詩集傳》則云：「趣之，趣向也。」又說：「蓋德盛而人心歸附趣向之也。」可見，「趣」，既有行為動作方面的趨向，也有心理意旨方面的取向。莊子就曾將「趣」作為旨趣、情趣來運用。他在《莊子》〈秋水〉篇中針對雅俗貴賤與大小是非的問題，借北海若答河伯之語說：「以道觀之，物無貴賤。以物觀之，自貴而相賤。以俗觀之，貴賤不在己。以差觀之，因其所大而大之，則萬物莫不大；因其所小而小之，則萬物莫不小。知天地之為稊米也，知毫末之為丘山地，則差數睹也。以功觀之，因

其所有而有之，則萬物莫不有；因其所無而無之，則萬物莫不無。知東西之相反而不可以相無，則功分定矣。以趣觀之，因其所然而然之，則萬物莫不然；因其所非而非之，則萬物莫不非。知堯、桀之自然而相非，則趣操睹矣。」這裡就提出可以從「道」「物」「俗」「差」「功」「趣」等六個不同角度來認識宇宙萬物。「以道觀之」，是就生成萬物的本原之「道」而言；「以物觀之」則是從萬物自身來看；「以俗觀之」，是從世俗的立場而言；「以差觀之」，則是從雅俗貴賤、大小高低的差別來看；「以功觀之」，是從其對社會人生的價值論而言；「以趣觀之」，則是從其旨趣意向的指歸來看。正因為如此，所以成玄英《莊子疏》解釋「以趣觀之」是「以物情趣而觀之」；解釋「趣操睹矣」，是「天下萬物情趣志操可以見之矣」。郭慶藩《莊子集釋》在解釋這段文字時也說：「趣，一心之旨趣也。」同時，從莊子所提出的六種認識宇宙萬物的方式看，前三種中否定了以「物」和以「俗」觀之，後三種從相對論出發，又否定了對「差」與「功」觀照的必要，也就說莊子只肯定了「以道觀之」與「以趣觀之」。而就今天的知識譜系來看，「以道觀之」，可以歸到哲學層面，「以趣觀之」，由於實際上超越了世俗物質的束縛，而僅就精神自由與心理愉悅而言，故可歸於美學層面。可見，「趣」在這裡已上升為審美範疇。漢魏時期，作為審美範疇，「趣」，進一步得到發展。據《列子》〈湯問〉記載，師曠「曲每奏，鍾子期輒窮其趣」。張衡《東京賦》云：「其西則有平樂都場，示遠之觀，龍雀蟠蜿，天馬半漢。瑰異譎詭，燦爛炳煥。奢未及侈，儉而不陋。規遵王度，動中得趣。」《晉書》〈陶潛傳〉也云：「但得琴中趣，可勞弦上聲。」在這些地方，就提出「窮趣」與「得趣」的問題。鍾子期與陶潛所要「窮」與「得」之「趣」，乃是指音樂審美活動中演奏者所要表現的旨趣，以及欣賞者所從中獲得的意趣與情趣；而張衡賦中

所記的「動中得趣」，則是行為舉止中所傳達出來的意趣。故《文選》李善注云：「趣，意也。」這裡就強調指出作為一種樂感，「趣」是具有一定旨意和意義的，表現出強烈的人文色彩，顯示出人與動物的差異與不同，包含著人對高品位人生意趣的追求。故嵇康在《琴賦序》中指出，要真正進入音樂所營構的藝術境界，必須明達音樂中所深深蘊藉的「禮樂之情」，以「覽其旨趣」。而蔡邕在《陳寔碑》中則明確提出「趣尚」之說，以強調「趣」的倫理道德指向。

「趣尚」表明「趣」中表現著一種志向與崇尚、取捨與追求。故諸葛亮《誡外甥》云：「夫志當存高遠，慕先賢，絕情慾，棄疑滯；使庶幾之志，揭然有所存，惻然有所感；忍屈伸，去細碎，廣咨問，除嫌吝；雖有淹留，何損於美趣。」就將「慕先賢，絕情慾，棄疑滯」等高遠的志向與追求視為「美趣」。在我們看來，這種積極、向上、健康、樂觀的人生態度，也就是一種「雅趣」。

不同的審美個體，由於生活經歷、審美修養、文化心態、風俗習慣，以及個人性格、氣質稟賦、人生價值取向的不同，所以其情趣愛好、審美價值取向也就存在著極大的差異性。表現在審美活動中，則有愛陽剛之美者，有愛陰柔之美者；有愛纖巧者，有愛稚拙者；有愛明快者，有愛晦暗者；有愛含蓄者，有愛熱烈者。即如葛洪《抱朴子》〈廣譬〉所說：「觀聽殊好，愛憎難同。」即使在同一審美活動中，作為個體，創作主體仍然會因人生價值與情感指向不同，而表現出各有所感，各有所好。這種不同的「觀聽」與「愛憎」，也就是不同的審美趣味。審美趣味對審美活動，尤其是對審美創作活動的影響是十分重要和顯著的。

心理學的研究告訴我們，趣味乃是通過人們所從事的社會實踐活動，以及文化教養、性格氣質、人生價值觀等因素的作用，從而形成

的對待事物的一種態度。趣味與需要既相聯繫，又有區別，它是在需要的基礎上產生出來的對某一方面的有著特別愛好的一種較為穩定的個性心理形態。審美情趣則是主體所表現出的，帶有極為鮮明、厚重的人生價值與情感指向的，對待作為審美對象的客體的一種審美態度。和審美理想相同，作為富有情感色彩的審美評價與審美指歸、審美探究、審美價值觀的主觀標準，審美情趣主要體現在審美價值取向、審美感知和審美體驗的過程中。同時，審美情趣與審美理想又有所區別。審美理想是階級、社會、時代和民族的審美意識的集中體現，而審美情趣卻帶有著強烈的個性特點和情緒色彩，是審美主體的個體意識、心態特徵、情感態度、人生價值在審美活動中的具體表現。審美情趣與審美理想既有不同之處，又有相通之點，兩者之間是既相互聯繫又相互影響的。審美情趣決定著審美理想的形成，同時又受制於審美理想。正是因為這一緣故，在同一民族、時代和階級的人們中，或者在不同民族、時代和階級的人們中，儘管「憎愛異性」「好惡不同」（葛洪語）、「各有所尚」（曹植語），但是在這種相異中，卻總是表現出某種共同的審美理想與審美情趣。也正是因為這一緣故，由於審美情趣的個性特點，人們在共同的審美愛好中表現出繁多複雜、豐富多彩、趣味多種的審美價值取向和審美情趣。

　　個性中的情趣影響文藝作品的審美意象和風格特徵，情趣高雅，意象則新穎獨特，自成風格。劉勰說：「風趣剛柔，寧或改其氣。」（《文心雕龍》〈體性〉）賀貽孫說：「詩以興趣為主，興到故能豪，趣到故能宕。」（《詩筏》）徐增亦認為：「詩乃人之行略，人高則詩亦高，人俗則詩亦俗，一字不可掩飾，見其詩如見其人。」（《而庵詩話》）陸時雍《詩鏡總論》說得好：「詩有靈襟，斯無俗趣矣；有慧口，斯無俗韻矣。乃知天下無俗事，無俗情，但有俗腸與俗口耳。古歌《子夜》

等詩，俚情褻語，村童之所耻言，而詩人道之，極韻極趣。漢《鐃歌》樂府，多寋人乞子兒女裡巷之事，而其詩有都雅之風。如『亂流趨正絕』，景極無色，而康樂言之乃佳。『帶月荷鋤歸』，事亦尋常，而淵明道之極美。以是知雅俗所由來矣。」這裡所謂的「靈襟」，即「高雅」的情趣。高雅的審美情趣是創造氣韻生動、意蘊深厚的審美意象不可缺少的前提，林林總總、妙趣橫生的審美意象與「高雅」審美風貌的形成，以及「雅俗所由來」都離不開創作主體個性中「高雅」情趣的作用。

文藝作品中審美意象的「意」和主體「高雅」的情趣分不開。孟子說：「詖辭知其所蔽，淫辭知其所陷，邪辭知其所離，遁辭知其所窮。」（《孟子》〈公孫丑章句上〉）氣韻神味，皆如其為人。張戒說：「大抵句中若無意味，譬之山無煙雲，春無草樹，豈復可觀？阮嗣宗詩，專以意勝；陶淵明詩，專以味勝；曹子建詩，專以韻勝；杜子美詩，專以氣勝。」（《歲寒堂詩話》）主體的情趣不同，作品中表現出的審美意象也各有特色。意大利美學家克羅齊認為，藝術是把一種情趣寄託在一個意象裡，無論是情趣離開意象，還是意象離開情趣，都不能獨立。[1]意像是審美對象與創作主體的審美情趣、審美理想的相交相融。

在創作主體的審美心理結構中，由於個體的需要、動機、興趣、理想、信念、世界觀等心理因素的作用，所以形成個體在審美情趣上的差異，並由此而影響文藝作品的審美意象和風格特色。所謂「清流不出於淤泥，洪音不發於細竅。襄陽蕭遠，故其聲清和；長吉好異，故其聲詭激；青蓮神情高曠，故多宏達之詞；少陵志識沉雄，故多實

---

1　見朱光潛：《詩論》，三聯書店1984年版，第51頁。

際之語。詩本性情，寫胸次，捷於吹萬，肖於谷響，弗可遁也」（屠隆《抱侗集廬》）。以李白和杜甫為例：李白追求自由，飄逸不群，氣概超凡，具有不甘流俗、積極奮發的高雅情趣，因而在詩中創造了許多帶有個性特點的意象。他筆下的黃河、長江，奔騰咆哮，一瀉千里：「黃河之水天上來，奔流到海不復回。」（《將進酒》）「登高壯觀天地間，大江茫茫去不還。黃雲萬里動風色，白波九道流雪山。」（《廬山謠寄盧侍御虛舟》）他筆下的山峰崢嶸挺拔，高出天外：「連峰去天不盈尺，枯松倒掛倚絕壁。」（《蜀道難》）「廬山秀出南斗傍，屏風九疊雲錦張。」（《廬山謠寄盧侍御虛舟》）都表現出一種超塵絕俗的高雅氣概。杜甫傷時憂國，熱愛生活，熱愛人民，具有溫柔敦厚、藹然仁義的胸懷，高潔博雅的情趣，因此，他的詩作中的景物往往籠罩著一層憂鬱淒涼的色彩，有一種深重悲愴的氛圍。病柏、病橘、柘楠、枯棕、瘦馬、病馬，是杜詩中一組最能代表其風格的意象。嚴羽說：「子美不能為太白之飄逸，太白不能為子美之沉郁。」（《滄浪詩話》〈詩評〉）就強調指出個體的審美情趣對作品審美意象和風格特色的重要作用。

　　主體個性中審美情趣對審美創作的作用，首先體現在創作構思中趣味指歸上的差別。「趣味這件東西，是由內發的情感和外受的環境交媾發生出來。」（梁啟超《飲冰室合集》〈飲冰室文集〉卷四十三）因而，個體審美趣味的指歸是不相同的。「知者樂水，仁者樂山」（《論語》〈雍也〉），在對待外部事物的審美特徵上，人們的看法和興趣是存在著差異的，即使是同一審美對象，也存在著「仁者見之謂之仁，智者見之謂之智」（《周易》〈繫辭上〉）的現象。這樣，由於審美趣味的作用，常常使文藝創作主體把興趣指向自己所喜愛的題材和表現手法，從而形成文藝作品特有的審美意象和風格特色，並體現出個性特點。

例如，屈原喜愛香草美物，其詩作中就經常用它們來比忠貞賢臣。李白喜歡皎潔，他的詩裡使用得最多的色彩詞就是「白」，幾乎是什麼都可以成為白了。「白玉」「白石」「白雲」「白雪」「白霜」「白浪」「白日」「白鷗」，在他的筆下，就連雨也是白的：「白雨映寒山，森森似銀竹。」（《宿湖》）；月亮是皎潔的，因而李白性喜月亮，寫下了不少膾炙人口的月景詩。林逋與姜夔偏愛梅花，他們的詩作就與梅花結下不解之緣，寫了許多吟詠梅花的佳作。南宋畫家曾無疑從小就喜歡草蟲，經常「籠而觀之，窮晝夜不厭」，「又恐其神之不完也，復就草地間觀之」。這種對草蟲的穩定持久的審美趣味使他「工畫草蟲，年邁逾精」（羅大經《鶴林玉露》〈畫馬〉）。趣味指歸上的不同，還會影響及表現手法，使其顯示出不同的特點。例如，蘇軾超然豁達，高風絕塵，喜尚天趣自然，因而為文「隨物賦形」（蘇軾《文說》），不擇地而出，並由此而形成其奔騰豪放的風格。而李清照則主張高雅、渾成、典重、鋪敘、故實的表現手法（見李清照《詞論》），從而形成其秀雅婉約的詞風。

葉燮在《原詩》〈外篇上〉中指出：「詩是心聲，不可違心而出，亦不能違心而出。功名之士，決不能為泉石淡泊之音；輕浮之子，必不能為敦龐大雅之響。故陶潛多素心之語，李白有遺世之句，杜甫興廣廈萬間之願，蘇軾師四海弟昆之言。」審美創作是主體生命的揮發和「心聲」的流露，創作主體的思想感情、性格氣質、人生價值觀與審美理想的不同，必然會影響及審美價值取向與審美情趣指向的不同，並表現出其獨特的創作個性。追求功名的人，絕對不會於其審美創作中表露出寄情山水，放歸田園，身在江湖而心棄魏闕人生態度的嚮往；沒有高尚情操與道德理想、沒有高雅品格的人，也必然不可能於其審美創作中表現出大氣磅礴、耀同日月的高雅人格之美。優秀的審美創

作主體無一不是具有鮮明個性的人，無一不是在審美創作中抒發和表現出他們自己新鮮獨特的個性化審美價值觀和審美情趣。可以說，區分優秀審美創作主體的一個重要依據，就是他們審美價值觀與審美情趣的個性化。「如杜甫之詩，隨舉其一篇，舉其一句，無處不可見其憂國愛君，憫時傷亂，遭顛沛而不苟，處窮約而不濫，崎嶇兵戈盜賊之地，而以山川景物、友朋杯酒抒憤陶情，此杜甫之面目也。我一讀之，甫之面目躍然於前。讀其詩一日，一日與之對；讀其詩終身，日日與之對也，故可慕可樂而可敬也。舉韓愈之一篇一句，無處不見其骨相峻嶒，俯視一切，進則不能容於朝，退又不肯獨善於野，疾惡甚嚴，愛才若渴，此韓愈之面目也。舉蘇軾一篇一句，無處不可見其凌空如天馬，遊戲如飛仙，風流儒雅，無入不得，好善而樂與，嬉笑怒罵，四時之氣皆備，此蘇軾之面目也。」（葉燮《原詩》〈外篇上〉）的確，審美創作主體對生活獨特的審美感受，創作主體個性化的人生價值取向與審美情趣以及由此構成的審美價值觀，換言之，則創作主體「自我」之「面目」與其「殊好」「愛憎」，是審美創作構思的出發點，也是審美創作取得成功的標誌。

審美趣味對文藝審美創作的影響還突出地表現在情感指歸上的差別。情感的指歸是個體特定的人生價值觀和情感與特定的審美對象之間一一對應的結果。正如李仲蒙所指出的：「物有剛柔、緩急、榮悴、得失之不齊，則詩人之情亦各有所寓。」（見胡寅《斐然集》卷十八引）又如李夢陽所指出的：「科有文武，位有崇卑，時有鈍利，運有通塞；後先長少，人之序也；行藏顯晦，天之界也。故其為言也，直宛區，憂樂殊，同境而異途，均感而各應之矣。」（《敘九日宴集》）情趣是主觀的，審美創作中，作為主體的個體時運機遇的通塞鈍利，生活經歷的親身體驗、生存處境、行藏顯晦、窮達尊卑等所形成的人生

價值觀，決定著其個體審美情趣態勢的建構，「直宛區，憂樂殊」；同時，情趣又有客觀的意義，表現出強烈的情感指向，一旦外部對象環境的特定形式適合主體的審美情趣，投合主體「愛憎」的指向，一種特殊的「憂樂」審美情感便會「勃然而興」「感而各應」，並有「各有所寓」，與作為審美對象的自然萬物所呈現出的「剛柔、緩急、榮悴、得失」等新故榮落、物態天趣的外在動勢相應相合，作為個體的創作主體則會對此特定形式產生濃厚的偏愛之情，形成濃厚的情趣指向，進而忘我忘物地去進行心靈觀照，在物我相互交流、相互感應、相互寄寓、「相看兩不厭」之中完成審美構思活動。由此而獲得的審美體驗和所捕捉到的審美意象物化於作品之中，即構築成文藝作品獨具特色的審美意境，並表現出特有的意趣和風趣。並且，由於個體氣質、性格、遭際、心境與價值觀的不同，創作主體情趣中的情感基調也是有所不同的，因而，造成情趣與情感指歸上的差異並影響及文藝作品審美風貌的形成。范仲淹在《唐異詩序》中説：「詩家者流，厥情非一，失志之人其辭苦，得志之人其辭逸，樂天之人其辭達，覯閔之人其辭怒。」這裡所謂的「失志」「得志」，屬人生機遇的不同；「樂天」「覯閔」，則屬人生價值觀與氣質性格方面的差異，這些都是造成審美情趣指歸差異的緣由，並通過此以影響及審美創作的風格各異，或「辭苦」，或「辭逸」，或「辭達」，或「辭怒」。傑出的審美創作主體，都有鮮明的情趣差異和獨特的個性化的情感傾向。即便是同一審美對象、同一景觀，由於主體情感的個性化和情趣指歸上的差異，其作品的審美意象和由此而形成的審美價值構成也是不同的，這就是所謂的「同境而異途」。例如唐天寶十一載（752）秋，「安史之亂」前夕，其時有名的五位詩人杜甫、高適、岑參、儲光羲和薛據一同登臨長安慈恩寺塔，每個人都賦詩以即景抒懷。同樣是寫登塔之所見，但因為各

人的人生價值觀與情感的個性化差異和審美價值取向與情趣指歸上的區別，因此，他們的詩作在審美意象和審美意蘊上是各有不同、各具特色的。高適突出的是蒼茫淒清的秋景和懷才未遇的感慨；岑參則傾心於古浮屠的鬼斧神工和出世脫俗的方外之思；儲光羲意欲探究宇宙奧秘並幻想遨遊太虛；而憂國憂民的杜甫則與他們大異其趣，在其「高標跨蒼穹，烈風無時休。自非曠士懷，登茲翻百憂」的抑鬱憂世心境中，他看到的是「秦山突破碎，涇渭不可求」，激盪在他心中的關懷蒼生的憂時憤世之情與即目所見的蒼然秋色相融，從而在詩中熔鑄出一種沉鬱頓挫、蒼茫雄渾的意境。故而胡應麟認為：「高適、岑參、杜甫同賦《慈恩寺》三古詩，皆才格相當，足可凌跨百代。就中更傑出者，《慈恩》當推杜作。」（《詩藪》〈外編〉卷四）

　　總之，由人生價值觀所決定的審美價值取向以及個性化的情趣對於審美創作具有極為重要的作用，雅俗不同的趣味，其作品的審美風格也不同。審美創作主體應努力培養屬於自己的具有個性特徵的、高雅的人生價值觀、審美價值觀與趣味特點，以創作出獨具特色的不朽傑作。

第二章

# 典　雅

　　中國美學極為重視對歷史文化的認同，認為對歷史文化的吸納學習是審美創作取得成功的保證。如劉勰在《文心雕龍》中就強調「積學以儲寶」（〈神思〉），指出只有「熔鑄經典之範，翔集子史之術，洞曉情變、曲昭文體」，然後才能「孚甲新意，雕畫奇辭」（〈風骨〉）；並認為「以模經為式者，自入典雅之懿」（〈定勢〉）。王士禎在《帶經堂詩話》中說很更為清楚：「夫詩之道，有根柢焉，有興會焉，……本之風雅，以導其源；溯之楚騷、漢魏樂府，以達其流；博之九經、三史、諸子，以窮其變；此根柢也。」對古代典籍的學習是文藝創作的「根柢」，是聯繫古今的紐帶，必須通過「模經」「積學」，汲取前人思想精華，納其精粹，才能進入「典雅之懿」，即進入「典雅」之境。可以說，正是這種重視歷史文化積累的美學精神，才形成了中國美學雅俗論中的「典雅」說。

　　同時，「雅」與「俗」的分野，與「菁英文化」和「大眾文化」兩

種文化形態的相互對立分不開。這也正是「典雅」說的提出與構成的規定性內涵和思想基礎。

## 第一節　釋「典」

「典雅」說的提出，最早見於王充《論衡》〈自紀〉：「深覆典雅，指意難睹，惟賦頌耳。」這裡所謂的「典雅」意指古樸深奧、不易懂。帶有一定的貶義。到後來，劉勰在《文心雕龍》〈體性〉篇中說：「典雅者，鎔式經誥，方軌儒門者也。」在《文心雕龍》〈頌贊〉中談到頌的審美風格時又說：「原夫頌惟典雅，辭必清鑠。」這裡所謂的「典雅」則正式成為「雅化」論中的一個審美範疇。他認為，要達到「典雅」，就應該傚法儒家經典，繩墨儒家法規，即在審美意旨方面應以儒家思想為核心內容，在語言表達方面應追求平實、典重，行文風格應像經典一樣渾厚、醇雅，有深厚的審美意蘊。

從語義學來看，典雅之「典」原本就是指經典著作，即那些記載被尊為準則或規範的古人教訓、古代規章制度等的書。故《說文解字》說：「典，五帝之書也。」〈玉篇〉說：「典，經籍也。」清代學者俞正爕《癸巳存稿》說：「典者，尊藏之冊。」《尚書》〈五子之歌〉云：「有典有則，貽厥子孫。」孔穎達《傳》云：「典，謂經籍。」從經典著作引申開來，「典」又具有常道、法則的意思。如《爾雅》〈釋詁上〉則云：「典，常也。」《尚書》〈皋陶謨〉云：「天敘有典，敕我五典五惇哉。」孔穎達《疏》云：「天次敘人倫使有常性，故人君為政，當敕正我父母兄弟子五常之教，教之使五者皆惇厚哉！《史記》〈禮書〉云：「定宗廟百官之儀，以為典常，垂之於後云。」可以說，正由於「典」，具有經典、常則的含義，所以構成「典雅」風格，並使其表現出濃重

的儒家美學經世致用的審美特色。

同時，「典」的本義就是「典雅」，如《西京雜記》卷三云：「司馬長卿賦，時人皆稱典而萌。」蕭統《答玄圃園講頌啟令》云：「辭典文豔，既溫且雅。」故而就語義來看，「典雅」之「典」還有古樸、不俗的意思。王通《中說》〈事君〉云：「沈休文小人哉，其文冶，君子則典。」又云：「君子哉，思王也，其文深以典。」這裡與「典」相對的「冶」，與「野」通，意指粗俗、庸俗。《易》〈繫辭上〉：「慢藏誨盜，冶容誨淫。」朱駿聲《說文通訓定聲》〈頤部〉云：「冶，假借為野。」可見「文冶」既指文章綺麗、嬌豔，又指其粗鄙，缺少文采，「典」與「冶」是相互對立的，「質勝文則野」。從隆雅崇雅的觀念看，無論是「冶」，即「野」，「質勝文」還是綺麗，都意味著俗且粗，理應遭到鄙棄。

因此，對「典雅」審美境界的推崇和中國文化對思想菁英與經典文本的崇拜分不開。中國美學是體驗美學，這種體驗突出地表現為對人生的審美體驗，而對經典文本的體驗，與對知識的體驗則是整個審美體驗的起點，故而中國哲人強調崇經、崇聖，經典裡包容著豐富多樣的知識。早在先秦時期，中國哲人就已經有了把典籍作為知識淵藪與真理依據的觀念。認為古代流傳下來典籍既是「先王舊典」，是有悠久的歷史和輝煌的來源，其本身具有極大的包容性，有著極為豐富的知識內容，同時也有著非常廣闊的解讀空間。如西周時期的「國子」，即貴族子弟，在「小學」與「太學」接受教育時，就要求「春誦夏弦」「秋學禮」「冬讀書」與「四術」「四教」。即如《禮記》〈王制〉所記載：「樂正崇四術，立四教，順先王詩、書、禮、樂以造士，春秋教以禮樂，冬夏教以詩書。」據《左傳》〈定公四年〉記載，成王分封魯公伯禽時，曾「分之土田陪敦，祝宗卜史，備物典冊，官司彝器」。所謂

「備物典冊，官司彝器」，也就是「順先王詩、書、禮、樂以造士」的「四術」「四教」，所據以施教於「國子」，以培育其高尚的道德品質，增進其博雅的學識修養，故而，《莊子》〈天下〉篇説：「其在於詩書禮樂者，鄒、魯之士、搢紳先生多能明之。」呂思勉在解讀《論語》〈述而〉篇「子所雅言，詩書執禮」句時指出，這是「言禮以該樂，又曰：『興於詩、立於禮、成於樂』，專就品性言，不言知識，故不及書。子謂伯魚曰：『學詩乎，學禮乎。』則不舉書而又以禮樂。雖皆偏舉之辭，要可互相鉤考，而知其設科一循大學之舊也」[1]。楊樹達疏證「子所雅言，《詩》、《書》、執禮，皆雅言也」一句時，也指出：「夫子生長於魯，不能不魯語。惟誦《詩》讀《書》、執禮，必正言其言，所以重先王之訓典，謹末學之流失也。」[2]

　　從《論語》中的記載來看，孔子教育學生的基本內容，就是《詩》《書》《禮》《樂》等典籍，並以「雅言」，即當時標準的書面語言來誦《詩》《書》、執《禮》《樂》。如前所説，孔子認為：「若臧武仲之知，公綽之不欲，卞莊子之勇，冉求之藝，文之以禮樂，亦可以為成人矣。」（《論語》〈憲問〉）在孔子看來，要「成人」，即建構成理想人格，必須是「知」「不欲」「勇」「藝」，即既具有豐富的知識積累，同時又具有高尚的道德情操。在如何完善文化人格的問題上，孔子認為最高的人格美是「仁」，為了培養這樣一種理想的道德人格，就需要「知」，因而應該「博學於文，約之以禮」（《論語》〈雍也〉），主張人們要「學文」以積累知識，提高思想認識，增進創作才能。孔子自己教學生也是要求首先學「文」，「子以四教，文、行、忠、信」（《論語》〈述

1　呂思勉：《呂思勉讀史札記》，上海古籍出版社1982年版，第458頁。
2　楊樹達：《論語疏證》，上海古籍出版社1986年版，第164頁。

而〉）。據《禮記》〈經解〉載，孔子云：「其為人也，溫柔敦厚，《詩》教也；疏通知遠，《書》教也；廣博易良，《樂》教也；潔靜精微，《易》教也；恭儉莊敬，《禮》教也；屬辭比事，《春秋》教也。」這段話具體說明了「六經」之「典」對人的修養、才學、品性、情操等心理素質的陶冶作用，指出了學習傳統文化的重要意義。《論語》一書中，還多處記載了孔子談學習《詩》《書》《樂》，以積累知識，增強人的修養與能力的作用。就《詩》而言，孔子就認為學習《詩》可以培養人的表達能力，「不學詩，無以言」（《論語》〈季氏〉）；學習《詩》可以匡正人們的思想，因為「《詩》三百，一言以蔽之，曰『思無邪』」（《論語》〈為政〉）；學習《詩》可以增強人的社會實踐能力與審美能力，「誦《詩》三百，授之以政，不達，使於四方，不能專對，雖多，亦奚以為？」（《論語》〈子路〉）總之，學《詩》「可以興，可以觀，可以群，可以怨；邇之事父，遠之事君；多識於鳥獸草木之名」（《論語》〈陽貨〉）。孔子重視學習與繼承傳統文化，強調通過積學以豐富知識和完善道德修養。這種思想對中華民族注重對歷史文化的繼承與認同，推重道德人品，強調「以修身為本」的尚雅意識的形成具有深遠的影響。可以說，「典雅」審美境界創構中要求「熔式經誥，方軌儒門」的觀點，就是建立在儒家學說的這一理論基礎之上的。

　　中國美學「尊雅卑俗」審美意識的形成與其特定的地理文化與人文性格分不開。以血緣關係為紐帶的中國古代社會極為重視人的道德倫理修養，主張「內聖外王」「求仁得仁」「為仁由己」；在人的性格修養方面，追求平和中正、文質彬彬、溫文爾雅、典雅大方；表現在審美意識上，則突出地表現在對人格、人品的強調。

　　中國美學推崇「雅」審美觀念，標舉「雅」的人格風格與其指向人生、注重體驗的特性分不開。同時，「雅」與「俗」審美意識的生成

則是以傳統哲學中的人學及其人生價值論為思想基礎的。

首先，「尚雅鄙俗」審美意識以「人」為中心，重視人生並落實於人生的特點是與中國古代人生價值論的「重人」「貴人」精神分不開的。就中國古代人生論而言，總是把對人的本質與人的價值、人格理想與人生境界，以及如何達到最高的人生境界所必須的人生修養等等問題作為探討的重要內容。對超越性生命價值、對人生終極意義的追尋始終是中國哲人人生理論與人生實踐所要解決的主要問題。並且，中國古代人生論的這種重要精神滲透到中國文化的各個方面，貫穿在整個人生美學發展史中。

從西周「以德配天」開始，中國人就從天命論中解放出來，認為天人本自一體，並且，就天與人之間的關係看，又是以人為中心的。

天人本是同源相通的，所謂「天地與我並生，萬物與我為一」。對於天與人的統一和諧關係，《周易》〈序卦〉曾作過比較具體的描述：「有天地，然後有萬物；有萬物，然後有男女；有男女，然後有夫婦；有夫婦，然後有父子；有父子，然後有君臣；有君臣，然後有上下；有上下，然後禮義有所措。」天地是萬物之母，天地生成萬物，有了萬物則有了萬物間的差異與化生化合，從而出現了男女，男女結合從而有夫婦，夫婦交感從而有子女，於是出現父子關係。有夫婦、父子，從而構成家庭；有家庭則有人際倫理關係，這種關係的延伸，則構成君臣關係的國家。有君臣之分則有上下尊卑、貴賤之別，於是也就有等級禮義制度的約束，並由此而產生榮辱、雅俗等審美意識。這在中國古人看來，天地萬物到社會禮義是一個和諧一體的宇宙世界，其各個部分都遵循著一個共同的規律，這就是「道」，或謂「天道」與「人道」，也就是自然與社會的發展規律，這樣才和諧一致，並且生生不已。這之中，「人道」依存於「天道」，「天道」又作用並服務於「人

道」。整個自然與社會的發展進程，實際上也就是一個「天道」人格化與「人道」自然化的進程。故而，「天道」與「人道」是和諧統一的，人與自然也是相通相應的，人自身的存在是能夠體現「天道」的。同時，在天、地、人「三才」中，人處於天地的核心，所以人的內在價值就是「天道」的價值。正是基於此，中國古代人生論認為天地萬物之中「惟人萬物之靈」（《尚書》〈泰誓〉）；在天與人的關係中，人占主導的地位，「民為神主」（見《春秋左傳註疏》卷四十一），並且「天視自我民視，天聽自我民聽」（《尚書》〈泰誓〉）；「天聰明自我民聰明，天明威自我民明威」（胡瑗《周易口義》〈繫辭上〉）；以至「民之所欲，天必從之」（《尚書》〈泰誓〉）。既然人貴於天，人事重於自然，那麼，探討一切問題的中心，當然應該指向現實生活中的人事與人生本身，關於「雅」與「俗」的討論自然也不能例外。所以，中國古代人生論指出「吉凶由人」（《尚書》〈大禹謨〉）；認為「人能弘道，非道弘人」（《論語》〈衛靈公〉），人首先應該知道的是自己，應當「本修厥德，永言配命，自求多福」（《毛詩註疏》卷二十三），把注意力集中到修人事、求「人和」，以及如何「做人」上來。即如孔子所指出的「未能事人，焉能事鬼」，「未知生，焉知死」（《論語》〈先進〉），只有愛人、事人、反求諸己以知人，才是學問的根本。而雅俗論則認為只有「人雅」「品雅」，才能「行雅」「文雅」。

　　人是宇宙自然的中心，中國古代人生論探討人與人生的目的是要以「人」來「為天地立心」（黃鎮成《尚書通考》卷五），通過「究天人之際」以「通古今之變」（司馬遷語，見《文選注》卷四十一）。同時人又是人生的主體，只有瞭解人，弄清楚人的本質，反求諸己，推己及人，以達到知人、事人，進而「愛人」，才能更加深刻地認識人生的真諦，獲得對人生終極問題的解悟。故而，如何做人，探究人與自

然、人與社會、人與自身的普遍意義，揭示人的本質和價值，妙解人生的奧秘，是中國古代人學所追求的最高目標。無論是儒墨老莊，還是佛教禪宗，都把對人與人生的探討放在首位，其他一切問題，都是為瞭解決人的問題而展開的。所謂「天道遠，人道邇」（子產語，見《春秋左傳註疏》卷四十八），「未識人倫，焉知天道」（《春秋左傳註疏》卷五十三）。這裡的「人道」「人」就是指人的價值、人生境界、人格理想等人與人生方面的問題；「天道」則是指世界的存在及其存在的形式等自然現象方面的問題。比較而言，「天道」離人遠，微茫難求；而「人道」，則離人近，明滅可睹，所以更為重要，更應受到重視。更何況，人們之所要探究「天道」，其目的則仍然是瞭解「天道」、掌握「天道」，以更加深刻地認識「人道」，有利於「知人」「愛人」「事人」「做人」。即如《墨子》〈法儀〉篇所指出的：「莫若法天，天之行廣而無私，其施厚而不德，其明久而不衰，故聖王法天。」中國古代雅俗論所努力追求的目的，就是要指導人們如何效法天道行事，以規範自身的品德行為，創構一個人生的審美境界，促進人的自由而全面的發展。《呂氏春秋》說：「古之治身與天下者，必法天地也。」（〈情慾〉）還說：「以天為法，以德為行。」（〈下賢〉）《周易》〈文言〉說得好：「大人者，與天地合其德，與日月合其明，與四時合其序，與鬼神合其吉凶。先天而天弗違，後天而奉天時。」這裡的「大人」，也即「聖人」「雅人」，是達到了人格的完美並進入最高審美境界的人。清人陳夢雷在《周易淺述》卷一中說：「九五之為大人，大以道也。天地者，道之原。大人無私，以道為體，則合於天地易簡之德矣。天地之有像，而照臨者為日月，循序而運行者為四時，屈伸往來生成萬物者為鬼神。名雖殊，道則一也。大人既與天地合德，故其明目達聰，合乎日月之照臨；刑賞慘舒，合乎四時之化神；遇揚彰癉，合乎鬼神之

福善禍淫。先天弗違，如先王未有之禮可以義起，蓋雖天之所未有，而吾意默以道契，雖天不能違也。後天奉時，如天秩天序天理所有，吾奉而行之耳。蓋人與天地鬼神本無二理，特蔽於有我之私而不能相通，大人與道為一，即與天為一，原無彼此先後可言。」人與天地自然間原本就是相親相和、相應相通的，人們認識天地自然的使命，就是為了傚法天地之變化、遵循天秩天序天理，「默以道契」，「以道為體」，而使人生復歸為虛靜的「道」，與道為一、與天為一，俯仰天地，容與中流，「與時偕行」「與時消息」，以進入「輝光日新其德」的最高審美境界。

　　同時，在儒家哲人看來，要達到「默以道契」，與道為一就要積累知識，「徵聖」「宗經」。即如揚雄所指出的，「舍五經而濟乎道者，未也」（《法言》〈吾子〉）。劉勰也認為，儒家經典是「群言之祖」（《文心雕龍》〈宗經〉），「惟文章之用，實經典枝條」（《文心雕龍》〈序志〉），「經也者，恆久之至道，不刊之鴻教也。故象天地，效鬼神，參物序，制人紀，洞性靈之奧區，極文章之骨髓也」（《文心雕龍》〈宗經〉）。要「明道」、與道為一，就必須以儒家經典為典範，學習儒家經典，以增強其「德業」「德操」。故而，在劉勰看來，「若稟經以制式，酌雅以富言，是即山而鑄銅，煮海而為鹽」（《文心雕龍》〈宗經〉）。他強調指出，「征之周孔，則文有師矣」（《文心雕龍》〈徵聖〉），如能像孔子一樣「鎔鈞六經」，那麼必定也會「金聲而玉振；雕琢情性，組織辭令，木鐸啟而千里應，席珍流而萬世響，寫天地之輝光，曉生民之耳目矣」（《文心雕龍》〈原道〉）。文化的豐富內涵，是人類生活在一定歷史時期的濃縮和積澱，是人類在自身的歷史經驗中創造的包羅萬象的復合體。它以人類的物質生產為基礎，既包括一定的經濟結構、社會制度、宗教信仰、思想體系、歷史傳統，也包括

由此生發出來的科學、教育、藝術和世俗風習。各個民族在長期的歷史發展過程中形成了有著獨特精神品格的民族文化，對文化中精神品格的體認，是把握文化中的精髓。中國傳統美學的發展體現著中國文化精神品格的一脈相承。

中國古代，宗法倫理道德觀念在意識形態方面占統治地位，因此，重人倫，重道德，重修己之道，強調以禮節情，提倡人格的自我完善，構成了傳統文化的精神文脈。自漢武帝「罷黜百家，獨尊儒術」，儒家的綱常倫理成為正統，中國古代哲人認為「意誠而後心正，心正而後身修」，修身是完善道德、培育高尚情操的根本，「自天子以致於庶人，壹是皆以修身為本」。（《大學》）而研閱前人的經典著作則是領略文化中的精神品格的最佳途徑，這樣，典籍著作就有了超出學術知識、歷史記載、個體情感抒發的意義，成為修身至誠的道德模範與精神訓導。古人於此多有論述：「稗官小說，螢火之光也。諸子百家，星燎之光也。夷堅幽怪，鬼磷之光也。淮南莊列，閃電之光也。道德楞華，若木之光也。六經，日月之光也。」（屠隆《鴻苞節錄》卷六《六經》）在中國古人眼裡，對典籍的價值判斷並不完全依照其藝術成就和思想深度的標準，而是看其是否提供了一個合適的道德人生模式，因為文化傳統的最大意義在於幫助人修身養性。歐陽修說：「學者當師經。師經必先求其意。意得則心定，心定則道純，道純則充於中者實，中充實則發為文者輝光。」（《答祖擇之書》）歐陽修認為，從歷史文化吸取營料，是為了充實自己的精神，塑造「高雅」的人格；有了「高雅」的人格，方才有藝術「高雅」之境。他又說：「《易》之《大畜》曰：『剛健篤實，輝光日新。』謂夫畜於其內者實，而後發為光輝者。日益新而不竭也。故其文曰：『君子多識前言往行以畜其德。』此之謂也。」（《與樂秀才第一書》）學習歷史文化既是一個知識積累的過

程，也是一個提升自己品德的過程。中國古人在歷史文化的積澱中尋找個體生命與人類精神的聯繫，歷史與現實的溝通，為塑造「高雅」人格、為自己安身立命建立起堅實的基礎。

## 第二節　「典雅」說的美學內涵

　　「典雅」說的內涵極為豐富。總的來看，「典雅」說要求審美主體必須學識淵博、品德高尚、志向遠大、胸襟寬廣；藝術作品，則應氣魄雄偉，意蘊深遠，風貌溫厚，品格高古，氣勢雄深雅健。如王通在《中說》〈事君〉中就曾讚曹植說：「君子哉，思王也，其文深以典。」房玄齡在《晉書》〈陸機傳論〉中評論陸機時，也曾稱頌說：「高詞迥映，如朗月之懸光；疊意迴舒，若重岩之積秀。千條析理，則電坼霜開；一緒連文，即珠流璧合。其詞深而雅，其義博而顯，故是遠超枚、馬，高躡王、劉，百代文宗，一人而已。」這裡所謂的「深以典」「深而雅」就給我們揭示了「典雅」審美境界所表現出的高遠深厚的審美特徵。可以說，就其審美特色來看，「和雅」「溫雅」「明雅」「風雅」「儒雅」「博雅」「精雅」「高雅」都應屬於「典雅」的子範疇。

　　從文藝美學方面來看，無論「典雅」還是「和雅」「溫雅」都要求文藝創作必須以「和」為美，在意旨的表露、情感的表現上都要求「樂而不淫，哀而不傷」（《論語》〈八佾〉），「不失其正」（《周易註疏》卷六）。即作品在意旨表達方面應該和風細雨、美刺適中，以創構出溫雅平和的審美意境。劉勰在《文心雕龍》中所提出的「典雅」範疇，其審美特徵就是「和雅」與「溫雅」。如他在〈明詩〉篇中指出：「若夫四言正體，以雅潤為本。」在〈定勢〉篇中又指出：「章表奏議，則准的乎典雅。」同時，在〈詔策〉篇中稱許潘勖所作「九錫」，「典雅

逸群」；在〈時序〉篇中又稱頌「五子作歌，辭義溫雅，萬代之儀表
也」。所謂「雅潤」「溫雅」，也就是「典雅」。可以看出，劉勰極為推
崇典雅之境，將其作為理想的審美範式。並且，正如我們在前面所指
出的，從〈體性〉篇所謂的「典雅者，熔式經誥，方軌儒門者也」和
〈定勢〉篇所說的「模經為式者，自入典雅之懿」來看，劉勰對典雅審
美境界的稱許是與他對「徵聖」「宗經」審美觀念的強調是相一致的。
劉勰所謂的「典雅」之「雅」，實質上就是指作品審美意旨的雅正。這
點我們從劉勰所說的「商周麗而雅」（〈通變〉）、「聖文之雅麗，固銜
華而佩實者」（〈徵聖〉），稱讚孟子、荀子的著述「理懿而辭雅」（〈諸
子〉），班固的〈兩都賦〉「明絢以雅贍」（〈詮賦〉），「張衡〈應間〉，
密而兼雅」（〈雜文〉）來看，其所謂「雅」，就是要求無過，無不及，
包含適中、勻稱、平正等審美觀念，這點我們還可以從「雅潤」與「溫
雅」中得到證明。

　　「雅潤」的「潤」，就是溫潤、和潤、滋潤的意思。其實質是要求
「樂而不淫，哀而不傷」，無所乖戾，以符合溫柔敦厚、不偏不倚的審
美規範。可知，「典雅」之說，就是要求繼承「雅正」美學精神，要「和
為貴」，要「至乎中而止，不使流淫」（見《荀子》〈勸學篇〉楊倞注）
同時，劉勰喜歡將「義」與「雅」連在一起，稱為「雅義」。如〈詮賦〉
篇所說「義必明雅」「麗詞雅義」等，在〈樂府〉篇中，還提到「雅詠
溫恭」，與之相反，則是「俗聽飛馳」；又說「自雅聲浸微，溺音騰
沸」。從其將「雅聲」與「溺音」對舉看，顯然「溺音」即「俗音」。
在〈樂府〉篇中又稱「中和之響，闃其不還」，「《桂花》雜曲，麗而
不經，《赤雁》群篇，靡而非典」。這點和劉勰所主張的「明道」「徵
聖」「宗經」「模經為式」「熔式經誥」的審美觀念是一致的。

　　具體說來，「典雅」說的規定性內容主要有以下幾點：

### 一、雅正無邪

「典雅」說要求「結言端直」（《文心雕龍》〈風骨〉），反對「索莫乏氣」（《文心雕龍》〈風骨〉）、「理侈而辭溢」（《文心雕龍》〈體性〉）、矜奇誇巧的文風，提倡「獨拔而偉麗」（《文心雕龍》〈雜文〉）、「密而兼雅」（《文心雕龍》〈雜文〉）、「明絢以雅贍」（《文心雕龍》〈詮賦〉），「志深而筆長」，「梗概而多氣」（《文心雕龍》〈時序〉）的審美意趣與追求，同時，又要求「志隱」「味深」，要求「雄雅」，即「雅健雄豪」、高雅深厚，要「情深而不詭」「風清而不雜」「事信而不誕」「義直而不回」「體約而不蕪」「文麗而不淫」（以上均見《文心雕龍》〈宗經〉），要「雅正」「思無邪」，以達到樸實雅正之境。

前面曾經論及，從「雅者，正也」的審美意識來看，政治道德教化的審美功效應放在文藝創作首位。《詩經》的採集和編著就是從社會政治目的出發，以政治道德標準為尺度的。《漢書》〈漢文志〉曰：「古者有采詩之官，王者所以觀風俗，知得失。」「采詩」是為王者「觀風俗，知得失」的。《左傳》〈襄公十四年〉載師曠說：「自王以下，各有父兄子弟，以補察時政，史為書，瞽為詩，工誦箴諫。」作詩的目的是為政治服務，因此詩歌創作應「止僻防邪」，「歸於正」，得以「雅正」作為詩歌創作的審美標準和規範。

早期的詩歌的審美追求無疑是偏重於政治教化的審美功效，並以「雅正」為標準的，春秋時期吳公子季札觀樂後所談到的審美觀感就表現出這種傾向性。據《左傳》〈襄公二十九年〉載，季札聽到《周南》《召南》說：「美哉！始基之矣，猶未也，然勤而不怨矣。」他認為周南、召南是周公召公管轄的地方，治理得較好，所以那裡的人民勤而不怨，但還不能使人民安樂，所以說「未也」。聽到歌邶、鄘、衛之風詩，季札又說：「美哉，淵乎！憂而不困者也，吾聞衛康叔、武公之德

如是，是其《衛風》乎？」邶、鄘、衛三國的地方在周初用來封武庚、管叔、蔡叔。他們背叛周朝，周公滅了三國，封給衛康叔。那裡的人民經過亡國之痛，想得很深，所以說「淵乎」。但他們又經過衛康叔、衛武公的安撫，所以「憂而不困」。又如聽《鄭風》後，季札說「其細已甚，民弗堪也」，聽《陳風》後說「國無主，其能久乎」等等，可以看出，這些評語都是根據「雅正」標準而作出的。

　　到春秋戰國時期，孔子對當時的文化典籍進行了全面的整理，開創了儒家學派。在總結他以前詩歌審美實踐經驗的基礎上，從理論上第一個明確地把「雅正」的政治道德教化審美效果作為詩歌創作的審美規範。孔子的這一美學精神集中體現在「思無邪」上。「思無邪」，語見《論語》〈為政〉：「《詩》三百，一言以蔽之，曰：『思無邪。』」「『思無邪」三字，本出於《詩》〈魯頌〉〈駉〉最後一節：「牡馬，在坰之野。薄言者，有騟有，有有魚，以車袪袪，思無邪，思馬斯徂。」據陳奐《詩毛氏傳疏》注，「思」字是句首語氣詞，為吆喝聲。原詩句「無邪」之「邪」，即斜。可見其本來的意思是「呵，不准亂跑！」是牧馬人牧馬時的吆喝聲。孔子按照當時的「斷章取義」的方式，完全改變詩句原意，借來評價整部《詩經》的內容，賦予「思無邪」以新意，則要求意旨、情感表達要中正無邪，使其變成含有政治倫理教化內容的一個詩歌創作的審美規範。把意旨純正、符合禮教與「雅正」審美規範的詩稱為「無邪」，這是符合孔子關於詩的社會功能及其評價詩歌創作標準的美學精神的。可見，「思無邪」，就是「雅正」。孔子認為詩的功用是為統治階級歌功頌德，「事父」，「事君」，有益於政教的，雖然也「可以興，可以觀，可以群，可以怨」（《論語》〈陽貨〉）有抒發性情的作用，但是要抒寫正當的性情，要符合禮教，一句話要做到「無邪」「雅正」。

　　除了用「思無邪」這個審美規範來評價整部《詩經》外，孔子對
《詩經》中具體詩句的評價也是依照這一審美規範。〈關雎〉明明是一
個男子思慕女子的情詩，孔子偏要給它一個「思無邪」的解釋，説是
「樂而不淫，哀而不傷」（《論語》〈八佾〉）。鄭衛之音是當時民間表現
愛情的詩歌，孔子卻主張「放鄭聲」，因為「鄭聲淫」（《論語》〈衛靈
公〉，「放」是禁止的意思），違反了禮教，不符合「思無邪」的標準。
所謂「惡鄭聲之亂雅樂耳」（《論語》〈陽貨〉），對鄭聲深惡痛絕，都
是本著「思無邪」這一審美規範。

　　由孔子制訂的「思無邪」的政治道德審美規範，對中國古代文藝
的發展有極大的影響。之後，「思無邪」一直為正統的士大夫文人所嚴
格維護，並成為一條區別「雅」「俗」的詩歌審美規範，和正統士大夫
文人反對詩歌脱離禮教政治的武器。如漢代的《詩大序》就依據「思
無邪」和孔子的「興觀群怨」「邇之事父，遠之事君」説加以發展，提
倡「風雅」説，明確提出「發乎情，止乎禮義」的要求來規範詩歌中
的情感。《詩大序》對《詩經》的品評就是以此為審美規範，認為經過
孔子以「思無邪」為審美規範刪定的《詩經》為典範之作，可以「正
得失，動天地，感鬼神」，可以「經夫婦，成孝敬，厚人倫，美教化，
移風俗」。可以説，正是儒家學者對「思無邪」「雅正」審美規範的提
倡與強調，從而才促使歷代傑出詩人去關心現實，貼近人生，以使詩
作具有深厚而真切的社會人生內涵和主體意旨，並形成一種健康積極
的主流思潮，占據著文藝創作的主導地位。但與此同時，過分強調「思
無邪」「雅正」，強調禮義教化，又往往給文藝創作帶來消極影響，如
《詩經》中的〈關雎〉明明是表現男女愛戀之情的，而〈小序〉則錯誤
地評〈關雎〉是「后妃之德」。〈召南〉〈野有死麕〉云「有女懷春，吉
士誘之」，本是情詩，可是《小序》説：「惡無禮也。」「雖當亂世，猶

惡無禮也。」〈邶風〉〈靜女〉云：「靜女其姝，俟我於城隅。」是愛情詩，《小序》卻評論說：「刺時也，衛君無道，夫人無德。」這些評述都是按照政治教化的典範要求的，嚴重地歪曲了這部分抒情詩的原初美學精神。又如宋人邢昺說：「詩之為體，論功頌德，止僻防邪，大抵皆歸於正。」（《論語註疏》）朱熹認為「思無邪」「其用使人得其性情之正而已」（《論語集注》）。上述說法都是對「思無邪」審美規範的維護。同時，「雅正」審美規範還要求典雅正規，不從流俗。即如顏之推《顏氏家訓》〈文章〉所云：「吾家世文章，甚為典正，不從流俗。」劉勰的「典雅」說就繼承了「思無邪」追求中正和平，強調「雅正」的美學精神。如他反對「溺音」「俗聽」，認為漢代的《桂花曲》「麗而不經」；不符合「雅正」規範，《赤雁》等詩篇「靡而非典」，不合正音；又指出曹操、曹丕父子的「『北上』眾引，『秋風』列篇，或述酣宴，或傷羈戍，志不出於淫蕩，辭不離於哀思；雖三調之正聲，實韶夏之鄭曲也」，即認為其樂調是「正聲」，符合「雅正」規範，而其樂府詩則還是「鄭曲」（參見《文心雕龍》〈樂府〉）。同時，在《文心雕龍》〈體性〉篇中，他還強調指出「習有雅鄭」，「體式雅鄭，鮮有反其習」，「故童子雕琢，必先雅制」，認為習染有雅正的，也有浮豔綺靡的；世俗民間的歌謠，有「雅正」的，也有淫靡、庸俗的，故而雕琢辭章，一定要先學習經典，使思想與情感「雅正」，符合傳統詩學精神，此即所謂「辭為膚根（葉），志實骨髓。雅麗黼黻，淫巧朱紫。習亦凝真，功沿漸靡」。

## 二、溫柔敦厚

「溫柔敦厚」是「典雅」說所主張的又一有關文藝的審美意蘊表現方面的審美規範。語見於《禮記》〈經解〉：「溫柔敦厚，詩教也。……其為人也，溫柔敦厚而不愚，則深於詩者也。」和「思無邪」相比，「溫

柔敦厚」作為詩教則側重於對道德倫理方面的規範。唐孔穎達在《禮記正義》中解釋「溫柔敦厚」說:「溫,謂顏色溫潤;柔,謂性情和柔。詩依違諷諫,不指切事情,故曰溫柔敦厚詩教也。」要求「性情和柔」,就是要求不要違反禮教,要符合「禮義」,要「中節」,中正和平,要「怨而不怒」。即如荀子所說:「詩者,中聲之所止也。」(《荀子》〈勸學〉)又說:「先王之道,仁之隆也,比中而行之。曷謂中?曰:禮義是也。」(《荀子》〈儒效〉)雖然儒家詩教也主張「風雅」,要求詩歌發揮諷諫作用,「依違諷諫」,可以「怨刺」,可以發憤抒情,「以諷其上」,但必須「止乎禮義」,不能過火,要保持「中和」的態度,言辭應委婉含蓄。

　　「溫柔敦厚」的道德倫理教化審美規範的核心美學思想就是「中和」。董仲舒說:「中者,天下終始也;而和者,天地之所生成。夫德莫大於和,而道莫正於中。中者,天地之美達理也,聖人之所保守也。」(《春秋繁露》〈循天之道〉)又說:「志和而音雅,則君子之知樂。」(《春秋繁露》〈玉杯〉)中國古代文藝美學家認為,詩歌審美創作要表達內心的情志以反映社會政治風貌。在此觀點的影響下,漢代儒家學者認為,詩歌在政治清明的盛世,是歌頌時代政治的;在政治黑暗的亂世,是諷刺在上者的,這就是詩的美刺作用。《毛詩序》說:「上以風化下,下以風刺上。」又說:「至於王道衰,禮義廢,政教失,國異政,家殊俗,而變風、變雅作矣。」「化」是教化的意思,統治者用安樂的歌聲來教化百姓。「刺」是諷刺的意思,百姓在政乖世亂的時代,以「變風」「變雅」之作,針對政治的敗壞進行諷刺,表示怨怒。這是一個方面。另一方面,在儒家學者看來,這種「諷刺」和「怨怒」絕不能金剛怒目式地去進行揭露和批判,必須「樂而不淫,哀而不傷」(《論語》〈八佾〉)。孔安國說:「樂不至淫,哀不至傷,言其和也。」

（語見《論語註疏》）朱熹說：「淫者，樂之過而失其正也；傷者，哀之過而害於和者也。」（《四書或問》）反對「淫」「傷」，強調「和」「正」，就是要把詩歌創作納入正軌，使之符合「雅正」審美規範。既要為統治階級服務，又要求不傷害統治者的根本利益，這就必須以「溫柔敦厚」為道德標準，以中正平和、典雅溫潤為審美規範。

如果說前面提到的「思無邪」說是孔子對文藝社會功用的總結，那麼「溫柔敦厚」則是對如何表現這一功能所作的具體的規範性要求。它是孔子提出的「中庸之道」（《論語》〈雍也〉）的哲學思想和政治觀點在文藝上的反映。孔子一面強調文藝要「事父」「事君」；一面又承認「可以怨刺上政」（孔穎達注），但要求「怨而不怒」（朱熹注），以此來調和人與人、人與社會之間的關係，使文藝更好地為社會安定服務。

「溫柔敦厚」的道德倫理標準是以孔子為首的儒家學者在對當時──主要是《詩經》的創作實踐進行全面總結、對文學的社會作用進行了深刻的認識和全面的概括的基礎上提出的，這在我國文學批評史上是一個重要貢獻。其中的積極因素，對後世的文學發展產生了深遠的影響，成為歷代進步作家和理論家反對藝術脫離政治、缺乏社會內容的武器。漢代王充就強調作品「為世用者，百篇無害；不為用者，一章無補。」（《論衡》〈自紀〉）鄭玄說：「論功頌德，所以將順其美；刺過譏失，所以匡救其惡。」（《詩譜序》）認為歌功頌德的作品，不是為了投君所好，而是為了除弊興利。可以說，初唐陳子昂高倡「漢魏風骨」「風雅興寄」，以反對脫離社會現實的「彩麗競繁，而興寄都絕」的齊梁詩風，中唐韓愈、柳宗元的「文以載道」「文以明道」說，白居易的「唯歌生民病，願得天子知」的詩歌理論都無不受「溫柔敦厚」這一道德倫理標準中的合理因素的影響。

　　繼承儒家的「溫柔敦厚」標準，並把此傳統發展到極致的是清代的沈德潛，他在《唐詩別裁集》〈序言〉中說：「先審宗旨，繼論體裁，繼論音節，繼論神韻，而一歸於中正和平。」他認為不僅詩歌的「宗旨」，而且詩歌的「體裁」「音節」「神韻」等也都須「一歸於中正和平。」所謂「中正和平」就是「溫柔敦厚」，就是「典雅」，即如沈祥龍《論詞隨筆》所說：「雅者，其意正大，其氣和平，其趣淵深也。」「雅」就是「中正和平」。在儒家學者看來，詩歌創作，必須以「中正和平」「典雅」為審美規範。可以說，「溫柔敦厚」「典雅」的審美規範在中國美學思想發展史上，對促進藝術表現方法的發展中產生了極為有益的影響。在此之前，劉勰也提出：「《詩》主言志，詁訓同《書》，摛風裁興，藻辭譎喻，溫柔在誦，故最附深衷矣。」（《文心雕龍》〈宗經〉）主張詩歌要含蓄，強調的是「溫柔敦厚」在藝術表現上的特點。總之，屬於「典雅」說規定內容的「溫柔敦厚」的審美規範主張去泰去甚，防止過與不及，講求「主文譎諫」，要求以含蓄的手法寄寓教義的觀點為後世所繼承，並加以發展，對我國古代文學有極其深遠和多方面的影響。

### 三、盡善盡美

　　「盡善盡美」是「典雅」說的又一規定性內容。在中國美學史上，最早提出藝術審美要求的是孔子。他認為詩樂應該給人以道德觀念的教育，但這種教育又必須通過美的形式表達出來，給人以美感。這一觀點集中地體現在他提出的「盡善盡美」的審美標準之中，《韶》樂頌揚堯舜「禪讓」的高尚品德，其「樂音美」，「文德具」（劉寶楠《論語正義》引〈樂記〉疏），故孔子讚許為「盡美矣，又盡善也」，認為無論意蘊表現還是藝術表達都達到了極佳的境界。《武》為周代「雅樂」之一，內容為歌頌武王伐紂所取得的勝利，其「舞體美」，但「文德猶

少未致太平」（劉寶楠《論語正義》引〈樂記〉疏），故孔子認為其
「盡美矣，未盡善也」。孔子提倡美善合一、文質合一、溫文爾雅。《論
語》〈雍也〉記載孔子的話，説：「質勝文則野，文勝質則史。文質彬
彬，然後君子。」只有文質合度，才能做到「文質彬彬」。從人的角度
説，這是「君子」的標志；從作品的角度説，這才是盡善盡美的作品。

　　孔子肯定審美意蘊與表達方法相統一的作品。雖然他是把意蘊放
在前面（這從他對《武》樂的評價上可以看出）。是在重視意旨的前提
上重視表達手段的美巧。劉勰則發展和完善了「盡善盡美」的審美規
範，他在《文心雕龍》〈宗經〉篇中提出「典雅」説與「六義」説：「一
則情深而不詭；二則風清而不雜；三則事信而不誕；四則義直而不回；
五則體約而不蕪；六則文麗而不淫。」前四點是著重於作品意旨表現方
面的要求，後兩點則是著重藝術表達方面的要求。和劉勰同時的蕭統
也力主「典雅」説，認為「文典則累野，麗亦傷淫，能麗而不淫，典
而不野，文質彬彬，有君子之致」（《答湘東王求文集及詩苑英華書》）
的觀點，並根據「事出於沉思，義歸乎翰藻」（〈文選序〉）的審美規
範給文藝作品與非文學作品劃出一條界線，以此為他所編選的《文選》
的入選標準。「典而不野，文質彬彬」，就是「典雅」。可以説，到劉
勰、蕭統時，「盡善盡美」的美學精神才通過「典雅」説定型下來，並
對以後的文藝創作和鑑賞的發展給以重要的推動。

### 四、天然真淳

　　「典雅」説雖然要求「熔式經誥」，「方軌儒門」，但同時，又要求
「通變」「會通」，要求「典而真」，提倡「真美」和「為情而造文」，
發乎自然，強調詩歌審美創作必鬚髮自真情，要真骨凌霜，高風跨
俗，自然超妙。詩歌創作出自真情方為上品。元好問《論詩》云：「一
語天然萬古新，豪華落盡見真淳。」「天然」即自然高妙，是造作、雕

飾的反面;「真淳」即感情真實,和無病呻吟相反,兩者並稱指文學作品的真實應當包括情真、理真。元好問就以此作為審美規範來肯定陶淵明詩歌的藝術價值。

所謂「為詩與為政同,心欲其平也,氣欲其和也,情慾其真也,思欲其深也,紀綱欲明,法度欲齊,而溫柔之教常行其中也」(揭傒斯《蕭孚有詩序》),真實與否是衡量文藝作品雅俗優劣的審美標準之一。在中國美學史上,很早就提出了真實性的審美規範,孔子堅持儒家「言談者,仁之文也」的立場,把文藝創作當作是仁德的表現或外化。因此,他主張「修辭立其誠」,反對「巧言亂德」(《論語》〈衛靈公〉),指斥「巧言令色,鮮矣仁」(《論語》〈學而〉),而提出了「言忠信」(《論語》〈衛靈公〉)、「言思忠」(《論語》〈季氏〉)、「言必信」(《論語》〈子路〉)和「人而無信,不知其可也」(《論語》〈為政〉)等等關於文藝創作必須真誠信實的道德性準則;同時,又提出了「敏於事而慎於言」(《論語》〈學而〉)、「君子恥其言而過其行」(《論語》〈憲問〉)、「君子訥於言而敏於事」(《論語》〈里仁〉)和對於人要「聽其言而觀其行」(《論語》〈公冶長〉)等等關於文章寫作必須遵照謹慎篤行的審美要求,總之,強調文藝創作必須以道德修養為前提,以言行一致為準繩。

墨家講非攻、兼愛、節儉,追求比周禮更久遠的堯舜夏禹的體制,對個性道德修養的要求也更為古樸淳厚。墨子提出的「厚乎德行,辯乎言談,博乎道術」(《墨子》〈尚賢上〉)、「信,言合於意也」(《墨子》〈經上〉)、「言必信,行必果,使言行之合猶合符節也,無言而不行也」(《墨子》〈兼愛下〉)等等,也強調文章寫作要與自身德行相結合、相一致的原則。

道家也主張「言善信」(《老子》〈八章〉)。老子所謂「知者不言,言者不知」(《老子》〈五十六章〉)和「信言不美,美言不信。善者不

辯，辯者不善。知者不博，博者不知」（《老子》〈八十一章〉），這就是説，「言」「美」「辯」「博」只有合乎道，才能達到「知」「信」「善」的要求；如果背「道」而行，那就只能流於無識見（「不知」）、不真實可信（「不信」）、不善良（「不善」）的地步。這裡的「信」和「善」就是屬於道德範疇的。老子所追求的是真、善、美統一的境界。故而，劉勰説：「老子疾偽，故稱美言不信，而五千精妙，則非棄美矣。」（《文心雕龍》〈情采〉）這樣，老子「疾偽」的文藝價值思想也就同以孔子為首的儒家思想相通了。

在中國美學史上，漢代的王充在《論衡》中貶斥俗人、俗情，主張「實」「實誠」，反對「世俗」「智妄」，別雅俗，他針對時弊提出「辨然否」（〈定賢〉），「疾虛妄」（〈佚文〉），反對「虛妄顯於真，實誠亂於偽」（〈對作〉），崇尚「雅」，強調「精誠由中」（〈超奇〉）要求作家要表現自己的真實情感，以真情寫實事。和王充同時的班固強調：「其事核，不虛美，不隱惡，故謂之實錄。」（《漢書》〈司馬遷傳〉）以後左思提出的「美物者貴依其本，贊事者宜本其實」（〈三都賦序〉）。摯虞指責「其假象過大，則與類相遠；逸辭過壯，則與事相違；辨言過理，則與義相失；麗靡過美，則與情相悖」（《文章流別論》）。他們所使用的標準「事核」「事實」，大體和王充的「實事」相同。給真實性標準以正確解釋並從理論上加以完善的是劉勰。他在《文心雕龍》一書中區分了「實事」的真和藝術的真，並從作品思想情感和表現技巧、風格特徵等方面對藝術真實性的要求作了論述，使之作為一條獨立的審美規範，為後世所沿用。他在〈論説〉篇中説：「論之為體，所以辨正然否。」贊同王充的觀點。而〈情采〉篇則云：「故情者文之經，辭者理之緯，經正而後緯成，理定而後辭暢，此立文之本源也。」又説：「故為情者要約而寫真，為文者淫麗而煩濫，而後之作者，采濫忽

真。」這裡的「文」，主要指詩賦一類作品；「寫真」「忽真」的「真」，是指情真而言，即作品中所包含的作家的思想的真誠性和感情的真摯性。他認為文藝作品要表現作家真實的思想感情，做到了這點，才是好作品。這表明劉勰清楚地認識到藝術的真實應是情真、理真，而不是人真、事真。藝術作品中所描寫的人物和事件可以是虛構的，也可以是半真半假的，但其中所體現的理和情，則必須是真實的。劉勰以後，歷代文論家對文學作品的藝術真實有不少提法，但都是建立在劉勰提出的基本觀點之上的。如唐李白提倡的「清水出芙蓉，天然去雕飾」（《經亂離後天恩流夜郎憶舊遊書懷贈江夏韋太守良宰》），要求氣韻天成，真實自然。司空圖《二十四詩品》專立「自然」一品，強調「妙造自然」（〈精神〉）、「妙不自尋」（〈實境〉），從表現技巧上，要求質樸、清新、天造的特點。給真實自然以新的內容並以此作為衡量作品優劣的標準。明代謝榛在《四溟詩話》中則更明確地提出：「自然為上，精工次之。」

到了清代，葉燮總結歷代見解，提出了他對藝術真實性的兩點卓見：一是「真」來源於現實而成於虛構。他在《假山說》中說：「自有天地，即有此山，為天地自然之真山而已，……蓋自有畫而後之人遂忘其有天地之山，止知有畫家之山……夫畫，既已假，而肖乎真，美之者，必曰逼真。逼真者，正所以為假也。」就以「自然之真山」與「畫家之山」為例，說明虛構的「真」是「逼真」。二是「真」是真情化即心靈化的真。他說：「有是胸襟以為基，而後可以為詩文。不然，雖日誦萬言，吟萬首，浮響膚辭，不從中出，如剪采之花，根蒂既無，生意自絕，何異乎憑虛而作室也」（《原詩》〈內篇〉）。客觀現實的真必須經過主觀情志的真摯熔鑄才成為藝術的真。可見藝術的真是指情真、理真而言。劉勰說：「蓋風雅之興，志思蓄憤，而吟詠情性，

以諷其上，此為情而造文也。」（《文心雕龍》〈情采〉）所謂「文質」必須「附乎情性」。只有「情真」「理真」才符合「雅正」美學精神。

### 五、雅而不腐

「典雅」說不僅主張「徵聖」「宗經」，要求以「經典」為旨歸，而且要求革新「通變」。劉熙載在《藝概》〈詩概〉中說得好：「詩不可有我而無古，更不可有古而無我。典雅精神，兼之期善。」如前所說，「典雅」說要求以「經典」為典範，要求「有古」。即如劉勰在《文心雕龍》中所指出的：「唯文章之用，實經典枝條。五禮資之以成，六典因之致用，君臣所以炳煥，軍國所以昭明，詳其本源，莫非經典。」（〈序志〉）故而他強調「宗經」，認為「蓋《文心》之作也，本乎道，師乎聖，體乎經，酌乎緯，變乎騷，文之樞紐，亦云極矣」（〈序志〉），指出「道」「聖」「經」「緯」「騷」等，乃「文之樞紐」。同時，他還特別強調指出，儒家經典，才是「群言之祖」。他又說：「經也者，恆久之至道，不刊之鴻教也。」（〈宗經〉）在劉勰看來，只有「宗經」，提倡「典雅」，才能矯正「淫豔」文風，所以說「建言修辭，鮮克宗經，是以楚豔漢侈，流弊不還，正末歸本，不其懿歟！」（〈宗經〉）但與此同時，劉勰又認識到「時運交移，質文代變」，「歌謠文理，與時推移」（〈時序〉），所以他又特別強調「通變」，指出繼承中必須革新。所謂「變則其久，通則不乏。趨時必果，乘機無怯。望今制奇，參古定法」（〈通變〉）。不變，就會缺乏活力。有無新意，是否具有獨創精神，是「典雅」說衡量作品雅俗高低的又一基本審美規範。陳廷焯在《白雨齋詞話》中就提出「雅而不腐，逸而不流」的命題，強調「雅」中要創新。歐陽修《六一詩話》引梅堯臣語云：「詩家雖率意，而造語也難，若意新語工，得前人所未道者，斯為善也。」要求作品立意新穎，不能人云亦云，要具有獨創性，要「有我」。所謂獨創精

神包括審美感受的獨特和藝術表現的新穎。據《國語》〈鄭語〉記載，史伯曾提出「聲一無聽，物一無文」的主張，可算最早發現藝術新奇性審美特徵的記錄。王充在《論衡》〈自紀〉中指出：「飾貌以強類者失形，調辭以務似者失情」，強調「文貴異，不貴同」。劉勰在《文心雕龍》〈體性〉中提出「各師成心，其異如面」，提倡風格多樣化，要求作品應具有獨創性。韓愈則進一步提出「唯陳言之務去」（《答李翊書》），要求藝術表現應創新。無論中外古今，強調藝術的創新和獨特性是共同的。凡是成功的藝術作品，都熔鑄著藝術家對於美的獨特感受和個性特徵，都具有藝術表現的獨創性，藝術創新在文藝作品成功的因素中，占有重要的地位。

在繼承的基礎上，富於變化發展是「雅而不腐」規範的主要內容。陸機在《文賦》中說：「收百世之闕文，采千載之遺韻，謝朝華於已披，啟夕秀於未振。」所謂「謝朝華於已披，啟夕秀於未振」，唐大圓《〈文賦〉注》云：「上句是務去陳言，下句是獨出心裁。」陸機以花為喻，指出古人已用之陳言舊意，像早上已開過的花朵一樣應謝而去之；古人未述之新意新詞，則如未發之花，盡可取而用之。所謂「朝華」與「夕秀」是包括文意和文辭兩個方面的，陸機主張兩方面都應有創新變化。只有不斷創新的藝術才具有生命力，時代前進了，就需要適應當時的具體情況，符合變化的新要求。陸機在《文賦》中指摘當時文病說：「或藻思綺合，清麗芊眠。炳若縟繡，淒若繁弦。心所擬之不殊，乃暗合乎曩篇。」「藻思綺合」既包括藝術構思和意象的創構，又包括詞采、音律；「所擬之不殊」指形象描寫的問題。陸機在這裡是本著「謝朝華」、「啟夕秀」標準反對抄襲、雷同之作的。

「雅而不腐」還包括敘事作品的審美結構和情節發展的生動曲折，富於變化。小說和戲劇的情節必須新奇曲折。要「將三寸肚腸直曲折

到鬼神猶曲折不到之處，而後成文」（金聖歎《西廂記》二本一折批文），要使接受者和觀眾在不知不覺中被變幻莫測的情節所吸引，和劇中人一同喜怒哀樂。只有做到情節婉轉曲折，欲擒故縱，新奇巧妙，出人意料，使形象表現得異常突出動人，才能使作品獲得永久的藝術價值。而抒情性強的詩歌，則必須表現出情感變化的跌宕多姿，從而達到引人入勝的境地。據《舊唐書》〈杜甫傳〉載，杜甫曾用「沉鬱頓挫」來評價自己的詩作。「沉鬱」是指感情深沉、含蓄；「頓挫」則指詩歌內在的情感運動的波瀾變化和音律上的抑揚起伏；「沉鬱頓挫」指作品中蘊含的情感是自然的流露，卻又「若隱若見，欲露不露，反覆纏綿」（陳廷焯《白雨齋詞話》），給人以千回百轉的意味。杜甫詩中有「文章曹植波瀾闊」（《追酬故高蜀州》），「凌雲健筆意縱橫」（《戲為六絕句》）之句，以「波瀾闊」「意縱橫」品評別人或自己之作，都是指作品中情感變化上的波瀾起伏。杜甫被稱為「集詩之大成者」（秦觀語，見《杜詩詳註附編》〈諸家論杜〉），「千古詩人之首」（葉燮《原詩》），除了詩歌中強烈的現實性外，藝術表現上富於變化也是一個重要原因。

　　但是，情節的曲折和情感運動的起伏又應自然，這就是葉燮所謂的「變化而不失其正」。葉燮認為，優秀的詩作「其道在於善變化」，但接著又說：「變化豈易語哉？」（上述葉燮引文均見《原詩》）。在古人看來，這種變化應做到如蘇軾所說「如萬斛源泉，不擇地而出」（語見洪邁《容齋隨筆》），孕變化於自然，始為佳作。金聖歎也強調情節的變化應自然，應「無成心之與定規」，「自然異樣變換」，「自然異樣姿媚」，也就「自然異樣高妙」（《西廂記》〈讀法〉）。

　　只有「典雅、精神，兼之斯善」（劉熙載《藝概》〈詩概〉），既要「有古」、符合自然，又要具有無窮變化、新意迭出的作品，才具有審

美價值和永久的藝術魅力，令人百讀不厭，回味無窮。

　　總之，新穎的題材，獨創的主題，起伏的情感，曲折的情節，是「典雅」說所主張的既要「熔鑄經典」「有古」，又要「洞曉情變」（《文心雕龍》〈風骨〉），以達到「通變」「會通」。「望今制奇，參古定法」（《文心雕龍》〈通變〉）是「雅而不腐」審美意識的主要內容。

第三章

# 和　雅

　　「和雅」，即和平雅淡之境。盧思道《遼陽山寺願文》云：「洞穴
條風，生和雅之曲；圓珠積水，流清妙之音。」采疇《謝亦囂詩集》序
云：「亦囂性情閒雅，……故其為詩，沖淡和雅。」這裡就提出「和雅」
說。「和雅」之「和」，又稱「中和」。《禮記》〈中庸〉曰：「喜怒哀樂
之未發，謂之中；發而皆中節，謂之和。中也者，天下之大本也；和
也者，天下之達道也。致中和，天地位焉，萬物育焉。」「中和」就是
「中庸」，即無過、無不及，要求恰到好處，包含有適中、適度、勻
稱、平正、和諧等美學思想。故而，從人格建構來看，「和雅」，是人
的性情適中、不偏不倚的體現；從天地宇宙的生成關係來講，「和雅」
又是宇宙自然的和諧統一關係的體現。中國傳統美學思想認為，宇宙
間的自然萬物既雷動風行、生化萬變，不斷地生成、運動、變化，同
時又處於一個和諧的統一體中，陰陽的交替、動靜的變化、萬物的生
滅，都必須「致中和」「和雅適中」，即遵循「中和」這一美學精神，

以使「天地位」「萬物育」，構成宇宙自然和諧協調的秩序。可見「中和」既是人道，也是天道。這樣，由「和」作修飾語構成的「和雅」範疇也自然涉及人生美學與文藝美學兩個方面的內容。

## 第一節　中正平和

就人生美學來看，從「尚雅」「隆雅」的審美意識出發，中國美學在人生態度與人生境界的追求上，主張中正和平、溫和文雅、文質彬彬、不偏不倚，即所謂「和雅靜素，寡嗜欲」（《宋書》〈殷琰傳〉）；「襟懷和雅，神清志逸」（《舊唐書》〈文苑傳中〉〈賀知章〉）；「和雅謙謹」（袁枚《隨園詩話》）。這些句子中所提到的「和雅」，就是指溫和文雅、平和淳樸。就文藝美學看，無論是「和雅之曲」還是「沖淡和雅」之詩，都要求文藝作品具有和平閒雅、溫潤和雅之境。因此，可以說，雅正、優雅、溫雅、閒雅、溫和、溫厚、溫潤、平和、中正等「中和」之美本身就是「和雅」這種審美意識的具體顯現。

受特定的地理環境與文化環境的影響，中國美學很早就有一種尚「中」意識。就其實質看，「中」就是正，「雅」也是正，所謂「雅者，正也」。故而，「中」與「雅」是相通的，「中」就是「雅」，就是「正」，也就是美。《周禮》〈地官〉〈大司徒〉云：「以五禮防萬民之偽，而教之中。」賈公彥「疏」云：「使得中正也。」《尚書》〈盤庚〉云：「各設中於乃心。」這裡所謂的「中」，在顧頡剛看來，其意思就是「中正」；王世舜也認為「中」即「正道」（《尚書譯註》），意指一種中正之道，即為正確的德行，也為美德。《易傳》的作者正是在這一意義的基礎上運用「中」，並表現出一種尚「中」審美意識的。《易傳》中提到「中」的地方很多。如《文言傳》有「重剛而不中」「剛健中正」；

《彖傳》《象傳》有「中正」「正中」「得中」「時中」「剛中」「中行」「使中」「在中」「中」「中直」「大中」「積中」「中心」「中道」「行中」「剛而過中」「中無尤」「未出中」「中未大」「久中」「中不自亂」「中節」「中心為志」「中未變」「中有慶」「中心有實」「位中」「不中」和「中心為正」等。高亨在解說《易傳》時說得好，他指出：「中則必正，正則必中，中正二名實為一義。《易傳》又認為人有正中之道德，而能實踐之，則能勝利，故得中為吉利之象。」（《周易大傳今注》）就人學而言，「中」要求守中，即為人處世要適中而恰當，避免過與不及、狂與狷兩種偏向，持中庸而不走極端，執中而不偏，以追求人與人、人與社會間人倫關係的和諧；而就人生美學而言，這又表現出一種人格的完善和「樂而不淫，哀而不傷」的美善合一的審美境界。

尚「中」的根本精神就是不走極端，在人格操守、行為準則上講求自律自守、恰到好處，並由此而克服偏激、粗野、輕率和魯莽，而做到「直而溫，寬而栗，剛而無虐，簡而無傲」。「中」，就是謙和、寬容、溫和文雅。故而宋明理學家解釋「中」說：「中者，天下之正道。」（《河南程氏遺書》卷七）「中者，不偏不倚、無過無不及之名。」（朱熹《四書章句集注》）「中只是個恰好道。」（《朱子語類》）「中之理所包甚大，存於心而不偏不倚，發於情而無過不及，以其可以常行不可易，故又謂之庸。」（薛瑄《讀書錄》）這裡就指出，尚「中」就是要求從人的「心」「情」，到人生的言行舉止、儀表姿態等人格操守的內外都必須恰到好處。即如季札在魯觀樂時對不同樂曲所作的審美評價一樣：勤而不怨，憂而不困，思而不懼，樂而不淫，大而婉，險而易行，思而不貳，怨而不言，曲而有直體，直而不倨，邇而不逼，遠而不攜，遷而不淫，復而不厭，哀而不愁，樂而不荒，周而不匱，廣而不宣，施而不貴，取而不貪，處而不底，行而不流，五聲和，八風

平，節有度，守有序等等，以及《中庸》中所謂的「君子之道，淡而不厭，簡而文，溫而理」；《表記》中所謂的「君子隱而顯，不矜而莊，不厲而威，不言而信」；「親而尊，安而敬，威而愛，富而有禮，惠而能散」；「義而順，文而靜，寬而有辯」等等，都極為生動地表述了尚「中」審美意識所推重的不偏不倚、執中守正、溫厚和雅的詩學精神和人格風範。

中正和雅，首先要求在人格建構方面必須恬淡寂靜、坦蕩渾厚、純真自然、溫良恭儉、淳厚典雅。如《論語》〈鄉黨〉所載：「孔子於鄉黨，恂恂如也，似不能言者。其在宗廟朝廷，便便言，唯謹爾。」「君召使擯，色勃如也，足躩如也。揖所與立，左右手，衣前後，襜如也。趨進，翼如也。賓退，必覆命曰：『賓不顧矣。』」「執圭，鞠躬如也，如不勝。上如揖，下如授。勃如戰色，足蹜蹜如有循。享禮，有容色。」作為君子、雅士的典範，孔子的一言一行、一舉一止都顯得文質彬彬，中規中矩，品德端莊，有禮有儀，一絲不苟。因此，「君子必佩玉，右徵角，左宮羽。趨以《采齊》，行以《肆夏》；周還中規，折還中矩；進則揖之，退則揚之，然後玉鏘鳴也。故君子在車則聞鸞和之聲，行則鳴佩玉，是以非辟之心無自入也。」（《禮記述注》卷十三）依照這種審美規範，要求「言語之美，穆穆皇皇；朝廷之美，濟濟翔翔；祭祀之美，齊齊皇皇；車馬之美，匪匪翼翼；鸞和之美，肅肅雍雍」（《禮記註疏》卷三十五）；人生的一切都必須中規中矩，「宮室得其度，量鼎得其象，味得其時，樂得其節，車得其式，鬼神得其饗，喪紀得其哀，辨說得其黨，官得其體，政事得其施，加於身而錯於前，凡眾之動得其宜」（《禮記註疏》卷五十）；「行中規，還中矩，和鸞中《采齊》；客出以《雍》，徹以《振羽》，是故君子無物而不在禮矣」（《禮記註疏》卷五十）；從品德操行到體貌裝飾、儀容情態、為人

處世都應「得宜」「得度」「得體」「得節」「中規」「中矩」「在禮」。以達到「溫柔敦厚」「疏通知遠」「廣博易良」「潔靜精微」「進退有變」。這種「有度」「得宜」「得體」就中國美學隆「雅」審美意識來看，就是「和雅」。

具體而言，人品要高，舉止要和雅適中，首先其身分地位必須「相稱」「得體」，以別尊卑、雅俗。即如《荀子》〈榮辱篇〉所指出的：「越人安越，楚人安楚，君子安雅。」行為舉止、儀容體態、人格操守必須符合自己的身分。故作為君子、士人，就應與自己的身分和地位相稱，不偏不激、相宜相應，以體現「雅」的審美風範。如不「得體」、不「相稱」，那麼則會走向反面，而體現為不雅、粗野、卑鄙和庸俗。因此，孔子認為，「過猶不及」，推崇「無過無不及」的人生境界。對此，北宋理學家朱熹說得好：「如君止於仁，若依違牽制，懦而無斷，便是過，便不是仁。臣能陳善閉邪，便是敬，若有所畏懼，而不敢正君之失，便是過，便不是敬。」（《朱子語類》卷十六）這裡就指出，在人格建構方面，必須保持中庸得體、適宜合度，不然就是過仁則不仁，過敬則不敬。如剛柔二者既能使人善，也能使人惡。人如「剛」得有度，則能使自己堅持正義，保全氣節，昇華情操，如孟子就曾提倡「養浩然之氣」，以樹立「至大至剛」的精神風貌，培養自己的超越情懷和大無畏的精神與百折不撓的性格，堂堂立於天地宇宙間，「頂天立地」，上下與天地同流，渾然與萬物一體，參天地，贊化育，「大行不加，窮居不損」，不淫、不移、不屈，以進入一種自強與超越的極高人生境界；但「剛」得太過，則易折，並使自己變得暴烈、凶猛。人如恰當地培養柔的性情，則會養成文雅、慈順等品德；但若過頭，則會流於膽小懦弱、優柔寡斷。故而，周敦頤說：「惟中也者，和也，中節也，天下之達道也，聖人之事也。」（《通書》〈師〉）李覯亦說：「伯

夷與鄉人立，其冠不正，望望焉去之，過於正者也；叔向三數伯魚之罪，過於直者也；於陵仲子不食兄之祿，過於廉者也；魯隱公攝位，過於讓者也；徐偃王不忍斗其民，過於仁者也；尾生期女子，過於信者也。」（〈復說〉）這裡就指出，「過正」「過直」「過廉」「過讓」「過仁」「過信」，都不好：其中如徐偃王，其所統治下的徐國原本是古代淮、泗地區的大國，鼎盛時曾有三十六國來朝貢，而他卻過於「仁」，面對楚國的侵略，他卻因心性仁慈，「不忍斗其民」，而不加抵抗，結果遭來滅國之災。尾生也是這樣，他與所戀女子約定相會於橋下，適逢漲水而女子未到，他則堅守信用，而終被淹死於橋下。可見，仁與信儘管是人生美德，但若過度，則反而會給人帶來不良後果。也正是由此，所以荀子要求在人格建構方面應防止過度，不走極端，儘可能地中規中矩，溫文爾雅。他認為，作為溫文爾雅的君子，應與人結交但不能相互勾結，應能言善辯但不能強詞奪理，應寬容但不姑息養奸，應有個性有棱角但不刺傷他人，應不偏激，不盛氣凌人，趨時而不媚俗，既要堅持自己獨立的立場與人生價值取向，同時又不隨波逐流，以符合《尚書》〈皋陶謨〉所謂的「九德」：「寬而栗（莊敬、嚴肅），柔而立（卓立、獨立不移），愿（質樸）而恭，亂（有治理才能）而敬，擾（馴服、和順）而毅，直而溫，簡而廉（務大體而不輕細行），剛而塞（性格剛正而內心充實），強而義（符合道義）」，以創建健全、完滿的人格，達到「雅」的審美境界。

必須指出，所謂不偏不倚、中正溫和、無過無不及、適度、得體等作為「雅」的審美規範性內容，是有原則、得度、得宜的，這種「度」「宜」「體」就是「中」，就是「正」，也就是「雅」。這種境界之所以是審美的，就正由於其與那種「同於流俗，合乎污世，居之似忠信，行之似廉潔，眾皆悅之」的「鄉愿」（《孟子》〈盡心下〉）不同。也正

因為此，儒家哲人才主張「和而不同」，「和而不流」。所謂「同」與「流」，就是媚俗。在儒家哲人看來，只有可鄙可厭的小人才趨炎附勢、隨波逐流、同流合污，才甘於向流俗、世俗的東西獻媚，而使自己喪失獨立的個性和人品操守。

同時，在前面的論述中，我們已經指出，作為審美範疇，「和」與「雅」是相通的。「和而不流」「和而不同」，就是保持「雅」人格操守而不媚俗，這裡的「和」顯然既指和諧、協調，又指適中、恰到好處。就「和而不同」來看，其意旨是說理想的人格建構和人生境界應與人和睦相處，以保持人與社會、人與人之間的和諧、協調關係，但卻不能毫無原則地隨波逐流，為取悅他人與世俗而隨聲附和，不斷改變自己的立場、操守；這也表明，「和」具有和諧、協調與適度、得體的意思。「和」是有原則的、有度的。宋代理學家二程說得好：「世以隨俗為和，非也，流徇而已矣。君子之和，和於義。」（《河南程氏粹言》卷一）

在人與社會、人與他人之間營構出一種和諧、協調的氛圍，和睦相處，能使個人的價值、個人的特性、個性的自由，獲得更為充分的發展和實現，因為作為社會存在物，人不可能脫離社會而存在，社會不僅決定人生的一切，包括人的行為以及外部客觀條件和環境，而且也是創造和改造這種環境的人的實踐活動（包括審美活動在內）的本身。因此，可以說，正是包括審美活動在內的人的實踐活動決定了社會與個人之間的內在本質聯繫，也表現了他們相互依賴、相互生成的關係。同時，也正由於人與社會、人與人和諧、自由、協調、和睦地相處，人與人之間心靈的相互溝通、融而為一，從而才使人生充滿著審美意味。故而「和」是人類崇高精神的審美體現。可以說，也正因為這樣，所以中國古代哲人總是把「人和」看作是人生最有價值、最

可寶貴的因素。如孟子就曾指出：「天時不如地利，地利不如人和。」只有「人和」，即人與人之間和衷共濟、同心同德、相親相睦、求同存異，社會、國家、民族才能形成強大的向心力和凝聚力，才能確保社會穩定，民族團結、融合，從而才能保障社會的發展，才能更好地發揮人的自我的獨創性、創造性和能動性，從而以實現自我、超越自我。

具體而言，「和」，就是人與人之間的相互尊重、相互理解、相互信任，有了矛盾以後相互諒解；生活上則相互關心、相互支持、相互合作；心靈上相互溝通、相互呼應、相互融合。這就要求真誠待人與自我超越，而避免離群索居，抱殘守缺，遁世匿跡，顧影自憐。

與此同時，人要自我超越，就不能顧及流俗，這就既要趨時，又不能媚俗；要求排除從眾心理，不隨波逐流。孔子就既強調「和」，又反對媚俗。他曾經強調指出：「禮之用，和為貴。先王之道，斯為美。」但他又指出必須保持與他人意見和立場的「不同」。據《論語》〈子路〉記載，有一次，子貢問孔子：「全鄉的人都喜歡的人，您看怎麼樣？」孔子回答說：「還不能肯定。」子貢又問：「全鄉的人都厭惡的，您看怎麼樣？」孔子仍然回答說：「還不能肯定。」最後孔子表示他的看法是：「最好的人應該是鄉里的好人讚揚喜歡他，而鄉里的壞人則憎恨他。」顯而易見，孔子反對那種沒有獨特個性，無原則的盲從與媚俗。「和」並不是簡單的同一與附和，而是以尊重個人立場與承認個性為前提的。即如晏子所主張的：「君所謂可，而有否焉；臣獻其否，以成其可。君所謂否，而有可焉；臣獻其可，以去其否。」（《晏子春秋》）在晏子看來，即使是君臣之間，也不能君可臣亦可、君否臣亦否。臣如對君絕對服從，與君絕對同一，只能使君不聽逆耳之忠言，而喜歡聽迎合自己，與自己完全相同的錯誤主張。故君臣之間應保持「濟其不及，以洩其過」的關係，這也就是「和而不同」。孔子說得好：「君子

和而不同，小人同而不和。」孔子歷來就反對不問是非，不講原則，一味從眾的媚俗主張。他對那些沒有個人的立場和主見、專以迎逢為能事的媚俗之人極為鄙視，痛斥之為「鄉愿」，指責其「同乎流俗，合乎污世」的媚俗行徑是違背道義的。他自己所奉行的交往原則是：找不到奉行中庸之道的人和他交往，那就同「狂者」和「狷者」交往。所謂「狂者」，是指那些志向高遠、看不慣流俗，而採取不顧及流俗而超凡脫俗，努力追求超越、進取的人生態度，以完善自己人格操守的人；而「狷者」，則是指那些深感世俗人情的冷漠、流俗的卑污，又不羨名利地位，是深知世事變化的險惡難測，不願趨炎附勢，攀龍附鳳，而只想潔身自好、靜心修養，而不去趕時髦、追隨潮流的人。前者具有進取精神，後者則保持無為自樂的人生態度。但他們都有自己的人生信念和追求，都和流俗保持距離，不媚俗、隨俗。顯然這和中國古代美學的隆「雅」審美意識是一致的。

可以說，正是受隆「雅」審美意識的影響，中國古代遂形成為一種崇尚「和雅」的文化傳統；影響及中國美學，使中國美學也充滿著「和雅」的精神，並以「和雅」為最高審美境界，以品評人物與文藝作品。如《宋書》稱殷琰「和雅靜素」；《舊唐書》則稱賀知章「襟懷和雅」；陳廷焯在《白雨齋詞話》中也稱丁飛濤「亦工為豔詞，較周冰持為和雅」。在中國人的審美意識中，人與自然、人與社會，都是和諧統一的。「和」是萬物生成和發展的根據，也是社會穩定和發展的要素。正如〈樂記〉所指出的：「和故百物不失」，「和故百物皆化」。《淮南子》〈論訓〉也指出：「天地之氣，莫大於和。和者，陰陽調、日夜分而生物。」自然萬物的消息盈虛、生化運動、氤氳化育、漸化頓變，都必須依靠「和」。「和」是一種遍佈時空，並充溢萬物、社會、人體的普遍和諧關係，「和」就是「雅」。

## 第二節　「和雅」之境

「和雅」是中國人生美學所極力追求的一種審美境界。就中國傳統人生美學價值體系的取向而言，所要努力達到的是「天人合一」「知行合一」「體用不二」的審美理想。「天人合一」強調人必須與天相認同，必須消除「心」「物」對立之感，去我去物；「知行合一」則要求超越智欲所惑，去智去欲；由此始能達到「體用不二」，使本體與現象圓融互攝，人心與天地一體，上下與天地同流，於內心達到和順，於外物則求得通達。「和順通達」，也就是「和雅」。可見，「和雅」或「中和」與「雅正」實際上也可以説是一種極高的審美境界。

具體而言，中國傳統人生美學所推許的「和雅」的審美理想具有以下幾方面的規定性內容：

首先，「和雅」體現為宇宙自然本身的和諧美。就物與物之間的關系看，中國人生美學所主張的「和雅」，是事物諸種因素間的多樣性的和諧統一關系的體現。在中國人生美學看來，作為審美對象的自然萬物是和諧統一的。「萬物同宇而異體」（《荀子》〈富國〉），「萬物各得其和以生」（《荀子》〈天論〉），宇宙天地間的自然萬物是豐富的、開放與活躍的，而不是單一的、保守和僵化的。世界萬物呈現出多樣性的統一，正如《淮南子》〈精神訓〉所指出的：「夫天地運而相通，萬物總而為一。」而「和雅」之「和」則是萬物得以生成的憑依，是萬物自然間普遍存在著的和諧統一關系。所以鄭國的史伯説：「和實生物，同則不繼。」（《國語》〈鄭語〉）《淮南子》〈天文訓〉也説：「陰陽合和而萬物生。」作為審美對象的客觀世界、自然萬物是千差萬別、豐富多彩、千變萬化的，同時，又是和諧統一的，此即所謂「物有萬殊，事有萬變，統之以一」（《周易程氏傳》卷三）。只有這樣，自然萬物才

能生生不息，大化流衍，不然，則只能歸於滅絕。故而中國人生美學認為，「聲一無聽，物一無文，味一無果，物一不講」（《國語》〈鄭語〉）。的確，宇宙天地間的自然現像是種類繁多、氣象紛呈的，這些紛紜繁複、氣象萬千的自然萬物既是一個相互聯繫、相互制約的系統，同時又都受美的生命本體「氣」「道」的作用，從而呈現出作為審美對象的客觀世界的多樣與和諧、獨特與一致、鮮明而生動的整體和諧的審美特性。這種審美特性，在中國人生美學看來，也就是「和雅」。審美活動則必須體現出這種「和雅」。

其次，「和雅」體現為人與自然之間關係的和諧美。就人與物之間的關係看，中國人生美學強調「天地之和」「天人之和」與生命之和，達到人與自然天地之間的和諧協調，是審美的最高境界。莊子說：「與天和者，謂之天樂。」（《莊子》〈天道〉）「與天和」就是與「天」同一，與宇宙內在運動節奏的和諧一致。故莊子又說：「知天樂者，其生也天行，其死也物化。靜而與陰同德，動而與陽同波。……以虛靜推於天地，通於萬物，此之謂天樂。」（《莊子》〈天道〉）達到「與天和」，即與宇宙自然合一，則能從中獲得天地之間的「至美至樂」，得到最大的審美愉悅。同時，作為人體之和的「和」，在中國人生美學看來，又是指人的生態和生命基質的平衡與調和，是陰陽的對應與流轉、對峙與交合之「和」，也就是人的生命和暢融熙，是生命的大美的體現。「和」意味著生命的活力，意味著陰陽的交感、相摩相蕩與生命群體的綿綿不絕。「和者，天之正也，陰陽之平也，其氣最良，物之所生也。」（董仲舒《春秋繁露》〈循天之道〉）「和氣流行，三光運，群類生」（嚴遵《老子指歸》）。「和」則「生」，「生」即強調生殖、生命和生發。有關這一方面的審美觀念，在《周易》中闡述得最為明確。「和」既是「易」的基本審美觀念，又是「易」所追求的基本審美理想。「生」則

是「易」之根本，此即所謂「生生之謂易」。正如王振復在《周易的美學智慧》中所指出的：「整部《周易》的卦符體系，是對宇宙生命大化歷程的觀念性界定，其間有常與突易、沖變與調和、不齊與均衡、虛實與動靜，實際上都是以生命『縕』為邏輯起點，以生命『和兌』為人生終極的。生命『縕』是大樸渾淪，生命『和兌』是人生所追求的最高、最美境界。」[1]正是由於對生命和諧審美觀念的推許，《周易》〈乾〉〈彖傳〉認為：「乾道變化，各正性命，保合大和，乃利貞。」強調人之生命的本源在於男女的「保合大和」。「保合大和」之「和」是生命的最佳狀態與最佳境界，達到這種陰陽「感而遂通」的「大和」，即「和雅」，使陰陽交感、乾與坤交合，從而才有生命的變化與人類群體生命的正固持久、繁衍昌盛。故而，在中國人生美學看來，這人之生命的「大和」或「和雅」是最崇高、最神聖、最美好的，也是審美活動所應努力追求的最高審美境界。

再次，「和雅」還體現為人與人、人與社會之間關係的和諧美。就人與人、人與社會的關係看，以儒家思想為主的中國人生美學強調「允執厥中」「允執其中」，以行事不偏不倚，「中道」「中正」「中行」「中節」，個體與社會和諧統一為最高審美準則。所謂「禮之用，和為貴，先王之道，斯為美」（《論語》〈學而〉）。荀子云：「先王之道，仁人隆也，比中而行之。曷謂中？曰：禮義是也。道者，非天之道，非地之道，人之所以道也，君子之所道也。」（《荀子》〈儒效〉）「和」是追求和衡量人倫關係、人格完美的審美標準與審美尺度。同時，「和」又必須「比中而行」。「中」是「禮義」的別名，因此，人們必須在禮的節制下，以實現情感與道德、人倫與人格、個體與群體的和諧統一。

---

1　王振復：《周易的美學智慧》，湖南出版社1991年版，第2頁。

這樣，以儒家思想為主的中國人生美學便將「中和」這一審美理想與禮結合在一起，形成了禮樂統一、文道結合、以禮節情、以道制欲，推重「和雅」之境的審美意識。

此外，「和雅」之境還體現出以儒家思想為主的中國人生美學對理想人格的追求。在「和雅」之境中，「中和」之美與「中庸」之善在精神實質上是相通的。「中庸」是儒家美學所推崇的理想人格的重要審美特質。孔子說：「中庸之為德也，其至矣乎！民鮮久矣。」（《論語》〈雍也〉）《中庸》鄭玄注云：「名曰中庸者，以其記中和之為用也。」朱熹也認為：「中庸之中，實兼中和之義。」又說：「中庸者，不偏不倚，無過不及，而平常之理，乃天命所當然，精微之極致也。」（《四書章句集注》）這就是說，「中和」與「中庸」相同，都是人的行為舉止、人格修養等恰到好處的審美準則，其實質上是指人的性情之美。孔子自己「溫而不厲，威而不猛，恭而安」，就是性情達到「中和」之美的典範。在理想人格的造就上，「和雅」說強調人的心理與倫理、情感與道德、心與身、知與行、內在的善與外在的美都必須達到高度的和諧統一。只有如此，才符合「中庸」之善與「中和」之美的要求，也才是「和雅」說所推許「和雅」之境的完美實現。

以上我們大體上闡述了作為審美理想的「和雅」的幾點規定性內容。總的說來，正是由於「和雅」體現了宇宙萬物的和諧統一、天人之間的親和合一、人與人之間的執中協調，以及人的生命形態的熙合調和，故而，中國美學極為強調對「和雅」的審美境界的追求，把主體與客體、人與自然、個體與社會、必然與自由所構成的和諧、均衡、穩定和有序作為最高審美理想與審美境界。「和雅」審美境界創構活動則被看作是促進人的健全發展，達到人與自然、個體與社會的和諧統一與主體自身的自我實現的重要途徑。

　　和西方人生美學相比較，中國人生美學所標舉的「和雅」這種審美理想與西方人生美學是有差異的。周來祥先生說：「中西方都以古典的和諧美為理想，但西方偏於感性形式的和諧，而中國則偏於情感與理智、心理與倫理的和諧。」[2]這一點，特別是在儒家美學所提倡的「和雅」之境的審美理想追求中表現得最為突出。

　　首先，儒家「和雅」的審美理想強調美與善的和諧統一。孔子所提出的「盡善盡美」「溫柔敦厚」「文質彬彬」等美學命題都是以美善「中和」統一為宗旨的。

　　「美」總是和「真」與「善」攜手同行的，沒有「真」與「善」，就沒有「美」。就審美意旨與審美表現的關係看，前者必須依靠後者方得以表達。據現有文字記載，中國傳統人生美學中較為明確的「善」「美」概念出現在春秋時期。從哲學意義上比較早的給「美」下定義的是春秋後期楚國的伍舉。他說：「夫美也者，上下、內外、大小、遠近皆無害焉。故曰美。」（《國語》〈楚語上〉）就提出「無害為美」的命題，認為善就是美。後來賈誼的《新書》〈道德說〉也說：「德者六美。何謂六美？有道、有仁、有義、有忠、有信、有密，此六者德之美也。」這些說法都以為「美」與「善」其含義是相同的，而忽視了「美」與「善」的差別性。換言之，即這些命題都沒有揭示出「美」的相對獨立性和「美」的感性顯現形式，因而具有明顯的侷限性。墨子所提出的「非樂論」和韓非子提出的「文害德」論，就是從不同角度發展了這種侷限。其時，關於「美」還有另一種說法。如《左傳》〈桓公元年〉：「曰：美而豔。」杜注云：「色美曰豔。」孔疏云：「美者言其形貌，豔者言其顏色好。」《墨子》〈非樂〉云：「身知其安也，口知其甘

---

2　　周來祥：《論中國古典美學》，齊魯書社1987年版，第2頁。

也，目知其美也，耳知其樂也。」《韓非子》〈揚權〉云：「夫香美脆味。」上述提到「美」的說法，都是著重從聲、色、香、味這些審美表現方面強調了美的感性顯現形式，而忽視了美的內在審美意旨，同樣具有明顯的侷限性。儒家美學在處理「美」的審美表現與審美意旨的關係時，就避免了上述兩種侷限，既確認審美表現，強調「美」的感性顯現形式，又注重「美」的內在審美意旨，指出「美」與「善」這兩個範疇之間是既相互區別，又是緊密聯繫的，要求「美」與「善」的和諧統一。

儒家美學的代表人物孔子就非常注重「美」與「善」的和諧統一，強調「美」與「善」牢不可破的「神聖同盟」，認為「美」離不開「善」的審美意旨，「善」更離不開「美」的審美表現，把文德皆備、美善統一作為文藝所應努力追求的最高審美理想。《論語》〈八佾〉記載：「子謂《韶》，盡美矣，又盡善也。謂《武》，盡美矣，未盡善也。」《韶》相傳為虞舜時的樂曲，說是表現舜接受堯的「禪讓」，繼承其統業的內容，不但聲音洪亮、氣象闊大、旋律往複變化、音韻和諧、節奏鮮明，整個音樂形式色彩豐富、錯雜成文而中律得度，其「樂音美」，而且「文德具」，故孔子讚許為是盡善盡美之作，曾使其聽後陶醉得「三月不知肉味」。而《武》則相傳為周武王時的樂曲，表現武王伐紂建立新王朝的內容，將開國的強大生命力灌注於樂舞中，其「舞體美」，但含有發揚征伐大業的意味，「文德猶少未致太平」（《禮記註疏》卷三十七），故孔子稱其「盡美矣，未盡善也」。顯而易見，孔子的這一美學思想就是基於「中和」之美的原則，強調「美」與「善」的和諧統一。但孔子所標舉的「盡善」「盡美」，仍然是有側重的，是以「善」為核心的。他把以「仁」為核心內容的倫理道德作為衡量美與不美的根本標準，重視完善的心靈和偉大人格的培育與塑造，體現出其美學思想

中強烈的倫理道德色彩。正是基於其倫理美學的原則，在孔子看來，藝術審美境界的創構不僅僅是給人以美的享受，而且更應該起到淨化人的心靈的審美教育作用。故而孔子提到藝術審美境界的創構，就必定把「仁」「禮」貫穿其中，認為藝術審美創作必須符合倫理道德的規範，要以美好的品德去充實人的內心世界，陶冶人的道德情操，提高人的精神境界，使人實現身心的愉悅和心靈的滿足與外化。此即所謂「興於《詩》，立於禮，成於樂」（《論語》〈泰伯〉）。其中禮是立足點，又是中心內容，詩和樂都要以禮為核心。以禮為指歸，為禮服務。這樣，「善」才能於一種自由的狀態中得到實現，與「美」相融一體、和諧統一。

所以，孔子強調「美」與「善」的和諧統一，提出「盡善盡美」的審美理想，實質上也就是強調審美表現與審美意旨的完美統一。這在他所提出的「文質彬彬」的命題中表現得尤為突出。他說：「質勝文則野，文勝質則史。文質彬彬，然後君子。」（《論語》〈雍也〉）所謂「史」，在古文字中與「志」「詩」相通，引申為「虛華無實」「多飾少實」的意思（參見皇侃疏）。文飾多於樸實，缺乏仁的品質，就會顯得虛浮；樸實過於文采則未免顯得粗野，只有避免「文勝質」「質勝文」這兩種片面性傾向，文質合度，兩者完善統一，才能體現出「文質彬彬」的美，也才符合「中和」的審美理想。從人的角度看，這是具有高度品德情操的「君子」的心靈美與形體美的完滿體現；從文藝作品的角度看，這才達到「盡善盡美」的審美境界，並且是真、善、美統一融合的完美實現。

孔子這種將「美」與「善」既相區別又相統一的審美觀念，到孟子那裡得到繼承與進一步發展。《孟子》〈告子上〉云：「……故理義悅我心，猶芻豢之悅我口。」認為人的道德品質、精神風貌也能給人以

「心悦」，帶給人以訴之於心靈的審美快感，就如同聲、色、味能給人以訴之於耳、目、口的審美感受一樣。顯然，這裡已經打破了把「美」僅侷限於感官聲色的審美官能性快感的傳統觀念，強調人的道德精神也具有審美特性，也可以作為審美對象，給人以審美愉悦，從而發展了儒家美學關於美善和諧統一的審美觀念，賦予「善」本身以審美價值，揭示了「美」「善」相互聯繫的內在根據。這一審美觀念在孟子對「充實之謂美」這個命題的一段論述中，得到了更為明確的闡述。孟子將理想人格的標準分為六個層次：「可欲之謂善，有諸己之謂信，充實之謂美，充實而有光輝之謂大，大而化之之謂聖，聖而不可知之之謂神。」（《孟子》〈盡心下〉）這就是説，「善」是指作為個體的人值得喜愛而不讓人感受到可惡，這與孔子所説的「盡善盡美」不完全相同。孟子是針對個體人格而言的，而孔子則是針對舜樂和武樂的審美表現與審美意旨而言的。「信」是「有諸己」的意思，即誠善存在於個體人格中，並在行動中處處給人以指導，又叫作實在。相對而言，「善」與「信」是就「心上説」的，「美」則是就「行上説」的。換言之，則「美」是引起精神和感情審美愉悦的外在形式。朱熹在《孟子章句集注》和《語類》中解釋「美」與「善」「信」的關係時，指出，「心上説」與「行上説」是相互聯繫、相互統一的，把「善」與「信」擴充於個體的全人格之中，「美」就是在個體的全人格中完滿地實現著的實有之善，「美」與「善」「信」融合一體，「美」就是從心裡流出的同「善」「信」融洽統一的外在形式。它既包容「善」又超越「善」。在孔子那裡，「美」被看作是美的形式，有待於與善相統一。而在孟子這裡，「美」已經包容了「善」，是「善」在和它自身相統一的外在感性形式中的完美實現。故而，和孔子相比，孟子更加深刻地發展了「盡善盡美」説，強調了「美」與「善」的內在一致性，使「和雅」審美境界創構具有

了道德價值，並且使儒家美學所標舉的「美」與「善」和諧統一的審美理想有了更為深刻、內在的根據。

其次，儒家「和雅」的審美理想要求「情」與「理」的和諧統一、適中合度。孔子所提出的「思無邪」「溫柔敦厚」的詩教等有關詩歌審美創作的命題，其核心內容就是強調「情」與「理」的表現應中和適度。

在審美創作活動中，「情」與「理」是一對孿生姊妹。情感之所以能上升為審美情感，則是因為它具有審美理性，既包含了對客觀事物的感受、理解和認識，同時也包含了主觀上道德的和「美」的意向、要求和理想。換句話說，即美的情感不是脫離理性的抽象的存在，而是有理性參與其中的，是感性和理性的和諧統一。沒有感性參與活動的情感，談不上是美的情感。審美創作活動中的審美情感，就是感性和理性的統一、情感和思想的統一、美的情感與美的意象的統一，是情理相生、情理交融、情理合一，其表現手法上則要求含蓄適中，所謂「理之於詩，如水中鹽，花中蜜，體匿性存，無痕有味」[3]。

在「情」與「理」的表達方面，以孔子為代表的儒家美學就特別注重理性與情感的和諧與適度。因為儒家美學所信奉的是「為人生而藝術」，這點和西方浪漫主義「為藝術而藝術」的信條不一樣。儒家美學對詩、樂等藝術審美創作極為重視，但其重視的目的多半是出於「美善相樂」的教化作用，是要藉助藝術的審美效應，將外在的「理」化為內在的「情」，成為人們遵循「仁」的意旨行動的動力。其對審美創作活動的重視僅僅出於道德教化的目的，所以要「發乎情，止乎禮義」（《毛詩序》），以「理」節情、導情。孔子說：「《詩》三百，一言以

---

3　錢鍾書：《談藝錄》（補訂本），中華書局1984年版，第305頁。

蔽之，曰：思無邪。」（《論語》〈為政〉）這裡所說的「思無邪」，實際上就是依據其「中和」的審美理想，強調詩歌審美創作中情理的表達應該諧和、適中、中正、和平。《論語集解》引包咸之說，解釋「無邪」，就認為是「歸於正」。劉寶楠《論證正義》也解釋說：「論功頌德，止僻防邪，大抵皆歸於正，於此一句可以當之。」所謂「正」，就是指中正和平，也就是「中和」。所以郝敬在《論語詳解》中指出：「聲歌之道，和動為本，過和則流，過動則蕩。」故而要求「無邪」。在孔子看來，詩歌的審美情感與審美意旨必須健康，其表達不要過分偏激，要平和適中，符合「中和之美」的標準。所謂「樂而不淫，哀而不傷」，「樂」與「哀」都不過分，「情」與「理」平衡適度、和諧統一，就是指審美情感與審美意旨的表達都達到了「中和」境界。故而何晏《集解》引孔安國語云：「樂不至淫，哀不至傷，言其和也。」節制、適中、和諧，就是「思無邪」，也就是「中和」的審美理想。

儒家「和雅」審美理想所要求的審美境界創構「情」與「理」和諧統一的思想最充分地體現在「溫柔敦厚」的詩教與樂教之中。要求「性情和柔」「諧和性情」，要求文藝審美創作在審美意旨的熔鑄與審美情感的表現上，必須達到高度的平和適中、和諧統一，合乎「中和」的審美理想。正如朱自清在《詩言志辨》中所指出的：「溫柔敦厚，是和，是親，也是節，是敬，是適，是中。」[4]可見，「溫柔敦厚」「和雅」，就是強調審美意旨與審美情感表現上應該節制、適中、寧靜、和諧。

「溫柔敦厚」的審美原則實際上是孔子美學所標舉的「中庸之道」哲學思想和倫理道德觀念在其美學思想中的運用。孔子的「中庸」原

---

4　朱自清：《詩言志辨》，華東師範大學出版社1996年版，第132頁。

則強調理想人格的崇高德行應該不偏不倚一端而執中守和，應「允執其中」，無過無不及。在性情方面，「喜怒哀樂之未發，謂之中，發而中節，謂之和」（《中庸》）。「中庸」原則運用到美學上，則要求審美創作應努力追求「和雅」的審美境界。「和雅」是真、善、美的和諧統一，也是情與理、感性與理性、審美與道德的和諧統一的理想境界。在發現美、感受美、認識美、追求美與創造美的審美活動中，在對現存審美關係的揚棄和改造活動中，無論是人與自然、個體與社會、主體與客體，還是身與心、心與物等各種相互對立的因素、成分都應達到和諧統一，都應遵循「和雅」審美理想的軌跡和目標。只有這樣，才能通過審美活動以實現人與自然、人與社會、人與人和人與自身的個性的和諧全面的發展。在審美創作活動中，也才能實現「耳目聰明，血氣和平，移風易俗，天下皆寧」（《禮記註疏》卷三十八）的理想，也即實現「美善相樂」的審美教化理想。

第四章

# 清　雅

　　「清雅」，既是一種人格境界，又是一種藝術境界。《三國志》〈魏志〉〈徐宣傳〉云：「清雅特立，不拘世俗。」鍾嶸《詩品》卷下云：「希逸詩氣候清雅，不逮於范袁。」提出「清雅」之説。中國古人「以清為美」「以清比德」，講求人格的高尚完美。在人生與文藝審美創作境界的營構中，則追求「清靜閒雅」「清高拔俗」。《文子》〈九宋〉篇云：「人莫鑒於流潦，而鑒於澄水，以其清且靜也。」楊慎《清新庾開府》説：「清者，流麗而不濁滯。」「清雅」，是對濁的昇華，對俗的超越，也是一種最高「雅」境的體現。鍾嶸評詩，崇尚「清雅」「清拔」；李白提倡「清真」，明確表示自己的審美理想是「垂衣貴清真」。杜甫推重「清新」，並以之讚頌庾信的詩作。司空圖則標舉「清奇」，以之為詩格之一。蘇軾稱文與可畫竹「無窮出清新」。張炎以「清空」為極高審美境界，推舉清雅、空靈。胡應麟更是以「清」為審美規範，要求詩歌創作必須做到格清、調清、思清、才清，認為「格不清則凡，調不清則

冗，思不清則俗」（《詩藪》〈外編〉卷四），只有「格」「調」「思」都「清」，才能達到「雅」境。同時，他還以「清」來評論詩人詩作，指出：「靖節清而遠，康樂清而麗，曲江清而澹，浩然清而曠，常建清而僻，王維清而秀，儲光羲清而適，韋應物清而潤，柳子厚清而峭，徐昌穀清而朗，高子業清而婉。」（《唐音癸籤》）可以說，這裡所提出的「清而遠」「清而麗」「清而澹」「清而僻」「清而秀」「清而適」「清而潤」「清而峭」「清而朗」「清而婉」就是「清雅」說的規定性內容。

## 第一節　以清比德

所謂「清雅」，其內涵有為人與為文兩個層面，是一種生命格調在社會生活與審美活動中的生動體現。在審美創作中，這種格調主要是創作主體的人格風範與生命精神在作品中的體現，往往給人以一種超塵拔俗、沖淡質樸的審美感受。

「清雅」範疇的形成與中國美學「以清比德」審美意識的促成分不開。在中國古代，「清雅」之「清」往往與「濁」相對，以表示清高、清介、清明、清淳、清遠、清潔、清靜、清幽的審美意趣與審美風範。從語義上看，「清」最早是用來表示水的純淨澄明、清潔瑩澈。《說文》〈水部〉云：「清，朖也，澂水之皃。」段玉裁注云：「朖者，明也。澂而後明，故云澂水之皃。」〈玉篇〉〈水部〉也云：「清，澄也，潔也。」《詩經》〈魏風〉〈伐檀〉云：「河水清且漣猗。」《楚辭》〈漁父〉云：「滄浪之水清兮，可以濯我纓；滄浪之水濁兮，可以濯我足。」這都表明，「清」是形容水的澄澈、潔淨。後來「清」則被引進到美學思想中，以表現人的品德、情操、志向的冰清玉潔、清馨出塵。如《楚辭》〈漁父〉云：「舉世皆濁我獨清，眾人皆醉我獨醒。」王逸注云：「我

獨清，志潔己也。」這裡的「清」就是一種迴絕塵世的人格與人生審美境界。水澄明晶瑩，透澈純清，象徵著人超塵拔俗的高尚的精神品質。「清」與「雅」組合在一起，則構成「清雅」範疇，以與「庸俗」「世俗」相對，來表述清高雅潔、清雅脫俗的審美之境，如《三國志》稱頌徐宣「體忠厚之行，秉直亮之性，清雅特立，不拘世俗」；李復言《續玄怪錄》〈李衛公靖〉稱許李靖「神氣清雅」；高啟《送丁至恭河南省親序》亦稱讚丁儼「清雅和易」。中國古代美學史上歷來就有「以清比德」之說，據《說苑》〈宥言〉與《荀子》〈宥坐篇〉記載，有一天，孔子「觀於東流之水」，子貢問他：「君子見大水必觀焉，何也？」孔子回答說：「夫水者，君子比德焉。」接著，孔子又解釋說：水普遍而「無私」地給予萬物，「似德」；水所到之處就有生命的成長，「似仁」；水向下流去，曲折而循其理，「似義」；淺者流行，深者不測，「似智」；其赴百仞之谷不疑，「似勇」；不清以人，鮮潔以出，「似善化」；至量必平，「似正」；其萬折必東，「似意」。因此，「君子見大水」必定要觀賞一番。

　　君子「樂水」，是由於水似德、似仁、似義、似正、似意、似善化，水之所以美，是由於其象徵著人的各種高尚品德。顯然，這對中國美學「清雅」範疇「以清比德」的美學精神是有深刻影響的。「以清比德」是因為從水的晶瑩澄澈看到了人自身的超世絕塵、冰清玉潔的操守。所謂「請君看皎潔，知有淡然心」。據載，晉代書法大師王羲之辭官後和朋友游名山、泛滄海，營山水弋釣之樂，說：「從山陰道上行，如在鏡中游。」（《全晉文》卷二十七）認為浙江紹興一帶河水清澈，林木影映在光明淨體之中，如鏡如畫，使人心靈清靜、表裡澄澈一片空明，進入最高的晶瑩的審美境界。這種境界，在司空圖看來，即為「空潭瀉春，古鏡照神」（司空圖《二十四詩品》〈洗煉〉），「非

唯使人情開滌，亦覺日月清朗」（《太平寰宇記》卷九十三）。王獻之也曾說：「鏡湖澄澈，清流瀉注，山川之美，使人應接不暇」（《太平御覽》卷一百七十一）。《西遊記》第二十五回云：「那林裡是個清雅的去處。」劉獻廷《廣陽雜記》卷二云：「長沙小西門外，望兩岸居人，至竹籬茅屋，皆清雅淡遠，絕無煙火氣。」「清雅淡遠」、清明空靈、光鮮靈潔的水，高潔超塵的胸襟，情景相生相融、以營構出清遠幽深的審美靈境，使人洗盡塵滓，獨存孤迥。

「清雅」審美範疇的形成，還與中國古代隱逸文化思想分不開。我們曾經談到，中國古代士大夫文人「從道不從君」；中國封建社會的特點決定了士大夫文人必須具有相對獨立的地位，但與此同時，中央集權制度的性質又決定了士大夫文人不可能完全憑藉直接和積極的方式實現其相對獨立性。為了保證自己的相對獨立以達到社會機制的必須，士大夫文人只好尋找和創造了一種高度發達的間接和消極方式，這就是隱逸。所謂「通則一天下，窮則獨立貴名，天不能死，地不能埋，桀、跖之世不能污」（《荀子》〈儒效〉）。

「從道不從君」是從「道高於君」發展而來的。從其政治價值觀來看，「道」是最高的政治原則的體現，君則是最高政治權勢的化身。君與臣之間以道義為本，所謂「君有君道，臣有臣道」。就宇宙論來看，道化生自然萬物，為一切生命之本，人與物都受其主宰，君王亦不能例外。因此，守道是君王治理國家的根本，君王必須遵守道義，「道高於君」。由此出發，作為臣民，士大夫則必須「以道事君」，「從道不從君」，而不能一味順從君命。在中國古代，君王遵道與否是政治清明與社會安定的關鍵。即如《荀子》〈君道〉所指出的，君如儀，「儀正而景正」；君如盂，「盂方而水方」；君王是源，老百姓是流，「原清則流清，原濁則流濁」。君王循道國家就會治理得很好。君王有時會失道、

無道、那麼，作為臣子就應該維護道，必須「以德復君」「以德調君」「以是諫非」「從道不從君」。但是現實與「有道」往往相去很遠。「失道」「寡道」「無道」之君比比皆是，君與道分離是古代社會中的普遍現象。士大夫文人一心要遵循道義，尊君、忠君，以實現其政治理想，獲得精神的超越。他們希望能夠生逢盛世，得遇明君，君能「超然遠覽，穆然深思，凝然獨立，反躬責己，端本澄源」。君臣上下相互溝通，融洽和諧，然而，願望終竟不能實現，於是士大夫文人由入世轉為出世，即如孔子所說「道不行，乘桴浮於海」（《論語》〈公冶長〉）；「邦有道，則仕；邦無道，則可卷而懷之」（《論語》〈衛靈公〉），通過隱逸以實現對自己的生命和人格理想的執著追求，並由此而獲得生命價值和精神超越。

　　嚮往清明的政治環境而不可得，於是回歸鄉里，隱逸山林，以求得環境的清潔與清靜，超越俗與濁，從平淡清雅的文化氛圍與質樸清閒的日常生活中獲得精神的慰藉與心靈的高蹈。這種境界正如孫綽《答許詢》所說，是「故以玄風，滌以清川，或步崇基，或恬蒙園，道足胸懷，神棲浩然」；又如蔡邕所說，是「心恬澹於守蒿，意無為於持盈」（《後漢書》〈蔡邕傳〉）。

　　魏晉時期崇尚清流的「竹林七賢」可以說是中國古代隱逸文化的代表。他們「率爾相攜，觀原野，極游浪之勢，不計遠近，或經日乃歸」（《太平御覽》卷四〇九引《向秀別傳》）；「放情肆志，……欣然神解，攜手入林」（《晉書》〈劉伶傳〉）。整天游浪山林、棲神浩然，在自然山水中逍遙無礙，俯仰自然，親魚鳥。樂林草，甘心於畎畝之中，憔悴於江海之上。所謂「何必絲與竹，山水有清音」；「清景為公有，放曠雲邊亭；秋賞石潭潔，夜嘉杉月清」（皎然《早秋遊法華寺》）；「遠水長流潔復清，雪窗高臥與雲平」（薛濤《酬楊供奉》）；「高

添雅興松千尺，暗養清音竹數科」（譚用之《山中春晚》）；「掬來南漳水，清若主人心」（翁卷《南澗尋韓仲正不遇》）。宇宙自然清遠幽深的景色，滋潤與陶冶著高潔、閒遠與愛戀自然的胸襟，並營構成中國美學史上一個個玉潔冰清、清雅沖淡的藝術意象與藝術靈境。詩人們讚美人格的高尚，追求心靈的自由，「雖無絲與竹，玄泉有清聲」（王羲之《蘭亭詩》）；「清游始覺心無累，靜處誰知世有機」；「登東皋以舒嘯，臨清流而賦詩」（陶淵明《歸去來兮辭》），都是一些清雅沖淡的境界。這種境界既是人生理想的實現也是審美超越的實現。

「清雅」審美範疇的形成，還與中國古代天人合一的宇宙意識的影響分不開。作為最高層次的一處精神現象，宇宙意識是一種最典型意義上的世界觀或宇宙觀。在這個問題上。中西方的看法是不同的，並且由此影響到在對人同外在世界的關係以及人通過何種審美方式以把握對象的問題上也存在不同看法。在西方，比較流行的是「心物二元論」，即本體分裂為二。所謂「此岸世界」與「彼岸世界」、「物質世界」與「精神世界」、「現象」與「本質」、「內容」與「形式」等範疇，在西方哲人看來是互相對立甚至隔著一條鴻溝。在哲學思想史上，柏拉圖有「理念世界」與「現象世界」的區分，「理念世界」絕對真實完美，「現象世界」不過是「理念世界」的虛幻的投影；亞里士多德把事物的構成歸結為彼此對立的「質料因」和「形式因」；康德哲學中有「物自體」與人的主觀意識的對立；黑格爾哲學體系中亦有「理念」與「自然」的對立。總之，西方人為著尋求世界的本源，於是將整個世界作了切二分割的處理，總想以人的智力把握宇宙現象的重心，並給它安排某種秩序，這個傳統一直延續至今。與之相比，中國古代哲人對宇宙、世界的看法則更多地趨向一元化。既然在中國古代哲人看來，天與人都有一個共同的生命本源，即「道」（氣），故而，在天與人、理

與氣：心與物、體與用諸方面的關係上，中國古代哲人都不喜歡強為割裂，而習慣於融會貫通地加以整體把握。在人與自然、人與人的關係上，中西文化也存在著差別。中國文化比較重視人與自然、人與人之間的和諧統一的關係，西方文化比較重視人與自然、人與人之間的分別對立的關係。在中國文化看來，人與自然不是敵對的關係，而是親密的關係，人離不開自然，自然也離不開人。「天人合一」「體用不二」，這些觀念源遠流長，其來有自。孟子說：「萬物皆備於我矣。」（《孟子》〈盡心上〉）莊子說：「天地與我並生，而萬物與我為一。」（《莊子》〈齊物論〉）這些都是說天地萬物可以和人的生命直接溝通，合成一個整體。《左傳》也從不同角度、不同方面提倡這種觀念，強調人必須與天相認同。「天人合一」在董仲舒等漢儒思想體系中，更是扮演了中心角色。在古代中國人的心目中，本質與現象、主體與客體是渾然一體，不可區分的，完全不同於西方的上帝與人世、奧林匹斯山上眾神與人的那種永恆而尖銳的對立關係。《莊子》用它充滿浪漫主義藝術情調的語言為我們勾畫了一個未經分割、表裡貫通、時空混整、川流不息的本體世界：「若夫藏天下於天下而不得所遁，是恆物之大情也。」（《莊子》〈大宗師〉）在這個渾然自足的本體世界中，與自然萬物始終是融匯在一起的。

這種「天人合一」「體用不二」的宇宙觀，使古代中國人的審美活動立足在與西方人完全不同的起點上；同時，在中國人的審美感受和審美創造中，確立了一種對待人與自然關係的基本的審美態度。正是基於這種審美態度，中國古代文人在把握和體驗自然萬物時，往往以人為出發點和歸宿，從而形成一種人對宇宙時空的依賴與人對自然萬物的和諧氛圍。由於在齊物順性、物我同一中泯滅了彼此的對峙，所以，主客體之間顯現出休戚與共、相依為命的關係。人對外部世界、

對自然萬物，始終保持著一種精神上的自由，在人掃盡俗欲，但存高遠的冰壺澄澈、水鏡淵淳、清雅精澄、虛靜空明的清遠心境中，自然萬物與人之間可以自由地認同，人能自由地駕馭、吐納萬物自然，可以以清靜、清明、高遠之心去顧念萬有，擁抱自然，躍身大化，實現與自然的合一，和宇宙的和諧，從而進入灑灑乎身心自適，蕩蕩乎神思飛揚，隨雲煙而繾綣，與流水而自逝的平淡清澄的境界。

既然是「天人合一」，「以類合之，天人一也」，天地人皆為同類，都出於「道」，都具有生命與同一的生命精神，天人之間是息息相通的，那麼，文藝審美創作主體於忽焉俯仰之間，則能心通六氣，智運九周，以使宇宙同區，萬物並一；在與自然萬物相互感應、相互融合的虛靈空廓的審美靜觀中，主體會攝物歸心，客體也必然會移己就物，在主客體運動中，最終臻萬物於一體，達到與萬物同致的境界。這種「天人合一」、「我」與「非我」的一體化，小宇宙與大宇宙的互滲互攝，表現在審美創作活動中，則形成了「情景交融」「神與物游」「情往似贈，興來如答」等一系列審美意境生成的理論。主體與客體的交感、情與景的交織、心與物的交遊，可以創構出多種多樣虛靈空潔而又幽遠深邃、清雅精澄的審美境界。

所謂「天地一東籬，萬古一重九」，天人合一，自然與人相類一體，相通相合，這種宇宙意識滲透到中國美學所推崇的審美活動中，人的心靈、精神、情感就成了審美關係中真正的主動者，自然萬物也就理所當然地能為人們自由地駕馭和吐納。在中國藝術家清淳明潔的心靈空間裡，自然萬物「舒捲取捨，如太虛片云，寒塘雁跡」（沈灝《畫麈》）。人對自然萬物的自由吐納與審美認同中，習習清風，汩汩清流，朗朗清月，幕幕清景，都能使人精神煥發，其樂陶陶。可以說，正是獲得對大自然的親密感、認同感，視大自然為可居可游的精

神家園並由此超越時空限制，以直覺的方式去接近自由生命的氣韻律動，將其經驗顫動的深層結構和全部幅度涵蘊在藝術審美創作的興感觸發的魅力中，從而才得以創構出清雅空靈的審美之境。

## 第二節　雅如清韻

就人生美學來看，「清雅」之境具體表現為超塵拔俗、穆如清風，雅如清韻的人生態度。

「超塵拔俗」之「俗」，應指世俗。從語義上看，「俗」的本義是指社會風尚、習俗。即如《周禮》〈天官〉所說：「曰禮俗，以馭其民。」又如《禮記》〈王制〉所說：「修其教，不是其俗。」對於習俗的形成，則解說各有不同。《漢書》〈地理志〉認為：「凡民函五常之性，而其剛柔緩急，音聲不同，系水土之風氣，故謂之風。好惡取捨，動靜亡常，隨君上之情慾，故謂之俗。」劉晝《劉子》則認為：「風者，氣也；俗者，習也。土地水泉，氣有緩急，聲有高下，謂之風焉。人居此地，習以為性，謂之俗焉。」前者強調社會環境對習俗形成的決定作用，後者則強調習俗的形成，應取決於自然環境的作用。同時，「俗」又指粗俗、低俗、鄙俗，即「不雅」。如《老子》〈二十章〉云：「眾人皆有余，而我獨若遺。我愚人之心也哉！忳忳兮！俗人昭昭，我獨昏昏；俗人察察，我獨悶悶。澹兮其若海，飂兮若無止。眾人皆有以，而我獨頑似鄙。我獨異於人，而貴食母。」這裡所謂的「貴食母」，是以守道為貴的意思，「母」，喻道；「食母」，指孕育、生成、滋養天地萬物的「道」。「俗人」儘管和「眾人」意思相通，但是從老子所說的「眾人熙熙」「眾人皆有餘」「俗人昭昭」「俗人察察」「眾人皆有以」來看，「眾人」「俗人」的人生態度與人生追求和「我」的超然塵世、

甘守淡泊，以保持人格尊嚴的人生態度形成鮮明對比。可見，老子所謂的「俗」就是世俗、塵俗的意思。「我」的人生態度與世俗的、一般人的價值取向不同，世俗的人，熙熙攘攘，縱情於聲色貨利等感性的、物質追求，而「我」則超越於塵世物慾，淡然、超然，追求精神與心靈的自由與高蹈。顯而易見，這裡的「俗」就是超凡脫俗的「俗」，意指追榮逐利、淫放多欲的世俗觀念。作為與「雅」這一審美範疇相對的，帶貶抑意義的「俗」，也起源於此。

同時，就社會習俗而言，其本身也包含有粗俗、惡俗的意味。它是每一民族在數代人相互承傳中所逐漸形成的，與社會的發展與變化相比，本身就具有滯後性，故而，無論哪個民族，哪個時代，都必然有美俗與陋俗、惡俗存在，有新俗和舊俗之別。人生活於社會、群體之中，勢必受社會習俗的影響和制約。但與此同時，人又總不安於現狀，並且，人類要文明進步、社會要發展前進，人自身則執著於真善美的追求、自我的完善與超越，這些都使人不可能事事遷就已有的陳規陋習和守舊、保守的世俗觀念。這樣，是趨時、附勢、從俗、媚俗，還是超凡脫俗，就成了人生的一大問題，也成了中國美學「雅」與「俗」之爭的現實基礎。

同時，中國古代哲人認為，「禮」與「俗」是對立的。南宋理學家陸九淵就曾指出：「習俗之弊，害義違禮。」認為作為君子，應不從俗、隨俗，尤其是對那些「害人違禮」的陋俗、弊俗，更應保持一種超越的態度，如「不敢少違」，那就不是「君子之道」了。的確，社會習俗中歷來都有陋俗、惡俗。王陽明說：「天下之患，莫大於風俗之頹靡而不覺。譬之潦水之赴壑，漫淫氾濫，其始若無所患，而既其末也，奔馳潰決。……是以甲兵雖強，土地雖廣，財賦雖盛，邊境雖寧，而天下之治，終不可為，則風俗之頹靡，實有以致之。」（《山東

鄉試錄》，見《王陽明全集》卷二十二附）惡俗對社會的影響是惡劣
的、可怕而巨大的。世俗之人往往熱衷於追求時尚，趨時附勢，追趕
潮流，壞的習俗於是就在人們「相忘於其間而不覺」的過程中產生消
極影響。因為很多東西都以其一時的新奇吸引著人們。而這些東西中
有不少都是為了迎合人性中卑下的慾望，以其強烈的感官效應使人心
迷目眩，違背禮義。還有不少的陳腐、荒謬的東西由於「風俗之頹靡
而不覺」以獲得社會、歷史和認識上的暫時認同，從而被塗上神聖的
光彩，有如「潦水之赴壑，浸淫氾濫」，為大眾膜拜、信奉、遵從，而
一般的世俗之人又很難掙脫其樊籠，超越其束縛，掙脫其羈絆。

　　中國美學「隆雅卑俗」的審美觀念是主張消除惡俗的。如王陽明
就認為：「古人善治天下者，未嘗不以風俗為首務。」（《山東鄉試
錄》）這裡所謂的「風俗」就特指惡俗、陋俗。在王陽明看來，惡俗對
社會的消極影響是極為巨大的，如不消除，必將會使社會道德淪喪，
並從而影響到社會的安寧與和平。陸九淵也認為：「一人之身，善習長
而惡習消，則為賢人，反是則為愚。一國之俗，善習長而惡習消，則
為治國，反是則為亂。」（《陸九淵集》卷九）社會習俗美善與醜惡，
表面上看，似乎是細微瑣事，無關緊要，但卻有關社會的道德風範，
涉及人類的精神文明，從而直接關係到社會國家的治亂興亡。因此，
中國古代哲人早就提倡「移風易俗」，並形成中國美學「隆雅卑俗」的
思想源頭。所謂「風移俗易而天下正焉」，故「明主之化，當移風使之
雅，易俗使之正」（劉晝《劉子》〈風俗〉）。這裡就提出「移風使雅，
易俗使正」的美學命題，並影響到「清雅」範疇的形成。

　　中國哲人大多具有超凡脫俗的生活態度，顯示出一種「清雅」風
範，其中，尤其是道家哲人表現得最為突出。如上所說，「俗」本身就
有粗俗、陋俗、世俗的含義，故而，就「雅」與「俗」的對立而言，

「雅」的美學精神就是超凡脫俗，而這種超凡脫俗實際上也就是「清雅」。可以說在道家無為中求至樂的審美追求中所達到超然獨立、雅潔沖淡之境，也就是「清雅」之境。

同樣是對「雅」的推崇，儒家哲人追求「孔顏樂處」「曾點氣象」，道家哲人則把「同於道」與「無所待」的「逍遙游」的理想境界作為人生的最高追求與一種極高的雅潔自由境界。在道家哲人看來，人生的意義與價值就在於任情適性，以求得自我生命的自由發展，回歸自然，擺脫外界的客體存在對作為主體的人的束縛羈絆，以一顆無塵的心靈去營構出一種無塵的境界，超然塵世，灑脫風流，自由自在，雅潔鮮亮。

「道」既是中國哲學也是中國美學範疇系統中的一個核心範疇。在中國美學看來，「道」與「氣」是宇宙萬物的生命本原，也是美之本原。要在審美活動中生成並顯現這種宇宙之美，就必須返璞歸真，使自己「復歸於嬰兒」「比於赤子」，保持一顆澄明空靜、天真無邪、雅潔鮮亮、能法自然之心，經由這種「虛靜」「雅潔」的心靈以超越有限、具體的「象」，始能體悟到「道」這種宇宙大化的精深生命內涵和幽微旨意，並進入極高的自由境界。此即司空圖在《詩品》中所推崇的「超以象外」，才能「得其環中」，以達宇宙生命之環的審美體驗方式。因此道家哲人給我們設計的雅化境界與審美境界是超世脫俗，雪滌凡響，「返璞歸真」與「逍遙無為」的。

## 第三節　空靈雅潔

怎樣做人和人應該追求什麼樣的人生境界？人的一生，是積極進取、自強不息，還是消極悲觀、倦怠無聊？是超越流俗，不為物役，

寧靜淡泊，以默為守，還是趨時媚俗，隨波逐流，功名利祿，權重社
稷？這些問題歷來就是中國哲人所關注的基本問題。老子認為，人生
最寶貴的就是真，就是心靈的自由、高潔。故而，他把「赤子之心」
「嬰兒」狀態作為人應該追求的最高境界。

　　在道家美學看來，人生最大的樂趣就是清心寡慾、迥絕塵世。所
謂的功名利祿、是非利害、榮辱得失，都不過是過眼雲煙。只有像嬰
兒那樣的純真，無憂無慮，無牽無掛，無是非得失，任性而為，率性
而發，不做作，不矯飾，純潔無瑕，天真爛漫，這才是人應該追求的
最高理想境界。《老子》〈二十八章〉說：「知其雄，守其雌，為天下
溪。為天下溪，常德不離，復歸於嬰兒。」《老子》〈五十五章〉又說：
「含德之厚，比於赤子。毒蟲不螫，猛獸不據，攫鳥不搏，骨弱筋柔而
握固。未知牝牡之合而峻作，精之至也。終日號而不嗄，和之至也。」
在老子看來，嬰兒時期的人，明智未開，還沒有受到世俗的污染，內
心世界柔和淡泊，其心理狀態天真無邪，保持著一種自然天性，能隨
自然的變化而變化。這樣，「復歸於嬰兒」，就自然而然地使人超越世
間的利害得失、是非好惡的私慾干擾，消弭主客觀世界的區分界限，
而進入無知無慾、無拘無礙、無我無物，以玄鑒天地萬物，與生命本
原「道」合一的最高人生境界。達到這種境界，則會如老子所指出的，
感受到一種「燕處超然」，一種廣遠寧靜，與天合一的極境，而妙不可
言。老子說：「眾人熙熙，如享太宰，如登春春台。我獨泊兮，其未
兆。」（《老子》〈二十章〉）人世間那些眾多的人熙熙攘攘，擠來擠去，
為虛名而爭，為利益而忙，就如像赴國宴，享受山珍海味，咀嚼美味
佳餚；又如像春天裡結伴遊玩，登高遠眺；只有超越於這種情慾，回
歸自我、體知自我和行動自我，拭淨心靈塵垢，實現對真實自我的復
歸，保持嬰兒之心，心靈恬淡，「虛懷若谷」，靜如水碧，潔如霜雪，

清潔瑩澈，才能怡然自適。而審美體驗活動中，只有通過這種心態的營構，才能臻萬物於一體，達到與萬物同致的光亮鮮潔，超凡脫俗之境。

受「道」論的作用，以老莊為首的道家哲人把「同於道」與「無所待」的「逍遙游」這種實現自我、保持心靈自由，以達空明瑩潔的理想境界作為人生的最高追求。在老子看來，「五色令人目盲，五音令人耳聾，五味令人口爽；馳騁畋獵，令人心發狂；難得之貨，令人行妨」（《老子》〈十二章〉）。「罪莫大於可欲，禍莫大於不知足，咎莫大於欲得，故知足之足，常足矣」（《老子》〈四十六章〉）。世俗社會，人慾橫流。人的慾望是沒有止境的，特別是物質方面的慾望，可以說是慾壑難平；然而對物質利慾的無限追求是無益於人的身心健康，有損於人的生命發展的。它只能使人成為自身慾望的奴隸，損害人的身心生命。故而老子認為，對於物質慾望，不應該刻意去追求，而應以超然的心態去看待它。因而，老子說：「雖有榮觀，燕處超然。奈何萬乘之主，而以身輕天下？」（《老子》〈二十六章〉）的確，一切外在的東西、外部影響，都屬於人為的範圍，而一切人為的東西都只會損害人的本性，使人喪失其天真、自然、純潔的心態，人只有「見素抱樸，少私寡慾」（《老子》〈十九章〉），保持心境的纖塵不染，淡泊恬靜，超越功利，擺脫與功名利祿等私慾相關的物的誘惑，求得精神的平衡與自足，才能進入人生的最佳境界。

因此，老子極為鄙薄那種「俗人昭昭」「俗人察察」「眾人熙熙」，而主張「返樸歸真」，「見素抱樸」。「樸」是指未經雕飾過的木頭，可以說「樸」就是「清真」「清雅」。老子用「樸」來形容事物與人心所原有的天然素樸、清淳雅潔的狀態。「返樸歸真」「見素抱樸」就是清除後天的、非自然的、人為的種種桎梏枷鎖，廢除仁義禮樂，超越物

質慾望，不讓塵世的庸俗雜念擾亂自己恬淡、自由、純潔、清雅的心境，自始至終保持自己得之於天地的精氣，歸於原初的自然無為、自由自得、清淳瑩潔的心態。

的確，受道家美學的影響，中國人生美學洋溢著一種強烈的超越意識，超越俗我，使自我清淡、飄逸、空靈、灑脫、雅潔之心與自然本真渾融合一是中國古代藝術家在審美創作中所追求和嚮往的至高審美境界。而平居淡泊，以默為守，通過明淨澄澈的心為去輝映萬有，神合宇宙萬物，以吞飲陰陽會合的沖和之氣，則是貫穿於整個審美體驗活動的一種特殊心理狀態，或謂審美心境。正是由此，遂熔鑄成中國人生美學的「清雅」論。

要進入「清雅」之境必須雪滌凡響，「澄心端思」。「澄心」，又稱「澄懷」，意為澄清淨化心懷和心靈空間。作為營構「清雅」之境的一種心理活動，「澄心」主要是指進入「清雅」心境之前，必須洗滌心胸，澡雪靈府，以獲得心靈的澄清和心懷的寧靜。故而，可以說，「澄心」就是一種空明雅潔心懷的構築，或者說是造成一種審美心理態勢，其實質是通過「澄心」，清除世俗雜念，以虛廓心胸，滌盪情懷，讓心靈超然於物外，進入一種和諧平靜、沖淡清遠的審美心境，造成無利無慾、無物無我的靜態的超越心態，以能夠於審美體驗中「遍覽物性」，能夠沉潛到特定的審美對象的生命內核，體悟到蘊藏於其深處的生命意義。

「端思」則是集中心意，擺正心思，用志不分，用心不雜。「端思」又謂「凝神」「專志」。「澄心端思」，即排除外在干擾，中止其他意念活動，使意念思緒集中到一點，進入一種虛靜空明、心澄神充、聚精會神的心理狀態，獲得「內心的解脫」。超越物慾羈絆，以使心靈純淨澄明，清澈潔淨，玉潔冰清，晶瑩雅潔，確實是心靈體驗得以進行的

首要條件。沒有構築起這種虛靈清靜、神充氣盈的審美心理態勢，則不可能有真正的心靈體驗活動。在中國美學看來，心靈體驗的目的是「欲令眾山皆響」，是要在胸次悠悠，上下與天地同流，與「道」為一中，以進入空靈渺遠，迴脫塵寰，獨參造化，物我兩忘，朗照萬物之境。因此，審美主體在進人心靈體驗活動之初必須去物去我，排除世俗雜念，使紛雜定於專一，澄神安志，意念守中，在高度入靜中達到萬念俱泯，一靈獨存的心境，以保證心靈的自由。即如惲南田在《南田畫跋》中所指出的：「川瀨氤氳之氣，林嵐蒼翠之色，正須澄懷觀道，靜以求之。若徒索於毫末者，離也。」是的，「遍覽物情」與「妙悟自然」的審美創作活動離不開心靈的

活力與心靈的能動。心靈自由是心靈體驗活動得以成功的保證，而「澄心端思」、澄懷淨慮、忘知虛中、抱一守中，以構築出空明虛靜的心理空間則是對心靈的解放。只有達到虛明澄靜的審美心境，審美主體才能在心靈體驗中充分調動其審美能力，最大限度地發揮心靈的主動性，去「凝神遐想」，以領悟宇宙人生的生命妙諦。即如宗炳所指出的，通過「澄懷」才能「味象」「觀道」（宗炳《畫山水序》）。要體味到宇宙自然間所蘊藉著的「象」與「道」這種真美、大美，審美主體要進入清澄浩渺、雅潔空明的審美心境，必須「澄懷」，要超越凡俗，排除雜念，這是「味象」與「觀道」的先決條件。如此，方能去「心游萬仞」（陸機《文賦》），讓心靈儘性遨遊，任意馳騁。

通過「澄心端思」「用心不雜」，超越凡俗，實現心靈的自由，以「味象」「觀道」，營構空靈雅潔的心境，對於心靈體驗活動的重要意義及其在審美創作中的作用的體現，可以從明代文藝美學家吳寬分析唐代詩人兼畫家王維的創作的一段精彩評論中得到進一步說明。他說：「至今讀右丞詩者則曰有聲畫，觀畫者則曰無聲詩。以余論之，右丞胸

次灑脱，中無障礙，如冰壺澄澈，水鏡淵渟，洞鑒肌理，細現毫髮，故落筆無塵俗之氣，謂畫詩非後轍也。」又説：「窮神盡變，自非天真爛發，牢籠物態，安能運心獨妙耶？」（吳寬《書畫鑑影》）這裡所謂的「胸次灑脱，中無障礙」，就是指的心靈的自由與精神的超越；而「冰壺澄澈，水鏡淵渟」，則是指經過「澄心端思」，澡雪精神，中斷理性思維，揚棄非我，超越凡俗以達到心如止水、空明靈透、不將不迎的清淳雅潔心境。如此，在心靈體驗中主體就能夠「洞鑒肌理，細現毫髮」，使玲瓏澄澈的心靈突破「物」與「我」的界限，與自然萬物中幽深遠闊的宇宙意識和生命情調相互契合，妙悟人生奧秘。

## 第四節　靜以體道

「清雅」論的孕育與產生是多種因素作用的結果，它和地域的、社會的與文化的作用分不開。僅就中國傳統文化來看，其中老子提出的虛靜淡泊、返樸歸真的人生理想，就起著不可低估的作用。

道家哲學強調道德的自我約束與心理修練，著重探討人在養生實踐中如何解決各種內外因素對心理的干擾和思想意識活動，以及各種官能欲求同清靜養神煉氣的關係問題，並提出了通過「虛靜」，以修性養心的原則與方法。它講求清心寡慾，由清淨虛明、自然恬淡的心理境界中以明心性，靜以體道。這種思想在中國人生美學的發展進程中，特別是在中國人生美學以心為主，應物斯感，要求主體的審美神思宛轉徘徊於心物意象之交，俯仰自得於千載萬里之間的獨特的審美體驗方式的產生與形成中，具有催化與發酵的促進作用。它豐富並完善了中國古代審美體驗論的思想內容。我們認為，就其對「清雅」説所主張的在審美體驗與審美創作構思之初，創作主體必須構築出虛明

澄淨、無慾無念的審美心境，也即「清雅」之境審美意識的影響來看，主要有以下幾個方面：

首先，體道返根的思想與「清雅」說相通。道家哲學認為宇宙生成的本原是「道」。「道」也就是充斥在自然萬物與一切生命體之間的一種至精至微、陰陽未分的先天元氣。它大化流衍，窈窈冥冥，恍兮惚兮，似有似無，既決定和支配著宇宙萬物、生命人類的存在，又將人的生命同社會自然的存在溝通、聯結起來，形成一個同構的整體。審美主體只有在一種靜寂入定的心理狀態中，依靠心靈感悟，始能體會得到這種宇宙的真諦與生命的意味。因而，老子主張「抱一」「守中」「滌除玄鑒」，莊子則提出「心齋」「坐忘」，要求解脫外在的束縛，清淨心地，使精神專一、心不旁騖，「致靜篤」，清除心中的雜念，排除外部感覺世界的各種干擾，保持心靈的潔淨無塵，表裡澄徹，內外透瑩，以創構出一種自由寧定的心境。只有這樣，才能如空潭映月，映照萬物，直觀宇宙自然、天地萬物的生命本原。後來的道家哲人整個汲取了這一美學精神，提出「泯外守中」「冥心守一」「繫心守竅」等修練功法，要求精神內聚，思想集中，抱元守一，返觀內照，通過精神和意念的鍛鍊，以使生理和心理狀態得到調節與改善。所謂「人能以氣為根」（河上公《老子章句》〈守道章〉），天地萬物都是由「氣」所構成。既然氣是人與萬物的生命之根，那麼，養生健身的基本手段與法則就是清心正定，排除邪想雜念。只有澄神安體，意念守中，在高度入靜中以達到萬念俱泯、一靈獨存的境地，這樣始能內視返聽，外察秋毫，感悟到人自身與宇宙自然的生命精微。此即東漢早期道教重要典籍《老子想爾注》注文所謂的「清靜大要，道微所樂，天地湛然，則雲起露吐，萬物滋潤」，「情性不動，喜怒不發，五臟皆和同相生，與道同光塵也。」（見饒宗頤《老子想爾注校箋》）收斂感官，神

不外馳，在情緒與心理上實現自我控制和解脫，專誠至一，是養精煉神的基本要求。是的，在以道家美學為核心的中國美學來看，人的意念活動是最富於能動性的、高度自主的。氣和心定，閑靜介潔的心境，以保證意念活動的專一，有利於體內的氣體過程和氣的運行，也有利於人與自然之間元氣的交換，因而能強化主體自身的生命運動；反之，則將會導致人體內部氣機運行混亂，阻塞天人交通的渠道，從而損害自身的生命運動。故而，老莊美學認為，修練身心的第一要旨就是清淨心地，冥目靜心，斂情攝念，息業養神，以遵循人體生命整體觀的自然規律，自覺地、能動地運用自己的意念，內而使神、氣、形相抱而不離，外而與天相通，茹天地混元之氣以強化自身的生命運動，變人的潛能為自為的智能，進而內外交融，天人合一，返歸天道。這種專心一意，使形身精神相抱相依，合而為一，亦就是道教養生學所謂的「守一」。通過「守一」，不但能夠強身健體、袪病延年，而且還可以激發人體潛在的特異功能。如《太平經》就指出：「守一復久，自生光明，昭然見四方，隨明而遠行。」「使得上行明徹，昭然聞四方不見之物，希聲之音，出入上下，皆有法變。」達到「行天上之事，下通地理，所照見所聞，目明耳聰，遠和無極去來事」；「開明洞照，可知無所不能，預知未來之事，神靈未言，預知所指」。就老莊美學來看，通過「抱中」「守一」，則能在審美體驗中以洞照天地上下，人身內外，深入宇宙萬物的底蘊，直觀生命的本原，從而回歸到混融滋蔓的生命之所。

由此，我們不難看出，以老莊美學為起源的道教美學所強調的這種通過「冥心守一」、專心專意的意念活動具有高度的集中性與明確的指向性。其從修性入手，以進行心理、精神、意識、道德等方面的「性功」修煉，進而達到「明心見性」體道返根的思想與「清雅」說所規

定的內容是相通相關的。

其次，「安靜閒適」的心境與「清雅」之境相似。從審美創作的視角來看，「清雅」說要求審美主體進入心靈體驗活動之先應當「澄心端思」，即切斷感官與外界聯繫，排除外在干擾，中止其他意念活動，使意識思緒集中到一點，進入一種虛靜、空明的心理狀態，以獲得「內心的解脫」。王夢簡說：「先須澄心端思，然後遍覽物情。」（《詩學指南》卷四）張彥遠也說：「凝神遐想，妙悟自然，物我兩忘，離形去智。」（《歷代名畫記》）進行心靈體驗活動的過程是「心」「思」「神」「想」，是心靈的契合，因此，審美主體在心靈體驗活動中必須具有心靈的自由。「遍覽物情」與「妙悟自然」的審美創作活動離不開心靈的活力與心靈的能動，心靈自由是心靈體驗活動取得成功以進入「清淳雅潔」之境的前提，而「澄心端思」，澄懷淨化，忘知虛中，以構築出空明虛靜的心理空間則是對心靈的解放。只有這樣，審美主體才能在心靈體驗活動中最大限度地發揮心靈的主動性，去「凝神遐想」以領悟宇宙人生的妙諦。

道家美學指出：「虛者心齋也。」（《莊子》〈人間世〉）「澄心端思」，可以使心神凝聚，意識集中，使自己的心境達到空明虛靈、清淳雅潔。從這裡我們可以看出，「清雅」說所主張的「澄心端思」實際上是虛以待物、以靜制動的審美態度，它是一種高度平衡的心理狀態。這種心理狀態相似於老莊美學所謂的通過「抱一」「守中」「心齋」「坐忘」「冥心守一」「繫心守竅」以達到的「安靜閒適，虛融澹泊」的「自性」「本心」，也就是老子所說的「如嬰兒之未孩」，「比之赤子」的歸複本初，猶如初生嬰兒時的心理狀態。我們認為，無論是煉養身心，還是心靈體驗，都只有達到這種心理境界，「用心不雜」，「其天守全」，克服其主觀隨意性，「不牽於外物」，順應宇宙大化的客觀規律，

在自然的徜徉中，逍遙無為，物我兩忘，從而才能與造化融匯為一，直達道的本體，以獲得最真確的生命存在。

故而，以老莊美學為起源的道教美學提倡「棄欲守靜」，認為保持虛空明淨，無慾無念的心理境界是修練心性，啟迪智慧通乎元氣，直達萬化生命本原，求得長壽幸福的重要途徑。這種思想對古代美學「清雅」說也有很大影響。宋代的曾慥在《道樞》〈坐忘〉篇中說：「靜而生慧矣，動而生昏矣。學道之初，在於收心離境，入於虛無，則合於道焉。」這裡所謂的「收心離境」，就是指滌盡心中塵埃，洗卻煩憂，超脫於紛紛擾擾的世事，擺脫與功名利祿等私慾相關的物的束縛，以創構出一個明淨澄澈、虛靈不昧的性靈空間。故書中又說：「《莊子》云『宇泰定，發乎天光』何謂也？宇者，天光者慧也，則復歸於純靜矣。」是的，養生健身、激發智能至關緊要的是要「心靜」「心定」「心明」。破除煩惱，不為物慾所役使，虛靜至極，始能使精、氣、神得到修練，與形相合，身心一體，形神依存，「則道居而慧生也」。因此，去物去我，使紛雜定於一，躁競歸於靜，澡雪精神，「收心離境」，「復歸於純靜」是道教美學所追求的煉養身心，開發智能，陶冶性情的特定的心理境界。正如南宗傳人蕭廷芝所說的：「寂然不動，蓋剛健中正純粹精者存。」（《金丹大成集》）掃除不潔，淨化心靈，以產生一個虛靈清明、神靜氣通的心靈空間，從而使自己的心性、意識、精神狀態復歸到小孩一樣無分別、平等、真率的那種純樸、天然上來，靈魂得到淨化，情性獲得陶冶，智慧受到增益，道德達到昇華，真正進入真、善、美的崇高境界。

以老莊美學為起源的道教美學所注重的這種「收心離境」、歸璞返真的思想與「清雅」說的規定性內涵是完全一致的。「清雅」說不但規定審美主體在進入心靈體驗之時必須「澄心端思」，而且還要求「澄心

靜懷」，以擺脫與功名利祿相干的利害計較，創造出一個清靜虛明、無思無慮的心理空間。徐上瀛說：「雪其躁氣，釋其競心。」（《溪山琴況》）沈宗騫也指出，在進入心靈體驗活動時，主體必須「平其競爭躁戾之氣，息其機巧便利之風。……擺脫一切紛爭馳逐，希榮慕勢，棄時世之共好，窮理趣之獨腴」（《芥舟學畫編》卷一）。只有使心靈經過「澄心靜懷」，摒棄奔競浮躁、汲汲以求、生活情趣不高的意念，做到無慾無私，少思少慮，胸無一絲俗念，才能在心靈體驗活動中超越自我，通過直覺觀照與內心體驗，以體味到宇宙自然的「大美」，感悟到審美對象中所蘊藉的深遠生命內涵和人生哲理。

　　道教美學內煉理論所強調的「棄欲守靜」與「清雅」說所要求的「澄心靜懷」在觀念上是相互溝通的。首先，道教煉心養性中收心離境的目的與「澄心靜懷」就可以溝通。道教主張通過煉精養氣，修養心性以陶冶性情、增益稟賦，並獲得清淨無為的生活情趣與「少私寡慾，見素抱樸」、寧靜平和的心理境界。「清雅」說所主張的審美創作構思中「澄心靜懷」的目的亦是要使審美創作主體的內在心理境界擺脫世俗的慾念，清心淨慮，以達到一種清淨虛明、澄澈空靈的審美心境。進行審美創作活動必須脫俗，必須與世俗功利拉開一定的距離，在這一點上，「清雅」說與道教美學是可以相通的。道士田良逸說：「以虛無為心，和煦待物，不事浮飾，而天格清峻，人見者禠吝盡去。」（《因話錄》卷四）道士徐府也說：「寂寂凝神太極初，無心應物等空虛。性修自性非求得，誤解真人只是渠。」（〈自詠〉）超脫於紛擾的世事，擺脫功名利祿等私慾相關的物的誘惑，寄心於太極之初，使自己豐富活潑的內心世界盪滌澡雪成為空曠虛靜的心靈空間。這樣，去體味宇宙萬物的幽微之旨，始不至於讓紛繁複雜的外色物象迷亂自己的心神，以直達宇宙的底蘊，體悟到生命的本原，從而始可能獲得心理

上的平衡與精神上的永恆。與此相通，「清雅」説認為，審美創作活動亦是脱俗的、無功利目的，應擺脱有關衣食住行等種種煩惱和焦慮。如果在審美創作活動中摻入某種世俗慾念，則勢必影響審美心境的構成，進而影響及審美創作活動的開展。故「清雅」説主張「澄心靜懷」。虞世南説：「澄心運思，至微至妙之間，神應思徹。」（《筆髓論》）李日華也説：「乃知點墨落紙，大非細事，必須胸中廓然無一物，然後煙雲秀色，與天地生生之氣，自然湊泊，筆下幻出奇詭。若是營營世念，澡雪未盡，即日對丘壑，日摹妙跡，到頭只與髹采圬墁之爭巧拙於毫釐也。」（《紫桃軒雜綴》）

　　其次，從心理效應上看，道教美學要求的「收心離境」與「清雅」説強調的「澄心靜懷」亦可以溝通。道教養生學「靜功內煉」理論注重「神」「意」「氣」的修練，認為「神」在人的生命的整體層次上，起著溝通天人的聯繫作用。如果人的心理狀態很寧靜，在「神」這個天人通道裡很清明，人就有可能自覺地直接運用宇宙的元氣，以獲得超乎常人的智能。正如道士司馬承禎在《坐忘論》中所指出的，修練之始就必須收斂心志，固守元神，「要須安坐，收心離境，住無所有因，住地所有，不著一物，自入虛無，心乃合道」。這種通過「收心離境」，以恬靜虛無而達到的返觀守神的最好心理境界，即日本川煙受義博士所謂的「超覺靜思」，它能夠使人「把意識集中於一點」，「從而能夠最有效地使用它」[1]。我們認為，這對於以老莊美學為主的中國美學所推崇的「清雅」説也同樣適用。從現代審美心理學的視角來看，儘管審美創作的發生是創作主體自我實現的需要，要「感物心動」「發憤

---

1　〔日〕川煙受義：《健腦五法》，王端林、馮七琴譯，科學普及出版社1998年版，第19-20頁。

之所為作」，基於功利的需求。但是，它卻不僅僅是功利需要。因為依照心理學有關神經活動的優勢原則，假使功利需要成為主導需要，那麼，自我實現的需要就只能處於被抑制與服從的地位，這樣，創作主體當然就無從進入審美創作活動了。所以，只有當自我實現的需要成為主導需要時，也才有可能實現審美創作。故創作主體在進入審美創作活動時，必須擺脫塵世俗念的干擾，從寧靜平和的生活情趣中，求得神清氣朗、靜明清虛、晶瑩洞徹的審美心境，使心靈獲得一種自由、解放與活躍。只有如此，審美創作主體才能在心靈觀照中，突破客觀物象的束縛，和審美對象的生命本旨與內在律動融為一體，於心物合一中與審美對象進行心靈和生命的交流，榮辱俱忘，心隨景化，以達到「清淳雅潔」的超越境界。

總之，老子所主張的虛靜淡泊、返樸歸真的人生理想，以及莊子所推崇的靜以體道，游於無窮和後來在此基礎上所形成的道教美學內煉理論所強調的「安心澄神」與「清雅」說所規定的內容是相互溝通的。煉養身心「先定其心」，始能「慧照內發，照見萬境，虛忘而融心於寂寥」（司馬承禎《坐忘論》）。審美創作構思中，只有「澄心端思」，實現心靈的自由、專一和「澄心靜懷」，超越名利、好惡得失等世俗雜念，保持心靈的淨化與空明，才能於心靈觀照中達到與宇宙自然合一的「清淳雅潔」境界，從而創作出藝術珍品。恬淡自然、透明澄澈的喜悅和解脫心態既是道教美學養心益性心理進程中關鍵性的第一步，亦是以老莊美學為主的中國人生美學所推許的心靈體驗活動的首要前提，其思想間的相互影響也不言自明了。

第五章

# 古　雅

「古雅」，屬於文藝美學雅俗論的一個範疇。它涉及創作主體的學識修養、人格操守、個性氣質，以及作品的內容與形式諸方面的問題，體現出中國美學所特有的詩家之心，包括宇宙、總覽古今的時空意識。從藝術審美追求來看，所謂「古雅」，不是要求復古，而是要求貫古通今、宙合天地、周流六虛；在作品藝術風貌方面，則要求審美意旨超遠、高妙、古樸，具有高風遠韻；在創作主體審美心理結構方面，則要求學識淵博，涵養厚重，品格高尚，境界高遠。

## 第一節　「古雅」說的生成

在中國美學雅俗論中，最早提出「古雅」的是唐代王昌齡。他在《詩格》中，將詩歌的審美趣向和風貌分為「高格」「古雅」「閒逸」「幽深」「神仙」等五種，說：「一曰高格。曹子建詩：『從君過函谷，馳

馬過西京。』二曰古雅。應休璉詩：『遠行蒙霜雪，毛羽自摧頹。』三曰閒逸。陶淵明詩：『眾鳥欣有托，吾亦愛吾廬。』四曰幽深。謝靈運詩：『昏旦變氣候，山水含清輝。』五曰神仙。郭景純詩：『放情凌霄外，嚼蕊挹飛泉。』」從其所舉詩例來看，應休璉，即三國時期的詩人應璩，為「建安七子」之一的應瑒之弟。劉勰《文心雕龍》〈明詩〉篇云：「若乃應璩《百一》，獨立不懼，辭譎義貞，亦魏之遺直也。」說應璩《百一》詩，直言無畏，措辭婉轉，意義正直，不失魏代質直的文風。而所謂「辭譎」，意指文辭有諷諫雅正的含義，即要求詩歌創作應運用象徵、借代等比興手法，以表達對政局的憂慮和對國君的諫勸，達意曲折幽婉、委婉含蓄、溫柔敦厚、怨而不怒。由此可見，王昌齡所主張的「古雅」，與「風雅」傳統美學精神接近。

　　繼王昌齡以後，中唐皎然與晚唐司空圖都有近似於「古雅」方面的論述，主張「高古」。皎然在《詩式》中將詩歌創作的藝術境界與藝術風貌分為十九種，即高、逸、貞、忠、節、志、氣、情、思、德、誠、閒、達、悲、怨、意、力、靜、遠，並解釋說：「高，風韻朗暢曰高。逸，體格閒放曰逸。貞，放詞正直曰貞。忠，臨危不變曰忠。節，持操不改曰節。志，立性不改曰志。氣，風情耿介曰氣。情，緣境不盡曰情。思，氣多含蓄曰思。德，詞溫而正曰德。誠，檢束防閒曰誠。閒，情性疏野曰閒。達，心跡曠延曰達。悲，傷甚曰悲。怨，詞調淒切曰怨。意，立言盤泊曰意。力，體裁勁健曰力。靜，非如松風不動、林狖未鳴，乃謂意中之靜。遠，非如渺渺望水、杳杳看山，乃謂意中之遠。」皎然論詩，主張「高」「逸」，尚雅卑俗。他認為自己的寫作動機是「將恐風雅浸泯，輒欲商較以正其源」（《詩式》〈總序〉），主張詩歌創作應達到情性統一，重視詩歌的政治倫理教化功能，強調「識理」，反對「虛誕」，推舉「高古」，鄙棄凡「俗」，曾提

出「詩有七德」，其首要二德就是「識理」與「高古」。同時，他所提出的「十九體」中的貞、忠、節、志、德、誠、悲、怨、意等都偏重於詩歌的審美意旨。由此可知，皎然所讚許的「高古」「識理」和「高」「逸」與「古雅」是相通相近的。

司空圖在其《二十四詩品》中也推舉「高古」。他在《二十四詩品》〈高古〉中說：「畸人乘真，手把芙蓉。泛彼浩劫，窅然空蹤。月出東斗，好風相從。太華夜碧，人聞清鐘。虛佇神素，脫然畦封。黃唐在獨，落落玄宗。」所謂「畸人乘真，手把芙蓉」所描寫的人物形象，與昔者釋迦牟尼在靈山會上說法，手拈一朵蓮花，含著笑不說一句話，眾人不知所以，只有面面相覷，唯有迦葉尊者從中悟出佛法真諦，從而發出會心微笑的「拈花微笑」故事情景相似。而「泛彼浩劫，窅然空蹤」與「虛佇神素，脫然畦封」中的「泛」指經過、變過，「浩」指空間的廣闊，「劫」則指時間的悠長，「窅然」指渺然，「空蹤」指空留蹤跡，「脫」指超脫，「畦封」即疆界，指世俗。可見，這裡表現了一種超凡脫俗的審美意趣。「黃唐在獨，落落玄宗」中的「黃唐」，指黃帝和唐堯，「落落」，高超的樣子。對此，楊振綱《詩品解》引《皋蘭課業本原解》說得好：「追溯軒黃唐堯氣象，乃是真高古。」黃帝與唐堯時期，均為古代哲人所嚮往的純樸的太古，寄心於此，則自然而生遺世獨立和幽深玄妙之感。不難看出，司空圖所推舉的「高古」，包含有古淡、古樸、古雅、蒼古、率古等審美意味，乃是一種寧靜高遠、高雅脫俗、超然塵世、古趣瑩然的審美風貌和審美境界。

這以後，提及「古雅」或近似「古雅」風貌的，如高棅《唐詩品匯》〈總序〉評論陳子昂與柳宗元，認為前者詩歌創作「古風雅正」，後者詩歌創作「超然復古」。謝榛在《四溟詩話》中則推重「初唐、盛唐諸家所作」，「有雄渾如大海奔濤，秀拔如孤峰峭壁，壯麗如層樓疊閣，

古雅如瑤瑟朱弦」（卷三）。胡應麟在《詩藪》中評論韓愈與柳宗元時，也指出「韓詩」的審美風貌為「雄奇」，「柳詩」的審美風貌則為「古雅」：「韓之雄奇，柳之古雅，不能挽也。」南宋詞論家沈義父特別提倡「古雅」。他在《樂府指迷》中強調指出，詩詞創作，其審美風貌「當以古雅為之」，認為「吾輩只當以古雅為主」。可以說，對「古雅」審美風貌的推崇，是《樂府指迷》全書的美學精神。在沈義父看來，所謂「古雅」審美風貌，主要表現在藝術語言的表述方面，是創作主體通過遣詞擇語、煉字造句、選擇推敲、熔鑄錘煉以創構而成的。故而，他專訂「論詞四標准」，強調指出：「蓋音律欲其協，不協則成長短之詩；下字欲其雅，不雅則近乎纏令之體；用字不可太露，露則直突而無深長之味；發意不可太高，高則狂怪而失婉柔之意。」「纏令之體」之所以「不雅」，據蔡嵩雲《樂府指迷》〈箋釋〉的解釋，「纏令為當時通行的一種俚曲，其辭不雅馴，而體格亦卑，故學詞者宜以為戒」。這就是說，從體裁上說，纏令比較粗俗，所運用的語言也比較俚俗、淺顯，風貌與意趣庸俗、不健康、不雅，為文人雅士所瞧不起。由此，不難看出，沈義父主張「古雅」是與他的尚雅卑俗審美意識分不開的。也正是由於他尚雅卑俗，所以，他在品評詞人詞作時，都以「雅」為最高審美標準。如他讚揚周邦彥（自號清真居士）說：「凡作詞，當以清真為主。」認為周邦彥在詩詞審美創作中善於提煉字句，講究字法，注重傳神寫意，「且無一點市井氣，下字運意皆有法度，往往自唐宋諸賢詩句中來，而不用經史中生硬字面，此所冠絕也」，以周詞為他所標舉的「古雅」風範。所謂「用經史中生硬字面」，似指以辛棄疾為代表的一派詞人的詞作。沈義父認為辛派詞人用典生硬，而周邦彥的詞作則遣詞造句、傳神達意皆古雅而有法度，故而他強調詞創作應以周詞為最高審美境界。在他看來，吳文英的詩詞創作，則是以周

邦彥為典範，繼承並發揚了周詞雅化的審美傳統，「深得清真之妙」，其詞作符合「古雅」審美標準，無不雅之病。而康與之、柳永則既有雅化的優點，也有庸俗的不足之處：「句法亦多好處，然未免有鄙俗語」。施梅川的詞風也與此相同，由於讀唐詩熟，所以語言藝術具有雅淡的特色，但「亦漸染教坊之習」，故「間有俗氣」。孫惟信的詞作儘管「亦善運意」，但「雅正中忽有一兩句市井句，可憎」。蔡嵩云在《樂府指迷箋釋》中指出，沈義父所貶斥的具有「鄙俗語」「俗氣」「市井語」的詞風可以分為兩類：第一種是「市井流行語，所謂淺近卑俗者」；第二種是教坊用語，所謂「批風抹月者」。蔡嵩雲認為，「南宋人論詞，以雅正為歸」，故「淺近卑俗」的「市井流行語」與「批風抹月」內容的詞作詞風，「宜乎在屏棄之列」。

　　的確，南宋的詩詞理論家，許多都以「雅正」為最高審美標準，鄙棄卑俗、庸俗之作，推崇「古雅」審美風貌。如張炎就極力提倡「古雅」，尚雅鄙俗。他在《詞源》〈序〉中，一開始就鮮明地表述自己的審美標準與審美理想是「雅正」風範，說：「古之樂章、樂府、樂歌、樂曲，皆出於雅正。」而之所以要撰寫《詞源》，乃是「嗟古音之寥寥，慮雅詞之落落」，即要倡導古風、弘揚「雅正」美學精神，追求「古雅」之境。他在《詞源》〈清空〉一節中說：「詞要清空，不要質實；清空則古雅峭拔，質實則凝澀晦昧。姜白石詞如野雲孤飛，去留無跡。吳夢窗詞如七寶樓台，眩人眼目，碎拆下來，不成片斷。此清空質實之說。」這裡將「古雅」與「峭拔」並列，並以之來表述「清空」的審美特徵，指出，「古雅」即為「清空」的重要審美特色。所謂「清空」，張炎舉姜白石詞為例，認為其「《疏影》《暗香》《揚州慢》《一萼紅》《琵琶仙》《探春》《八歸》《淡黃柳》等曲，不惟清空，又且騷雅，讀之使人神觀飛越」。「清空」又與「意趣」相連。在《詞源》〈意趣〉一

節中，張炎又舉蘇軾《水調歌頭》〈明月幾時有〉《洞仙歌》〈冰肌玉骨〉，王安石《桂枝香》〈登臨送目〉，姜白石《暗香》《疏影》為例，認為「此數詞清空中有意趣，無筆力者未易到」。由此可見，其所標舉的「清空」，乃是一種清澄透靈、空明峭拔的「古雅」之境。表現在詞作中，即為清新、高雅、峭拔、虛明、空靈，如「野雲孤飛，去留無跡」，如光風霽月，朗照如如。正如司空圖《詩品》〈高古〉所描繪的，是「虛貯神素，脫然畦封。黃唐在獨，落落玄宗」。在這種虛靈古雅、古趣晶瑩的境界中，人的心靈超越於人世羈絆，寄心於太古之時，徜徉於寥廓之間，意與象、情與景、心與物相交相融，生命於瞬間獲得永恆。清代詞論家沈祥龍說得好，所謂「清空」，是「清者不染塵埃之謂，空者不著色相之謂，清則麗，空則靈，『如月之曙，如氣之秋』，表聖品詩，可移之詞」（《論詞隨筆》）。詞論家賙濟則就「空」「實」發表議論說，「空則靈氣往來」，「實則精力彌滿」（《介存齋論詞雜著》）。袁枚《隨園詩話》卷四云：「先生有《蓮塘詩話》，載初白老人教作詩法云：『詩之厚在意不在辭，詩之雄在氣不在句，詩之靈在空不在巧，詩之淡在妙不在淺。」「清者不染塵埃」「空則靈」「空則靈氣往來」「詩之靈在空不在巧」，都表明，「清空」或「古雅」之境是以無載有，以靜追動，是虛廓心靈，澄徹情懷，空諸一切，心無罣礙，無物無我心境的物態化；是「空潭瀉春，古鏡照神」；是勃鬱盎然的春意瀉落於淵深澄澈的潭水裡，風采照人的神情映照在古雅鋥亮的明鏡中；是無垠的自然世相與不息的生命勃動化入虛靈空廓的心靈之中的藝術昇華。故而「清空」表現出遠闊、空靈、清幽、超妙的「古雅」風貌。即如劉永濟所指出的：「清空云者，詞意渾脫超妙，看似平淡，而義蘊無盡，不可指實。其源蓋出於楚人之騷，其法蓋由於詩人之興；作者以善覺、善感之才；遇可感可覺之境，於是觸物類情而發於不自

覺者也。惟其如此，故往往因小可以見大，即近可以明遠。」（《誦帚論詞》）又如劉慶雲《試論張炎〈詞源〉對後世詞論的影響》所指出的：「清空乃是指攝像須善於取神遺貌，行文疏快，意境空靈超越，語言工致淡雅，自有一股不染塵俗之清氣流於其間。」[1]在他看來，「清空」之境，乃是由於清氣充盈，富有高情遠致，故能使接受者在欣賞過程中自致遠大，自達無窮，精神境界獲得昇華。

　　如前所說，張炎推崇「清空」，追求「古雅」之境，是與他主張尚雅隆雅的審美觀分不開的。他標舉「雅正」，主張繼承「騷雅」，即「風雅」傳統美學精神，反對柔媚、香豔、婉約的詞風，認為那些專寫男歡女愛情思的詞作背離了「風雅」傳統，庸俗、低級，不能登大雅之堂。據曾隨他學習詞法的元代詞論家陸行直在《詞旨》〈序〉中所說：「予從樂笑翁（張炎的號）游，深得奧旨制度之法，因從其言，命詔暫作《詞旨》……」表明《詞旨》一書是奉張炎的要求撰寫的。而《詞旨》的核心美學精神即為「雅正」。如其自敘云：「夫詞亦難言矣，正取近雅，而又不遠俗。」又云：「周清真之典麗，姜白石之騷雅，史梅溪之句法，吳夢窗之字面，取四家之所長，去四家之所短，此樂笑翁之要訣。」由此，也可以看出張炎尚雅隆雅的審美意趣和審美理想。張炎在《詞源》〈雜論〉中說：「詞欲雅而正，志之所之，一為情所役，則失其雅正之音。耆卿、伯可不必論，雖美成亦有所不免，……如『又恐伊尋消問息，瘦損容光』；如『許多煩惱，只為當時，一餉留情』；所謂淳厚日變成澆風也。」這裡為他所鄙棄的「情」，就是特指那種綺靡庸俗之情。在張炎看來，周邦彥（字美成）亦不能免俗。至於柳永、康與之等詞人更是專寫豔情，詞風香豔，屬於不雅的「澆風」淫詞，他

<hr />

1　轉引自趙小蘭：《宋人雅詞原論》，巴蜀書社1999年版，第345-346頁。

曾批評周邦彥的詞作，認為「於軟媚中有氣魄」，但「惜乎意趣都不高遠。所以出奇之語，以白石騷雅句法潤色之，真天機雲錦也」（《詞源》〈雜論〉）。這裡所謂的「意趣」，即為繼承「風雅」傳統美學精神的「憂生」「憂世」的審美意趣和審美追求。從其崇尚「雅正」的審美意趣出發，張炎在《詞源・賦情》一節，極力提倡詞作應追求「騷雅」之境。他說：「簸弄風月，陶寫性情，詞婉於詩，蓋聲出鶯吭燕舌間，稍近乎情可也。若鄰乎鄭衛，與纏令何異也。如陸雪溪《瑞鶴仙》……皆景中帶情，而有騷雅。故其燕酣之樂，別離之愁，回文、題葉之思，峴首、西州之淚，一寓於間。若能屏去浮豔，樂而不淫，是亦漢魏樂府之遺意。」他認為，表現風花雪月、「陶寫情性」，是詞作審美特色的一個方面，也是詞作的長處，但「陶寫情性」必須體現「騷雅」傳統美學精神，應「屏去浮豔，樂而不淫」，怨而不怒，合度中節，中和適度，把握好分寸。同時，「意趣」必須高遠。表現手法，也應追求含蓄縕，「景中帶情」，情景交融，「淡語有味」，而不應直露、平鋪。總之，既要符合「雅正」審美風範，要「意趣」高遠，委婉含蓄，乍合乍離，煙水迷離，水月空靈，意度超玄，情景交爍，如「天機雲錦」，以給讀者「神觀飛越」的審美享受。

張炎以後，提倡「古雅」之境的文藝理論家很多，如王世貞在《藝苑厄言》中稱「擬古樂府」「須極古雅」；費經虞在《雅論》中則認為詩歌創作中遣字煉句要「清潤俊逸」「古雅微妙」等等。一直到近代，王國維更是將「古雅」作為一個重要的美學範疇，對之作了非常具體的闡述，並「直接引導」了他的《人間詞話》的寫作。

## 第二節　「古雅」說的美學意旨

儘管歷代文藝理論家對「古雅」的看法各有不同，但總的看來，「古雅」說包括有三個層次的內涵：

首先，「古雅」說主張意趣貴高。南宋張表臣在《珊瑚鉤詩話》中說得好，「推明政治，莊語得失，謂之雅」；「高簡古澹，謂之古」。這裡就指出，所謂「雅」，應基於「雅者正也」的「風雅」傳統美學精神，在文藝創作中立意於綱紀人倫、敦厚禮教的審美理想。藝術語言表達方面，則應莊重含蓄，以彰明得失，針砭時弊。而所謂「古」，則表現為高遠、疏淡、空靈、超妙。要達到此，必須先立意正志。即如韓駒所說：「詩言志，當先正其心態。心態正，則道德仁義之語，高雅淳厚之義自具。」（《陵陽室中語》）只有立意遠，詩文創作才可能達到簡淡高遠、興寄超妙之境。提倡「雅正」「清空」「古雅」說的張炎就特別注重立意，強調「詞以意為主」。他品評詞作的最高審美標準即是「雅正」「清空」「意趣高遠」，並特別讚揚姜夔的詞作，認為其詞作意蘊圓融，融凝著「騷雅」的情思意趣，是「清空」「古雅峭拔」的審美典範。作為張炎的好友，姜夔也主張詩歌創作「意格欲高」。他在《白石道人詩說》中說：「詩有四種高妙：一曰理高妙，二曰意高妙，三曰想高妙，四曰自然高妙。」這裡所說「理」「想」，都可以包容到「意」中，可見他對於「意」的推重。只有立意高，詩歌創作才能達到「古雅」「峭拔」之境，因此「古雅」說非常強調創作主體的才識學力，認為創作主體的意趣情性必須純正，品德高尚，識見高超，立志於世道人心，才能在詩歌創作中達到高遠、超妙、空靈的「古雅」之境。對此，可以追溯到孔子的「有德者必有言」，孟子的「集義」「養氣」，董仲舒的「志和而音雅」，劉勰的「必先雅制」「文以行立，行以文傳」，

裴行儉的「士之致遠，先器識而後文藝」（《舊唐書》〈王勃傳〉），以及中國美學所謂的「詩以言志」「畫以立意」「樂以象德」「文以載道」「書以如情」、言以明心、言以顯德的主張，都強調創作主體必須「才、膽、識、力」兼備。在中國美學看來，文藝作品的審美意旨及其審美價值同創作主體的人品有著密切的關系，有什麼樣的人品就有什麼樣的詩品和文品。魏了翁說：「氣之薄厚，志之大小，學之粹駁，則辭之險易正邪從之，如聲音之通政，如蓍蔡之受命，積中而形外，斷斷乎不可掩也。」（《攻媿樓宣獻公文集序》）文藝作品是創作主體心靈化的產物，是主體個性精神的傳神寫照，作品審美意境中所蘊藉的是「氣」「志」「學」，「積中而形外」，由「氣」「志」「學」則可以觀照到「人」，亦即人的品格、審美理想、道德情操和精神面貌。劉勰認為，審美創作是「原道心以敷章」，是「心生言立」「吐納英華」。審美創作是主體的心靈觀照與物態化的過程，是審美主體根據自己對自然、人生的獨特見解和審美取向，從個性的心靈模式出發，去選取那些與自己的心靈同條共貫、意斷勢聯，從表層到深層多重共通的東西，以發現和把握最適應自我的藝術傳達媒介的過程。即如司空圖所說：「大用外腓，真體內充」（《詩品》〈雄渾〉），也如王夫之所說：「內極才情，外周物理。」（《薑齋詩話》卷二）是的，「嚴莊溫雅之人，其詩自然從容而超乎事物之表」（宋濂《林伯恭詩集序》）客觀景物審美特徵的發現和重構「必以情志為神明」，離不開創作主體的「情之所賞」（李善《文選注》卷二十二）。「若與自家生意無相入處」（劉熙載《藝概》〈賦概〉），沒有審美主體的介入，則不可能有含英咀華的審美創作，也不可能有「高格」「高調」和「意趣高遠」的「古雅峭拔」審美風貌，和「使千載雋永常在頰舌」的審美效應。文藝審美創作是作為主體的人的本質力量的對象化，是作為主體的人的審美認識的結晶體，因

而，如《文心雕龍》〈知音〉篇所指出的：「世遠莫見其面，覘文輒見其心。」作為這一過程的物態化成果的文藝作品必然帶著屬於主體自己的獨特的心靈印記，必然要體現出創作主體的「文德」，也即其品性與氣格。

同時，中國美學認為，人道為體，文道為用，體用合一，文道合一。因此，隨著創作主體的人品價值向文藝作品審美價值的轉化，那麼，透過文藝作品則能在一定程度上考察出創作主體人品與「文德」價值的高低。「人品高，則詩格高；心術正，則詩體正」。審美創作主體的人品對文藝作品審美價值的影響是非常顯著的。和順積於中，英華發於外，「有第一等襟袍，第一等學識，斯有第一等詩。」（沈德潛《說詩晬語》卷上）胸襟高，立志高，見地高，則命意自高，審美理想及其審美情趣也高，其創作出的作品，自然光明而俊偉。屈原「志潔行廉」，「驚才風逸，壯志煙高」，故其詩作具有「蟬蛻濁穢之中，浮游塵埃之外，皭然泥而不滓」的審美特徵，其審美價值和所達到的審美境界可「與日月爭光」，「金相玉式，豔溢錙毫」（劉勰《文心雕龍》〈辨騷〉），為後人樹立了偉大的榜樣。即如劉勰在《文心雕龍》〈辨騷〉中指出的，其審美創作「體慢於三代，而風雅於戰國，乃《雅》《頌》之博徒，而詞賦之英傑。」「觀其骨鯁所樹，肌膚所附，雖取熔經意，亦自鑄偉辭。」認為其作品：「氣往轢古，辭來切今，驚采絕豔，難與並能。」並「贊」曰：「不有屈原，豈見《離騷》？驚才風逸，壯志煙高。山川無極，情理實勞。金相玉式，豔溢錙毫。」在劉氏看來，屈原之所以能取得傑出的藝術成就，是與其偉大人品分不開的。陶淵明具有「曠而且真」的胸懷，「貞志不休」的情操，故「其文章不群，辭彩精拔，跌宕昭彰，獨超眾類」（蕭統《陶淵明集序》）。杜甫「篤於忠義，深於經術，故其詩雄而正」；所以說，「學之不至，不能研深雅奧」（韓元吉

《南澗甲乙稿》卷十四），則不可能在審美創作中達到「古雅」之境。可見，審美創作主體只有加強自己本身的修養，通過積學與研閱以砥礪人格，洗濯襟靈，加強道德情操的修養，使自己具有高尚的品德和氣節，以增強對整個人類的幸福、前途、憂患、命運的審美洞察力和審美理解力，完善其人品與審美個性心理結構，方能創作出藝術的精品。劉勰説：「文以行立，行以文傳。」（《文心雕龍》〈宗經〉）揭傒斯説：「學詩必先調變性靈，砥礪風義，必優游敦厚，必風流蘊藉，必人品清高，必精情簡逸，則出辭吐氣，自然與古人相似。」（《詩法正宗》，《詩學指南》卷一）彭時説得好：「格有高下，詞有清新、古雅、富麗、平淡之殊。皆繫乎其人之所養與所學何如也。學博而養正，詩有不工者哉？」（《蒲山牧唱集序》）審美創作主體個性中的人品價值是創構「古雅」之境的根本，人品高尚自然是能創構出「古雅」之境的基本保證之一。

　　其次，「古雅」説主張意趣貴新。中國美學求新重變。《易》〈繫辭上〉云：「生生之謂易。」「生生」即生生相續，一個生命滋生出另一個生命，每個生命都是一個實體，生命本身可以滋生新的生命，在新的生命中又可滋生出「新新生命」，以至無窮。可以説，《易傳》這種強調生生變易為恆久之道的思想正好體現了中國美學求新務變的特點。中國美學所説的「古」，其含義主要有兩種：一是就時間的悠長久遠而言，意指古代；一是就意蘊的深厚、高妙而言，意指古樸高遠的藝術境界。「古雅」之「古」，應是兩種含義兼而有之。如就藝術境界而言，即指古淡、古樸、古拙、蒼古、高古、亙古；如就「古雅」之境的創構而言，則為第一種含義，為師古，通古，不是要求「復古」，而是通古貫今，以創構新穎獨特、充滿生命活力的藝術之境。即詩文創作構思必須融匯古今，不能不古而今，更不能襲古人語言之跡，冒

以為古。所謂「詩不可有我而無古，更不可有古而無我。典雅、精神，兼之斯善」（劉熙載《藝概》〈詩概〉）。陸機《文賦》曾經指出，詩文創作應「收百世之闕文，采千載之遺韻。謝朝華於已披，啟夕秀於未振」。劉勰《文心雕龍》〈通變〉也指出：「文律運周，日新其業。變則其久，通則不乏。」在劉勰看來，「設文之體有常，變文之數無方，何以明其然邪？凡詩賦書記，名理相因，此有常之體也；文辭氣力，通變則久，此無方之數也。名理有常，體必資於故實；通變無方，數必酌於新聲；故能騁無窮之路，飲不竭之源」（《文心雕龍》〈通變〉）。在詩文創作中，有一種不變的美學精神，這就是「通」；還有一種生生不息的審美追求，這就是「變」，只有「通」中求「變」，常中有變，正中有奇，以古為今，以故為新，以俗為雅，盡得古今之勢，日新其業，從而才能創構出「古雅」之境。

　　蕭子顯說得好，詩文創作「若無新變，不能代雄」（《南齊書》〈文學傳論〉）。韓愈指出：「惟陳言之務去。」（《答李翊書》）李德裕也指出：「辭不出於《風》《雅》，思不越於《離騷》，模寫古人，何足貴也？」（《文章論》）在他看來，詩文創作「譬諸日月，雖終古常見，而光景常新，此所以為靈物也」（《文章論》）。詩文創作審美經驗的獲得，必須經過一個相循、相因、相榮、相通、相變而化古通今的過程，必須「斟酌乎質文之間，而櫽括乎雅俗之際」（劉勰《文心雕龍》〈通變〉），而絕不可「競今疏古」，趨時附俗。

　　時世推移，光景常新，文風多變，然而詩文創作中表情達意，「名理相因」。歷代文藝理論家、詩文作者對人的生存意義、人格價值和人生審美境界的探尋與追求，並由此而獲得的美學精神必定會穿透並照亮文字與歷史。所謂「設文之體有常」，而「通變」之數「無方」，故而，在詩文創作中必須「資於故實」，「酌於新聲」，「望今制奇，參古

定法」，「斟酌質文」，「括雅俗」（均見《文心雕龍》〈通變〉），以星懸日揭，照耀太虛，渾樸古雅，光景常新。詩文創作應追求「意新」「辭奇」，追求「古雅」「渾樸」，但同時，又必須做到「新而不亂」「奇而不黷」「古而不泥」，只有通古今之變，才能變而不失其道。歐陽修《六一詩話》說：「聖俞嘗語余曰：『詩家雖率意，而造語亦難。若意新語工，得前人所未到者，斯為善也。』」胡仔《苕溪漁隱叢話》說：「學詩亦然，規摹舊作，不能變化自出新意，亦何以名家？魯直詩云：『隨人作計終後人。』又云：『文章最忌隨人後。』誠至論也。」又引徐俯語云：「作詩自立意，不可蹈襲前人。」周輝《清波雜誌》說：「為文之體，意不貴異而貴新，事不貴僻而貴當，語不貴古而貴淳，事不貴怪而貴奇。」呂祖謙《古文關鍵》認為，詩文創作應求新，主張「意深而不晦，名新而不怪，語新而不狂，常中有變，正中有奇。題常則意新，意常則語新」。李東陽在《懷麓堂詩話》中指出：「詩貴不經人道語。自有詩以來，經幾千百萬人，出幾千萬語，而不能窮，是物之理無窮，而詩之為道亦無窮也。」李漁在《窺詞管見》中也指出，詩文創作「莫不貴新，而詞為尤甚。不新可以不作。意新為上，語新次之，字句之新又次之。所謂意新者，非於尋常聞見之外，別有所聞所見，而後謂之新也」；「意新語新而又字句皆新，是謂之諸美皆備」。詩文創作必須求新，具有獨創性，「自有一定之風味」，能自馳騁，不落蹊徑，「優美及宏壯必與古雅合」（王國維語），從而其文藝作品才具有獨特的審美價值。

然而，求新，必須「會通」，「通則可久」。知新變而不知「通變」，「近附而遠疏」，「齪齪於偏解，矜激於一致」（《文心雕龍》〈通變〉），這樣去追新求變，必然會導致「雖獲巧意，危敗亦多」，「習華隨侈，流遁忘返」（《文心雕龍》〈風骨〉），因此，「古雅」說中包含著「通變」

精神。

　　我們從王國維的「古雅」說中，也可以發現其對「通變」精神的重視。在《古雅之在美學上之位置》文中，王國維認為，「一切之美皆形式之美」。同時，他還提出美的「第一形式」與「第二形式」，而「古雅」則屬於美的「第二種之形式」。他指出「一切形式之美」都必須經過這「第二種之形式」，從而才能使「美者愈增其美」。他說：「自然但經過第一形式，而藝術則必就自然中固有之某形式，或所自創造之新形式，而以第二形式表出之。」「雖第一形式之本不美者，得尤其第二形式之美（雅）而得一種獨立之價值。」「繪畫中之佈置屬於第一形式，而使筆使墨則屬於第二形式，凡以筆墨見賞於吾人者，實賞其第二形式也。……凡吾人所加於雕刻、書、畫之品評，曰神、曰韻、曰氣、曰味，皆就第二形式言之者多，而就第一形式言之者少。文學亦然。古雅之價值大抵存於第二形式。」不難看出，王國維「古雅」說所強調的美之「第二形式」，其精神實質與劉勰所說的「通變則久」的「文辭氣力」相似。就屬於「古雅」這種「第二形式」的「使筆使墨」而言，看似指中國書畫藝術中用筆、用墨等形式方面的問題，實際上還是涉及書畫藝術中的生命意識體現。中國書畫藝術同源，都注重線條表現，線條的偃仰、開合、起伏、避就、跌宕等運動，有如音樂的旋律，展現著生命的節奏。中國書畫藝術講究用筆，「一畫含萬物於中。畫受墨，墨受筆，筆受腕，腕受心」（石濤《苦瓜和尚畫語錄》，以下石濤語同此），線條貫通宇宙、界破虛空，鑿破質實，即如石濤所說：「墨能栽培山川之形，筆能傾覆山川之勢，未可以一丘一壑而限量之也。」筆走龍蛇、活潑飛動、寓含生機的線條，就是不息的生命之流，而決不是單純的空間、無意味的形式。石濤說：「墨非蒙養不靈，筆非生活不神。」在他看來，中國畫是「從於心者也」，「形天地萬物者

也」，是畫家「借筆墨以寫天地萬物而陶泳乎我也」。繪畫所體現的是
宇宙萬物中的生命律動，因此，「使筆使墨」必須活潑流動，風神凜
凜，生機勃勃，要有一股盎然生意蘊藉於中。所謂心隨筆轉，筆因意
活，筆法中只有飽篤活潑風致，才能使萬物含生，氣脈貫通，綿延不
絕。

　　正由於「古雅」説「求通」「求變」，重視高古、古樸，要求返樸
歸真，回覆到亙古的生命之本，體驗並汲取原初生命的靈氣，飽覽人
間春色，以獲取活躍的生命力，並化歸於沖淡、「古雅」，因而「古雅」
説特別強調創作主體的學識、人品。要在書畫藝術創作中達到「古雅」
之境，書畫家必須要有極高的知識修養和審美實踐經驗，要有高情雅
緻，「人格誠高，學問誠博」[2]，其「使筆使墨」，才具有「神韻氣味」。
故而，王國維認為，「古雅之力」，為「後天的、經驗的也」。即如佛雛
所指出的，屬於「第二種形式」的「古雅」，其充滿生氣、靈氣的「使
筆使墨」中既表現著藝術家自身的意願、情感，同時又「蘊含著傳統
倫理、時代精神以及個人品格諸方面的內容」[3]。既染於世情，又繫乎
時序，「名理相因」，古今融匯。正由於此，所以「古雅之致存於藝術
而不存於自然」「同一形式也，其表之也各不同。同一曲也，而奏之者
各異；同一雕刻繪畫也，而真本與摹本大殊。詩歌亦然。」[4]也正由於
此，所以王國維的「古雅」説特別強調藝術家的修養。他説：「藝術中
古雅之部分，不必盡俟天才，而亦得以人力致之。苟其人格誠高，學

2　以上所引王國維文均見其《古雅之在美學上之位置》，載北京大學哲學系美學教研究
　　室編《中國美學史資料選編》，中華書局1981年版。

3　佛雛：《王國維詩學研究》，北京大學出版社1987年版，第103頁。

4　王國維：《古雅之在美學上之位置》。

問誠博，則雖無藝術上之天才者，其製作亦不失為古雅。」[5]這裡就強調指出，「古雅」之境的構築，離不開藝術家的品格、學識。王國維極其重視藝術創作主體的人格、胸襟及其藝術修養。在他看來，「內美」與「修能」二者不能缺一。在《人間詞話》中，他曾以蘇軾和辛棄疾為例，說：「東坡之詞曠、稼軒之詞豪，無二人之胸襟而學其詞，猶東施之效捧心也。」又說：「讀東坡、稼軒詞，須觀其雅量高致，有伯夷、柳下惠之風。白石雖似蟬蛻塵埃，然終不免侷促轅下。」意思是說，蘇軾、辛棄疾都具有高尚的人品和胸襟氣度、雅量高致，有伯夷、柳下惠的高風亮節、超凡脫俗，故而才有詞風的曠達、豪放。而姜夔雖然看起來具有不俗之慨，實際上卻有格而無情，遠遠地遜於蘇辛。之所以存在這樣的區別，主要就在於胸襟氣度的高下不同。故而「無高尚偉大之人格」，則不可能創作出「高尚偉大之文學」[6]。

---

5　王國維：《古雅之在美學上之位置》。
6　王國維：《古雅之在美學上之位置》。

下編

　　就其所包容的具體的審美意蘊來看，作為一對相反相成的範疇，「雅」與「俗」均涉及人生與藝術等兩個層面，人們不但喜歡用這對範疇來品評文藝創作主體人品、作品品格、欣賞者品位的層次高下，而且經常運用這對範疇來評介人生境界與人格修養的高低，因此，要較為深刻地認識這對範疇，就必須從文藝美學與人生美學這兩個層面切入。就文藝美學來看，「雅」與「俗」的區別還涉及藝術表達與文體方面的內容，由此而擴展到人生與藝術以及思想文化層面。對「雅」與「俗」審美觀念，歷來看法不同，一直爭論至今，從而形成隆雅卑俗、雅俗並舉、化俗為雅和以俗為雅、雅俗共賞等雅俗之辨、雅俗之爭的歷史。

第一章

# 先秦：雅俗審美意識的濫觴

　　可以說，從中國美學史看，不論就人生美學所主張的人格風範與
人生審美境界，還是就文藝美學範圍而言，「雅」與「俗」的關係都是
既相互對立，又相互統一的。它們相互比照、相互存在，既相互較
量，又相互滲透、相互借取，並在一定條件下相互融匯、相互轉化。
在文藝美學看來，「雅」與「俗」還可以通過文藝審美創作，在文藝創
作主體的努力下兼融一起，達到雅俗共賞。中國傳統審美意識的發
展，離不開「雅」與「俗」的相輔相成，當代審美意識的發展也是如
此。這種觀點不僅適用於說明「雅」與「俗」審美意識不可忽視的作
用，也適用於說明由「雅」與「俗」審美意識必然引起的相關美學理
論研究。

## 第一節 「雅」與「俗」的分野

作為審美範疇,「雅」與「俗」其語義本身就是相對的,蘊藉著極為濃重的褒貶意味,表現出價值體系和社會群體的差異。如雅正與鄙俗、正統與淫俗、雅緻與淺俗、文雅與粗野、典雅與庸俗等高低、精粗之分,就鮮明地體現出「雅」與「俗」的對立與褒貶。

就價值體系的差異而言,「雅」與「俗」的區別首先表現為主流文化與菁英審美意識和大眾審美意識之間的疏離與對抗。在中國古代,長時期之內,「雅」都是士大夫階層的審美追求,而「俗」則屬於平民百姓的、下層的。因此,「雅」的審美追求與審美意趣包含著對「俗」的審美情趣的批判,和「俗」對「雅」的抗拒。就文藝思想來看,「雅」「俗」之別與「雅」「俗」分野主要源於儒家美學思想的作用,並由此而使「雅」「俗」之間的疏離與對抗表現出強烈的倫理與政治教化傾向。

故而,在歷史上,「俗」是不能登大雅之堂的,文人士大夫對它多持輕視態度;由於歷代「俗」文藝創作者和接受者多為缺少優裕生活條件與更高文化素養的下層民眾,因而有關「俗」文藝及相關美學理論在中國古代的發展更為艱難曲折。但是,無論是審美創作,還是審美情趣與審美追求中,一些比較重視甚至推崇「俗」文藝的中上層士大夫文人,或者淪落下層而有一定美學修養的「俗」文藝的作者與理論家,都為後人留下了大量的有關「俗」文藝的美學思想,以形成中國古代「俗」文藝審美意識,它們和「雅」的美學思想相互補充,體現著人們在文藝創作中的不同審美取向。

有了「雅」與「俗」的分野,自然也就形成「雅」與「俗」的衝突和對抗。這種衝突和對抗最早體現在詩歌和音樂藝術門類之中。

　　如前所述，和「雅」相對，作為一種文藝品類，「俗」在中國古代一直被用來指代平民百姓的審美取向與審美情趣。所謂「俗」文藝以及有關「俗」文藝的美學思想在先秦就已經濫觴。中國古代早就有「飢者歌其食，勞者歌其事」（何休《春秋公羊傳解詁》〈宣公十五年〉）的說法，和對「俗樂」的理性認識。《詩經》中的許多詩句實質上是從審美追求、審美創作、審美欣賞的視角對「俗樂」審美經驗的描述。如〈魏風〉〈園有桃〉中的「心之憂矣，我歌且謠」，〈魏風〉〈葛屨〉中的「維是褊心，是以為刺」，就是表明創作「俗樂」的動機的；〈小雅〉〈正月〉對語言在交往中表現的不同審美效用和如何建構成有藝術魅力的詩歌作品的結構作了理論意義的表述，詩中不但指出「好言自口，莠言自口」，還指出自己將義憤表現到詩篇中是「維號斯言，有倫有脊」，可以把自己的遭遇和情志表現得具體型象，生動感人；〈小雅〉〈板〉中的「辭之輯矣，民之洽矣；辭之懌矣，民之莫矣」，則明顯帶有以「俗」的審美主張來批評「雅化」給作品帶來的僵化結果。

　　前面已經論及，在周代前期所採集的詩歌數以千計，到孔子加以刪改並編訂時，選編了三百多篇。周王朝和諸侯在多種場合要演唱這些詩篇，從而將詩樂合稱，分為「雅樂」與「俗樂」，就其文辭而言，也就是「雅」詩與「俗」詩。實質上，這也就是根據審美理想的「雅」「俗」差異而區分的「雅樂」與「俗樂」，分別代表著「雅」與「俗」審美追求的最初形態。

　　在漫長的古代美學思想發展史中，受中國傳統禮樂文化的影響，「雅」與「俗」審美觀念的對峙突出地體現為階級的分野：「雅」的，屬於統治階級貴族、士大夫階層；「俗」的，則屬於被統治階級、平民百姓的，表現出一種道德與政治教化的對峙。就文藝審美要求而言，「雅」與「俗」的區別既有語言風格、藝術格調方面的內容，也有意蘊

方面的內容。但總的來講，從言志緣情的藝術本質而言，《尚書》〈堯典〉中的「詩言志，歌永言，聲依永，律和聲，八音克諧，無相奪倫，神人以和」，既是對「雅樂」「俗樂」總的審美規範，也是對「雅」「俗」文藝創作共有審美特性的認識。對「倫」「和」「諧」「序」的審美要求在先秦典籍中多有體現。《詩經》〈小雅〉提倡「出言有章」，《周易》提倡「言有序」。《周易》一書中吸收民間歌謠與吉凶諺語甚多。它的「立象以盡意」的表達方式與評斷吉凶的文辭，對「雅」與「俗」審美觀念的形成和發展產生了深遠的影響。《周禮》中不但記述有三《易》演變的過程，而且在《大師》一則中記述先秦如何「教六詩」，列舉了風、賦、比、興、雅、頌。後來孔穎達在為《詩大序》作疏時說：「賦、比、興是詩之所用，風、雅、頌是詩之成形。是故同稱為義，非別有篇卷也。」「形」與「用」相區別，又相聯繫，這就為瞭解《詩經》《周易》《周禮》所包含的文藝審美創作思想的特殊性與共同性提供了一個基礎要求。

## 第二節　「雅」「俗」相通

在中國美學史上，「雅」與「俗」是既相互對立，同時又相互統一的。就文藝美學來看，「雅」文藝最初都是由「俗」文藝而來的。所謂「詩作民間」（王充《論衡》〈對作〉）；「小說家者流，……街談巷語，道聽塗說者之所造也」（班固《漢書》〈漢文志〉）。如《詩經》中的絕大多數詩篇，最早都來自民歌民謠，是「王者所以觀風俗，知得失」（《漢書》〈漢文志〉），而派「采詩之官」到民間蒐集而來的。如〈國風〉上〈周南〉〈召南〉中的〈關雎〉〈采〉〈采蘩〉等詩篇，原本就是民間鄉樂，後來在宮廷中被採用為「房中樂」，同時也用於宮廷中低於大饗

一級的燕飲活動，在宮廷外也有卿大夫用於宴享士庶的。周代郊、廟、燕、射之樂，原本沒有統一的名稱，到春秋、戰國時期才開始被稱為「雅樂」或「雅頌之聲」。據《論語》〈子罕〉記載，孔子曾說：「吾自衛反魯，然後樂正，《雅》《頌》各得其所。」可見，孔子曾對《詩經》中所收集的民歌民謠進行整理，以化俗為雅、以俗為雅。而「雅樂」則是從「雅」「俗」的對立、對舉，以及「先王之樂」與「鄭衛之音」的對峙中而得名的。這點還可以從「雅頌之聲」的稱謂起於《詩經》編輯成書以後得到證明。

　　秦、漢以後，所謂的「雅樂」，也包含有源於民間的「俗樂」。當時的「雅樂」，特別是開國之初，不能歌頌前代功德，故而必須重新創作。其餘，則多取舊樂改名、填詞，用作本朝的「雅樂」。例如，秦代改稱《武》樂為《五行》，漢代改稱《韶》樂為《文始》等。但由於歷經改朝換代的長期動亂，舊有的「雅樂」多已遺失，漢代據傳僅存周代的《韶》《武》二曲，所以只能收集新的民歌民謠，以重新整理創作。這樣，其時所謂的「雅樂」中，大多為吸取與改編整理過的民間音樂，是化俗為雅、以俗為雅的結果。如漢初就採用《大風歌》和《巴渝舞》入「雅樂」；南北朝的「雅樂」是「陳、梁舊樂，雜用吳、楚之音；周、齊舊樂，多涉胡戎之伎」（《舊唐書》〈音樂志〉）；隋初，曹妙達受命所教習的「雅樂」，以及其時迎神用的《元基曲》，獻奠登基用的《傾杯曲》，都源自民間「俗樂」。

　　的確，就藝術意味的精純、藝術魅力的厚重和藝術水平的高低而言，「雅」文藝遠遠地超過「俗」文藝。因為，「詩以言志」「畫以立意」「樂以象德」「文以載道」「書以如情」，文藝創作是主體心靈的觀照與物態化的過程，是創作主體根據一定的精神需要和審美需要，從個體的審美心理特徵出發，含英咀華，去選取那些深深烙印著自己心

靈意蘊的東西，以發現最能適應主體意識的審美對象的精神內涵和恰如其分的表現審美意蘊的符號載體的過程。是「以至敏之才，而做至純底功夫」（朱熹《朱子語類》卷一百〇四），需要「內極才情，外周物理」（王夫之《姜齋詩話》卷二）；故而，創作主體必須「才」「識」「膽」「力」超人，既有天賦之才，又有豐富的知識和審美經驗，應有「獨聞之聽，獨見之明」，對宇宙萬物「洞徹無礙」，能從微塵中見出大千，一瞬間見出永恆，能通過自然萬物的色彩、線條、聲音、結構、形體、姿態等直達宇宙的生命本原，以領悟到其內部生命意蘊，捕捉到藝術的精靈、美的意旨，並將其藝術地表現出來。由此可以說，士大夫文人出身的文藝家所創作的文藝作品，自然較一般民歌民謠更為高級、特殊、典雅，其藝術水平自然也高於民間「俗」文藝。

但與此同時，我們也必須看來，生活才是藝術的源泉，離開了生活，藝術的生命力必定會枯萎。從歷史的發展的眼光來看，「俗」文藝與「雅」文藝總是相互影響、相互滲透、相互轉化的。一些「雅」的文藝作品最初都是地地道道的「俗」文藝。許多「俗」文藝精品，總是俗中見雅、大俗大雅、雅俗結合、雅俗共賞的。「俗」文藝的審美特徵正在於其民族化、大眾化、世俗化，其強大生命力也正在於「俗」。如春秋戰國時期「古樂」（雅樂）與「新樂」（俗樂）之爭，「新樂」由於受到廣大人民的喜愛，大有取而代之之勢，就連魏文侯這樣的統治階級的上層人物，聽新樂則不知倦，聽古樂則唯恐其臥（見《樂記》〈魏文侯〉）。與「雅正之聲」相對的「鄭衛之聲」，也是老百姓所喜聞樂見的。這是一股不可抗拒的潮流，也可以說是俗尚所致。這種俗尚是新而美的，它代表了歷史前進的方向，它加速了「禮崩樂壞」的過程。所以說俗、俗尚往往與新潮、時尚是聯繫在一起的。漢魏古詩所言的「新聲妙入神」，一語道破了新聲俗樂的審美特點。六朝的樂府民歌以

它「慷慨吐清音，明轉出天然」（《樂府詩集》卷四十五《太子夜歌》）的姿態向貴族文學的典雅又一次提出挑戰，一大批作家都熱衷於擬樂府，出現了被譽為「樂府獅象」的擬樂府的大家鮑照，又出現了「休鮑詩派」，「故大明、泰始中，休鮑美文，殊能動俗」（司空圖《二十四詩品》）。在「雅」與「俗」的較量中，「俗」又戰勝了「雅」。崇尚典雅的顏延之，把湯惠休的詩看作是「委巷中歌謠」，不過是不甘心自己的失敗罷了。從文學史的發展規律看，是民歌哺育了一代又一代的詩人，是「俗」不斷地向「雅」輸送新鮮的血液，「俗」比起「雅」來，不但更有創造性，而且更具有活力。不少文藝形式，最初都是民間創造的，後來文人雅士不斷地進行模擬，逐漸使得這種形式變得僵化，老百姓則丟棄這種形式，再創新的形式。所謂的「雅化」，從另一方面來說也是「雅」向「俗」的靠攏，是俗化。另外，「雅化」不可避免的命運就是僵化，這就是「雅」與「俗」的辯證統一關系，故而，真正具有新鮮活力的往往是「俗」文藝。「雅」文藝離開了「俗」文藝滋養，必定會喪失其充沛的藝術生命，而走向纖弱、雕琢和僵化，並由此而萎靡、沒落。正是由於看到「雅」「俗」之間的這種對立統一關系，認識到「雅」與「俗」既相互對立，又相互轉化，所以，歷來有見識的文藝理論家都「雅」「俗」對舉，既尚雅，也重俗。

## 第三節　對立統一的雅俗審美觀

由此可見，在中國美學思想史上，「雅」與「俗」審美觀念既相互對立、相互對舉，同時，又是相互統一、相互轉化的。司馬遷《史記》〈李斯列傳〉云：「隨俗雅化。」司馬貞《索隱》云：「閒雅變化而能通俗。」所謂「雅俗相移遷」（韓淲《澗泉集》卷一），「雅俗相和」（李

漁《窺詞管見》），「雅俗相兼」（王士禎《池北偶談》卷十四），「化俗為雅」（劉熙載《藝概》〈詩概〉），「借俗寫雅」，都是說「雅」與「俗」是互為轉化、辯證統一的，即雅俗相通、雅俗互映、雅不避俗、俗不傷雅、以俗為雅。這種審美觀念和古代哲學思想是分不開的，所謂「萬物負陰而抱陽」，自然萬物既對立又統一，處於互生、共生之中。世界上存在著多種多樣的「對立」關係，如有無、前後、大小、高下、難易、進退、生死、古今、智愚、巧拙、美醜、正反、長短、敝新、善惡、強弱、剛柔、興廢、予奪、勝敗、利害、損益、陰陽、盈虛、榮辱、貴賤、吉凶、禍福、靜躁、華實、張歙、明昧、曲全、枉直、雌雄等等，其範圍包括宇宙天地、自然萬物和人類社會生活的方方面面。同時，事物之間的這些「對立」關係，並不是絕對對立的，在其對立中還包含著相互平等、相互對應、相互貫通和相互交融的成分與機遇。老子說：「天下皆知美之為美，斯惡矣；皆知善之為善，斯不善矣。故有無相生，難易相成。」（《老子》〈二章〉）這就是說，天下都知道美之所以為美，「醜」的觀念也就產生了；人們都知道善之所以為善，「不善」的觀念也就有了。「有」與「無」是相互生成的，沒有「有」，也就沒有「無」；「難」和「易」相因而成；「長」和「短」相互對立而存在；「高」與「下」相傾而立；「音」和「聲」相和而歌成；「前」與「後」相互隨順。這種「有無相生、難易相成，長短相形，高下相傾，音聲相合，前後相隨」的互對互應、相輔相成，既相互對立又相互依存、相互發展的現象是永遠存在的，是事物的根本特性。因此，我們在看待「雅」與「俗」之間的對立關系時，決不能將之絕對化。

事物之間所以既相互對立又相互依存、相互促進，這是因為雙方之間存在著一種中介，有一座由此達彼的橋樑，即對方的內核存在著

一種同一性。老子説：「曲則全，枉則直，窪則盈，敝則新，少則得，多則惑。」（《老子》〈二十二章〉）委曲反能保全，彎曲反能變得伸展，低窪反能充盈，敝舊反能變新，少取反能多得，貪多反而會受迷惑，事物的「全」「直」「盈」「新」「得」「惑」，包括「雅」等，都是以對立而的「曲」「枉」「窪」「敝」「少」「多」「俗」為存在前提的。也就是説「雅」與「俗」表面上看是對立的，而實質上則是同一的，它們內在相通，都以「道」為本源。老子説：「道生一，一生二，二生三，三生萬物。」（《老子》〈四十二章〉）又説：「道可道，非常道；名可名，非常名。無名，天地之始；有名，萬物之母。故常無，欲以觀其妙；常有，欲以觀其徼。此兩者，同出而異名，同謂之玄。玄之又玄，眾妙之門。」（《老子》〈一章〉）

　　道體與道用的辯證關系是「反者道之動，弱者道之用」（《老子》〈四十章〉）。換句話説，就是生活的真理存在於對立的相互依存和相互轉化之中，大道的現實功能依賴於柔弱的陰性而發生作用。其特點在一個「反」字上。自然萬物包括「雅」與「俗」之間都存在著這樣一些關系：第一，相反相成。看起來完全對立的事物，實際上是相得相依的。如：「有無相生，難易相成，長短相形，高下相盈，音聲相和，前後相隨」（《老子》〈二章〉），這是一類共時存在的矛盾，失去一方則另一方即不存在。第二，正者即反。事物的本然與其現像是矛盾的，所以要用否定性的術語來表述它的肯定性的內涵。如：「俗人昭昭，我獨昏昏；俗人察察，我獨悶悶」，「眾人皆有以，而我獨頑且鄙」（《老子》〈二十章〉）；「明道若昧，進道若退，夷道若纇，上德若谷，大白若辱，廣德若不足，建德若偷，質真若渝，大方無隅，大器晚成，大音希聲，大象無形，道隱無名」（《老子》〈四十一章〉）；「大直若屈，大巧若拙，大辯若訥」（《老子》〈四十五章〉）；「信言不美，美

言不信；善者不辯，辯者不善；知者不博，博者不知」（《老子》〈八十一章〉）等等。這種正者即反的表述方式，比一般的正面表述，更能深刻地揭示「雅」與「俗」之間的生成性和其生成的內在性。第三，物極必反。任何事物對立的兩極都是相通的。一物之中包含著否定性的因素，當該物發展到極點時，否定性成分變為主導，該物便轉化為自身的反面。如：「金玉滿堂，莫之能守。富貴而驕，自遺其咎」（《老子》〈九章〉）；「五色令人目盲，五音令人耳聾，五味令人口爽，馳騁畋獵令人心發狂，難得之貨令人行妨」（《老子》〈十二章〉）；「企者不立，跨者不行；自見者不明，自是者不彰；自伐者無功，自矜者不長」（《老子》〈二十四章〉）；「甚愛必大費，多藏必厚亡」（《老子》〈四十四章〉）；「天下多忌諱，而民彌貧；民多利器，國家滋昏；人多技巧，奇物滋起；法令滋彰，盜賊多有」（《老子》〈五十七章〉）；「禍兮，福之所倚；福兮，禍之所伏」，「正復為奇，善復為妖」（《老子》〈五十八章〉）；「民不畏威，則大威至」（《老子》〈七十二章〉）；「兵強則不勝，木強則折」（《老子》〈七十六章〉）等等。否定性在事物發展和轉化中起著決定性的作用，否定是內在的，當事物的發展失去控制時，否定便要逞其威風。

## 第四節　「化俗為雅」的審美觀

「雅」與「俗」審美觀念的發展也是這樣，在一定條件下，粗淺通俗可以轉化為文雅深致。雅俗相對、雅俗相依、雅俗相和、雅俗相反、雅俗相成、雅俗共賞的美學思想體現了中國人審美觀念的多樣統一。《國語》〈鄭語〉說：「聲一無聽，物一無文。」在審美意趣的指向上不可單調，要多樣化，應當包容「雅」「俗」不同的審美趣向，既能

多樣，又能和諧。據《論語》〈為政〉記載，孔子説：「《詩》三百，一言以蔽之，曰：『思無邪』。」這種思想與《周禮》講《詩》「以六德為本」的意思是一致的。這表明中國古代哲人非常重視文藝的倫理教化作用，在文化審美取向上強調抑邪扶正。同時，又提倡多樣統一的雅俗觀，主張化俗為雅，以俗為雅。如孔子就是這樣，儘管他極為喜歡「雅樂」，不喜歡時髦的「俗樂」，「惡鄭聲之亂雅樂」，但他又不絕對排斥「俗樂」。據《論語》〈八佾〉記載，孔子讚揚《國風》〈周南〉〈關雎〉「樂而不淫，哀而不傷」，對「鄭衛之音」進行過嚴肅的批評，卻並不刪除鄭、衛之詩。他自己返魯從事於「正樂」，但仍然非常重視「樂」中的風詩，只是要把俗、雅詩歌的文辭儘可能地納入抑邪扶正的路子上去。《禮記》〈經解〉説：「溫柔敦厚，《詩》教也。」這是孔子所提倡的詩歌審美政治教化效用的一個方面，並不是孔子思想的原貌。後來儒家哲人對此加以片面誇大，並不符合事實情況。孔子主張「強哉矯」的精神，説過「不學《詩》，無以言」（《論語》〈季氏〉），「詩可以興，可以觀，可以群，可以怨；邇之事父，遠之事君；多識於鳥獸草木之名」（《論語》〈陽貨〉），這些既是孔子的詩學精神，又是「風」體與「小雅」體詩共同體現出來的美學精神。

　　孔子以後，孟子與荀子等儒家哲人都有自己的雅俗審美觀。孟子將「樂」分為「世俗之樂」與「先王之樂」，主張「與民同樂」，把「俗」「雅」審美觀念的區別提高到政治教化的高度。

　　荀子提倡雅俗相互轉化。他一方面推崇「雅樂」，主張移風易俗要導之以禮樂，注重「雅樂」的審美教化作用，指出應該讓人多聽「雅頌之聲」而貶斥「鄭衛之音」，講求「立樂之術」，推崇用「雅頌之聲」馭下民。但同時他自己寫賦則注重賦體的初期形態，創作〈成相篇〉時採用民間演唱形式，這既表明他對「俗」文藝的重視，也表明他贊

同雅俗相互轉化的觀點。

先秦時期的不少思想家都曾表述過自己對「雅」「俗」的區分與抑揚之見，但他們在進行著述時都盡量從「俗」文化中借取素材和吸取有用的表現手法，並提出自己的雅俗審美觀。莊子自稱「寓言十九，重言十七，卮言日出，和以天倪」（《莊子》〈寓言〉）。他喜歡通過通俗的寓言故事來形象地論述領悟道的必要性。《莊子》〈天地〉篇中又說：「大聲不入於裡耳，《折楊》《皇荂》則嗑然而笑。是故高言不止於眾人之心，至言不出，俗言勝也。」這是從道家美學觀點出發，對「雅」「俗」之分所作出的說明，「大聲」與「裡耳」「高言」與「俗言」則成為後世「雅」與「俗」的指代。莊子對自己多用寓言故事來進行理論表述的審美追求的說明，又成了「俗」的審美觀念存在必要性的論證。《莊子》〈天下〉篇說：「以天下為沉濁，不可與莊語。以卮言為曼衍，以重言為真，以寓言為廣，獨與天地精神往來，而不傲倪於萬物，不譴是非以與世俗處。其書雖瑰瑋，而連犿無傷也；其辭雖參差，而淑詭而觀。」則可以看作是對「俗」文藝審美觀念的主張。

《墨子》《管子》《韓非子》等則對儒家過分提倡「雅樂」的審美教化論不滿，其論說所採用的論據多帶有尚「俗」的審美觀念。這也可說是對尚俗審美意識與審美探求心理所作的深入剖析。

《左傳》〈襄公二十九年〉載，吳公子季札在魯國對樂工演唱十五「國風」與「雅」「頌」作了極為深刻的審美品評。歷來學者都把他的審美品評看作知樂之論，其實也應該看到是他所提倡的尚雅、隆雅，認為「雅俗有別」審美觀念表露。他從審美教化論著眼對「雅樂」的意旨、品格和繫於民風國運而顯示的興衰之兆，作了多方面、多層次的表述，對雅俗審美觀念的發展做出了獨特的貢獻。

屈原雅俗觀則既表現在人生態度與人格建構方面，也表現在詩學

方面。他雖一再申明「不能委厥美以從俗」（《離騷》）、「變心而從俗」
（《惜誦》），但這是從人生美學的角度，表現其追求高雅的人格修養和
高尚的品德情操，表明不願與楚國朝臣中那些群小惡俗奸佞之徒同流
合污；而在詩歌創作方面，則主張化俗為雅，並不排斥對「尚俗」審
美觀念的吸收。他對視為「舊鄉」的「俗」文藝神話傳說、民間樂歌，
一往情深。他的《九歌》《天問》更是把「俗」文藝作品改造成偉詞美
文的傳世名作。漢代辭賦理論家王逸為《天問》作序說，屈原在流放
中「見楚有先王之廟及公卿祠堂，圖畫天地山川神靈，琦瑋譎詭，及
古賢聖怪物行事，周流罷倦，休息其下，仰見圖畫，因書其壁，以洩
憤懣，舒瀉愁思」。可見，《天問》的素材來自「俗」文藝中的神話傳
說。在審美意趣指向方面，屈原的作品可激起的「興、觀、群、怨」
的效果又使民間傳說故事進入了更高的境界。《九歌》的情節來自民間
神話與樂舞，《少司命》中所寫神靈「顧懷」大地，見到「展詩兮會舞，
應律兮合節」，正是屈原化俗為雅，對楚地「俗」文藝中所具有的生機
勃勃活力的禮讚。

## 第五節　孔子的「尚雅卑俗」審美觀

　　儒家代表人物孔子尚雅卑俗。在中國古代，詩、樂、舞是三位一
體的。所謂賦詩言志，表明詩歌是抒發志向與情志的重要工具。《墨子》
〈公孟〉說：儒者「誦《詩》三百，弦《詩》三百，歌《詩》三百，舞
《詩》三百。」據古書記載，第一部詩歌總集《詩經》為孔子所編訂。
《史記》〈孔子世家〉云：「古者詩三千餘篇，及至孔子，去其重，取可
施於禮義，上采契、后稷，中述殷、周之盛，至幽、厲之缺，……三
百五篇。孔子皆絃歌之，以求合《韶》《武》《雅》《頌》之音。」這種

說法現今缺乏文獻依據，已難確考。但根據少量「逸詩」（指散見於先秦古籍中詩句之未收於《詩經》者，約數十處），也多少能說明今本《詩經》的確經過一定選汰，孔子曾對之進行過一些「正樂」的整理訂正工作。《論語》〈述而〉云：「子所雅言，《詩》、《書》、執禮，皆雅言也。」「雅言」即當時通行的標準語言。春秋時期各諸侯國語言文字不統一，孔子用「雅言」來規範諸國的詩篇。

孔子論詩主張「雅正」審美標準。他曾說：「《詩》三百，一言以蔽之，曰：『思無邪。』」（《論語》〈為政〉）「思無邪」一語，出自《詩經》〈魯頌〉〈駉〉，孔子以之作為《詩》三百篇的總評。朱熹《四書集注》說：「凡《詩》之言，善者可以感發人之善心，惡者可以懲創人之逸志，其用歸於使人得其情性之正而已。」理學家二程云：「思無邪者，誠也。」（見《四書集注》引）這是從思想感情的誠正角度來解釋這句話的。何晏《論語集解》則認為所謂「無邪」是「歸於正」。這就是說「無邪」應該是指詩歌的思想感情、語言音調等符合「中和」審美規範。《中庸》說：「喜怒哀樂未發謂之中，發而皆中節謂之和。」孔子對《詩經》〈周南〉〈關雎〉的評論就具體體現出對這種審美標準的運用：「〈關雎〉樂而不淫，哀而不傷。」（《論語》〈八佾〉）哀與樂，代表人的各種感情。孔子提倡詩歌應抒發真情實感，但認為情感必須有所節制，勿使放蕩無度，以致引起對己對人的損傷。〈關雎〉這首詩中，有思慕淑女的纏綿哀感，有鐘鼓迎婚的愉快歡樂，表現得都恰如其分，真摯而和諧。何晏《論語集解》引孔安國說：「樂不至淫，哀不至傷，言其和也。」朱熹《四書集注》：「淫者，樂之過而失其正者也；傷者，哀之過而害於和者也。」「不淫」「不傷」也就相當於中正、和諧、無邪、和雅的意思。〈關雎〉為《詩經》的第一篇，孔子舉以作評，也代表他對全部三百篇的評價。《左傳》〈襄公二十九年〉記吳季

札觀樂，就曾以「憂而不困」「樂而不淫」「哀而不愁」「樂而不荒」等來讚美《邶》《鄘》《衛》《豳》和《頌》。孔子對〈關雎〉的評價與之相同。

故而，可以說，「無邪」「中和」，實質上就是孔子崇尚「雅正」思想的體現。孔子提倡「仁」「禮」，仁是愛人，哀樂性情屬之；禮是節制，不淫、不傷屬之。從現在《詩經》所表現的內容來看，孔子為「無邪」審美標準所規定的範圍還是相當寬泛的。《詩》三百篇中有對統治者的諷刺，有對社會黑暗現實的揭露，有對男女愛情的歌詠，有對生活理想的追求，表現形式多種多樣，抒發情感豐富複雜，歡愉、哀怨、悲憤，表現得或深沉含蓄，或奔放執著，都被孔子一概納入「不淫」「不傷」的範圍。同時，孔子曾經一再反對「鄭聲」。他主張「樂則《韶》《武》，放鄭聲，遠佞人」，因為「鄭聲淫，佞人殆」（《論語》〈衛靈公〉）；又說：「惡鄭聲之亂雅樂也，惡利口之覆邦家者。」（《論語》〈陽貨〉）對作為「俗樂」的「鄭聲」，其深惡痛絕之情，溢於言表。「鄭聲」即產生於鄭地的民歌，古代鄭國地區男女生活比較放浪，故多情歌。孔子喜歡古老的「雅樂」，不喜歡時髦的「俗樂」。他聞《韶》，三月不知肉味，而反對來自民間的明朗、歡快、活潑的新樂，斥之為「淫」。許慎《五經異義》云：「鄭國之俗，有溱洧之水，男女聚會，謳歌相感，故云『鄭聲淫』。」也有學者認為「鄭聲」專指音樂，區別於「鄭風」中的詩歌。據揚雄《法言》〈吾子〉記載，有人問五聲十二律為什麼會「或雅或鄭」，回答說：「中正則雅，多哇則鄭。」那人追問「雅」「鄭」的本質區別是什麼，回答說：「黃鐘以生之，中正以平之，確乎鄭、衛不能入也。」陳啟源《毛詩稽古篇》說：「夫子言『鄭聲淫』耳，曷嘗言『鄭詩淫』乎？聲者，音樂也，非詩詞也。……樂之五音十二律長短高下皆有節焉，鄭聲靡曼幻眇，無中正和平之

致，使聞之者導欲增悲。沉溺而忘返，故曰『淫』也。」這種說法把歌詞和音樂割裂開來，與孔子常常將詩、樂並論的習慣不相符合。所謂「三百五篇孔子皆絃歌之」（《史記》〈孔子世家〉），可見，孔子對於鄭風不可能只取其詩而排斥其樂。王夫之《四書稗疏》則以為「鄭聲」之「鄭」是鄭重、重複之意：「鄭，鄭也，其非以鄭國言之明矣。」這種說法也與古代常常鄭、衛之音並提的情況不相符合。所謂「鄭聲」應當是其時一種流行樂調歌曲，是「俗樂」，情思比較放浪，節奏比較浮靡，不符合「樂而不淫」的標準，使聽者為之沉湎。〈樂記〉〈魏文侯〉載魏文侯「聽鄭、衛之音則不知倦」。《呂氏春秋》〈孟春記〉云：「靡曼皓齒，鄭、衛之音，務以自樂，命之曰伐性之斧。」從這裡，不難想見其格調。故而，自孔子斥責「鄭聲淫」以後，對「俗樂」的貶斥，多集中在「淫」。所謂「淫」，就文藝表現的形式而言，意指不合五聲，不中音律，不符合「雅正」審美規範；就內容意旨而言，則指其不合禮法，不合「樂而不淫，哀而不傷」的「中和」審美標準。王灼《碧雞漫志》引揚雄語云：「中正則雅，多哇則鄭，……諸譜以律通，不過者皆淫哇之聲。」這就是從表現形式斥責「俗樂」為「淫」。而班固云：「孔子曰鄭聲淫何，鄭國土地民人山居谷汲，男女錯雜，為鄭聲以相悅懌，故邪僻聲皆淫色之聲也。」（《白虎通義》卷上）朱熹《詩集傳》云：「鄭衛之樂，皆為淫聲，然以詩考之，衛詩三十有九，而淫奔之詩才四之一，鄭詩二十有一，而淫奔之詩已不足七之五。衛猶為男悅女之辭，而鄭皆為女惑男之語，衛人猶多刺譏懲創之意，而鄭人幾於蕩然無復羞愧悔悟之萌，是則鄭聲之淫，有甚於衛矣。故夫子論為邦，獨以鄭聲為戒，而不及衛，蓋舉重而言。」這裡則是側重於思想內容方面斥責「俗樂」為「淫」。總之，在長期封建社會中，一些正統文人，往往依據孔子的「雅正」觀來反對民間聲樂歌詩，反對愛

情作品，反對新興詞曲、戲劇等等，消極影響是很大的。

## 第六節　孟子的「雅俗並舉」審美觀

　　與孔子「隆雅卑俗」不同，孟子提倡「雅俗並舉」。孟子主張「性
善」，認為惻隱之心人皆有之，宣稱聖人與「我」同類，認為統治者應
「與民同樂」，「世俗之樂猶先王之樂」，主張雅俗並舉，雅俗共賞。他
認為統治者應保障廣大庶民百姓的物質利益與滿足他們的生活慾望。
《孟子》〈離婁上〉指出，得天下、得民心之道是對民眾「所欲與之、
聚之，所惡勿施爾也」。在孟子看來，庶民百姓財富充裕了，糧食多得
如水火那樣可以充分供應需求，百姓大眾也就自然成為樂善好施的仁
人。他認為對優裕的物質條件、充實而光輝的精神境界、真摯的感情
世界（包括男女情愛）的追求為正當的；統治者不應該獨占獨享，必
須讓庶民百姓在這些方面都得到合理滿足。因此，他對齊宣王懇切說
明，「好貨」「好色」都不是毛病，只要「與百姓同之」，使得「居者
有積倉，行者有裹糧」，「內無怨女，外無曠夫」（《孟子》〈梁惠王
下〉），就是實現了「王道」。孟子反覆強調，音樂、田獵、宮室、園
囿遊觀之樂，都必須與百姓共同享受，不然則會受到民眾的反對、敵
視，以致自己也不可能享受。《孟子》〈梁惠王上〉載：「孟子見梁惠
王，王立於沼上，顧鴻雁麋鹿，曰：『賢者亦樂此乎？』孟子對曰：『賢
者而後樂此，不賢者雖有此不樂也。」這裡的「賢者」是指有仁德、行
仁政者，所以孟子接下來引《詩經》〈大雅〉〈靈台〉描述周文王經營
台沼時得到庶民百姓熱烈支持、踴躍參加的歡樂情景，又舉《尚書》
〈商書〉〈湯誓〉怒斥夏桀的民謠，以證明暴君必將受到庶民百姓的痛
恨，甚至誓與同歸於盡。這樣，又怎麼可能保持其長期壟斷的樂園

呢？他尖銳地指出：「古之人與民偕樂，故能樂也。〈湯誓〉曰：『時日害喪，予及女偕亡。』民欲與之偕亡，雖有台池鳥獸，豈能獨樂哉！…『時日害喪，予及女偕亡』，其怨憤之情，的確「若雷」「若霆」。從這裡也可以看出孟子對民間歌謠的重視。他反對統治者壟斷文藝審美活動，反對統治者「獨樂」，主張「與民偕樂」「與民同樂」。當然，周文王的營造池台園囿不可能像《詩經》所美化的那樣。《孟子》〈梁惠王下〉云：「文王之囿方七十里，芻蕘者往焉，雉兔者往焉，與民同之。」顯然，這只是孟子理想中的美好境界。

孟子不但提倡統治者「與民同樂」，而且還認為「世俗之樂」與「先王之樂」的審美價值是相同的。《孟子》〈梁惠王下〉云：「莊暴見孟子，曰：『暴見於王，王語暴以好樂，暴未有以對也。』曰：『好樂何如？』孟子曰：『王之好樂甚，則齊國其庶幾乎！』他日，見於王曰：『王嘗語莊子以好樂，有諸？』王變乎色，曰：『寡人非能好先王之樂也，直好世俗之樂耳。』曰：『王之好樂甚，則齊其庶幾乎！今之樂猶古之樂也。』曰：『可得聞與？』曰：『獨樂樂，與人樂樂，孰樂？』曰：『不若與人。』曰：『與少樂樂，與眾樂樂，孰樂？』曰：『不若與眾。』『臣請為王言樂。今王鼓樂於此，百姓聞王鐘鼓之聲，管籥之音，舉疾首蹙頞而相告曰：『吾王之好鼓樂，夫何使我至於此極也：父子不相見，兄弟妻子離散。』今王田獵於此，百姓聞王車馬之音，見羽旄之美，舉疾首蹙頞而相告曰：『吾王之好田獵，夫何使我至於此極也：父子不相見，兄弟妻子離散。』此無他，不與民同樂也。今王鼓樂於此，百姓聞王鐘鼓之聲，管籥之音，舉欣欣然有喜色而相告曰：『吾王庶幾無疾病與，何以能鼓樂也？』今王田獵於此，百姓聞王車馬之音，見羽旄之美，舉欣欣然有喜色而相告曰：『吾王庶幾無疾病與，何以能田獵也？』此無他，與民同樂也。今王與百姓同樂，則王矣。』」

這段話的主旨，當然是諷諭齊宣王在自己行樂之際應不忘改善庶民百姓的生活，但其中卻包含著一種新的雅俗審美觀，說明欣賞音樂是一種娛樂享受，百姓大眾也有愛好音樂娛樂的權利，賢明的統治者應該滿足其要求，普及這種享受，以實現王道；同時，在孟子看來，流行的通俗音樂和古代聖王制定的「雅樂」並沒有高低之別，可以發揮同樣的審美效應，雅俗互滲，交相為用。這是孟子的雅俗觀與仁政的社會理想在「樂」論中的體現，在音樂的審美價值與其大眾化、通俗化等方面，突破了孔子儒家的傳統樂論。孟子既指出，統治者應「與民同樂」，同時還指出「先王之樂」與「世俗之樂」，就其審美價值而言，是無所謂高低「雅俗」之分的，「今之樂猶古之樂也」。故而柳宗元《非國語》〈無射〉云：「孟子曰：『今之樂猶古之樂也。』『與人同樂則王矣。』吾獨以孟子為知樂。」

孟子這種雅俗觀顯然與孔子有所不同，具有進步意義。孔子是重視音樂的，他注重音樂為禮制教化服務的作用，所以喜歡「雅樂」，排斥「新樂」「俗樂」。他所推崇的樂章，大都屬於古典雅樂；所貶黜的「鄭聲」則屬於世俗之樂。孔子的門徒子夏，就繼承並發展了這種崇古隆雅的傾向。如《樂記》〈魏文侯〉所載子夏與魏文侯的對答：魏文侯「聽古樂則唯恐臥，聽鄭衛之音則不知倦」。子夏則反覆強調：「君子之聽音，非聽其鏗鏘，彼亦有所合之也。」其意思是說欣賞音樂不僅是為了聲調悅耳，「古樂」還有維護等級統治的意義，「俗樂」則不論鄭、宋、衛、齊之音，都是「溺音」，「皆淫於色而害於德」，應該排斥。齊宣王愛好的當然就是這類音樂，所以被孟子當面點破時，還有些羞愧。哪知孟子的觀點與子夏迥然不同，有他自己獨到的雅俗觀。

《孟子》〈盡心下〉也曾經論及孔子「惡鄭聲，恐其亂雅樂也」之說。孟子主張「君子反經」，即返復正常之道，「淫」「亂」過分而遠

背正道的音樂，當然也不會獲得他的讚許。不過，正如張九成《孟子拾遺》所指出的：「孟子謂『今之樂猶古之樂』，則與孔子『放鄭聲』之意大相反矣。」齊宣王好「樂」，並說：「寡人非好先王之樂也，直好世俗之樂耳。」（《孟子》〈梁惠王下〉）孟子說，不管你好古之樂，還是今之樂，都必須首先按照「仁政」的原則把國家治理好，這樣你才能享受「樂」的快樂；如果人民窮困，你卻在那裡「獨樂」，老百姓就會咒罵你、反對你，你還能享受藝術的快樂嗎？如果統治者把國家治理得很好，他很「樂」，百姓也會感到高興的，所以統治者應「與民同樂」。孟子還說：「樂民之樂者，民亦樂其樂；憂民之憂者，民亦憂其憂。樂以天下，憂以天下，然而不王者，未之有也。」（《孟子》〈梁惠王下〉）要求君王「與同民樂」。

孟子這種「與民同樂」「世俗之樂猶先王之樂」的雅俗審美觀除植根於實現「仁政」的社會理想外，和他主張雅俗共賞與對待今、古樂的審美價值觀是分不開的。如果把雅樂、正聲與俗樂、新聲對立起來，這種「同樂」的可能性則不會存在。故而，我們認為，孟子比孔子前進了一步。他認為民間「俗樂」未必都是淫亂失正的。他不主張「放鄭聲」，而是提出「今之樂，猶古之樂」的雅俗觀。這種雅俗觀的意義在於它標誌著先秦儒家雅俗觀念的一種轉變，促使這一轉變的原因，與社會經濟的發展和民間藝術的繁榮是分不開的。戰國中、晚期，隨著封建制的逐漸形成，農業和手工業都有較大發展，出現了一批工商業發達的城市，如齊之臨淄、楚之南郢、趙之邯鄲、秦之咸陽、宋之定陶、衛之濮陽等地，都是當時經濟文化發達的著名城市，在這些城市中，民間藝人逐漸增多，音樂文化得到普遍交流。在思想解放潮流的影響下，音樂逐漸失去了它的宗教神祕性，成為與現實生活密切聯繫的藝術，樂律理論、作曲和表演技巧都得到發展和提高，

其結果是音樂的藝術美增強了，「新聲」比平和的「古樂」悅耳動聽，其本身的審美感染力不僅滿足了百姓大眾的精神需要，也吸引了不少王公貴族——魏文侯愛聽鄭、衛之聲；齊宣王愛好「世俗之樂」；越王喜「野音」：「客有以吹籟見越王者，羽、角、宮、徵、商不繆，越王不善；為野音，而反善之。」（《呂氏春秋》〈孝行覽〉）所謂「野音」，即「俗樂」。孟子不反對「俗樂」新聲，提倡「與民同樂」、雅俗共賞，正是為了適應當時時代審美思潮和藝術發展的需要。

## 第七節　宋玉的「尚雅隆雅」審美觀

宋玉尚雅崇雅。他在《九辯》的開始即云：「坎廩兮，貧士失職而志不平；廓落兮，羈旅而無友生；惆悵兮，而私自憐。」表明這篇辭賦是文人雅士遭遇窮困失志而抒發其憤懣不平、惆悵自憐的情志。顯然，這種觀點和屈原的「發憤」「抒情」「陳志」寫詩動機說相同，都是對中國詩學「詩言志」說的繼承與發展。班固《漢書》〈漢文志〉說：「古者諸侯卿大夫，交接鄰國，以微言相感，當揖讓之時，必稱《詩》以論其志，蓋以別賢不肖而觀盛衰也。故孔子曰『不學《詩》，無以言』也。春秋之後，周道寢，聘問歌詠，不行於列國。學《詩》之士，逸在布衣，而賢人失志之賦作矣。」這也說明屈、宋之作標誌著詩賦成為文人雅士個人詩歌創作的正式開始。《九辯》云：「獨耿介而不隨兮，願慕先聖之遺教。處濁世而顯榮兮，非余心之所樂。與其無義而有名兮，寧窮處而守高。衣不媮而為飽兮，衣不苟而為溫。竊慕詩人之遺風兮，願托志乎素餐。」詩人表示自己堅持耿介操守，決不媚俗，不隨和同流於濁世以求祿食。這種超凡脫俗的人格操守則是對屈原志尚的繼承。而所謂「竊慕詩人之遺風，願托志乎素餐」，則直接表

現了詩人對《詩經》中所追求的審美理想的嚮往，並舉出《伐檀》「彼君子兮，不素餐兮」作為自己追求的人生境界。杜甫《詠懷古蹟五首·其二》云：「搖落深知宋玉悲，風流儒雅亦吾師。」表現了其對宋玉高雅人格的推崇。

相傳為宋玉所作的《對楚王問》中有「曲高和寡」之說。中國雅俗文藝史上所謂的《陽春》《白雪》和《下里》《巴人》之說，即由此而長久流傳：「楚襄王問於宋玉曰：『先生其有遺行與？何士民眾庶不譽之甚也？』宋玉對曰：『唯，然！有之。願大王寬其罪，使得畢其辭。客有歌於郢中者，其始曰《下里》《巴人》，國中屬而和者數千人；其為《陽阿》《薤露》，國中屬而和者數百人；其為《陽春》《白雪》，國中屬而和者不過數十人；引商刻羽，雜以流徵，國中屬而和者不過數人而已。是其曲彌高，其和彌寡。……夫聖人瑰意琦行，超然獨處。夫世俗之民，又安知臣之所為哉！」《文選》李周翰注云：「『《下里》《巴人》，下曲名也；《陽春》《白雪》，高曲名也。』」可見「下里」原指鄉里、鄉下，以此作為歌名，應指屬於「俗」文藝的裡巷歌謠、民間俗曲。「巴」，古族名，也是國名，主要分佈於今川東、鄂西一帶，春秋時與楚交往頻繁，後並於秦，族人有南移至湘西、鄂東的。故《巴人》應該是產生於該族的民間通俗歌曲，後來又流行於楚地的。《陽春》《白雪》相傳是春秋時期晉國的樂師師曠所作。據說為宋玉所作的《笛賦》中就有云：「師曠將為《陽春》《北鄙》《白雪》之曲，假塗南國，至於北山。」明朱瑾輯《神奇秘譜》稱：「張華謂天帝使素女鼓五弦之琴，奏《陽春》《白雪》之曲，故師曠法之而制是曲。《陽春》，宮調也；《白雪》，商調也。《陽春》取萬物知春、和風澹蕩之意；《白雪》取凜然清潔、雪竹琳瑯之音。因有《白雪》，始制《陽春》之曲。宋玉所謂《陽春》《白雪》，曲彌高而和彌寡，其此也夫！」從前

文所引宋玉對話看，兩曲應當有歌詞。後代則以《陽春》《白雪》為高雅文藝的代稱。陸機《文賦》云：「綴《下里》於《白雪》，吾亦濟夫所偉。」李善《文選》注云：「言以此庸音而偶彼嘉句，譬以《下里》鄙曲，綴於《白雪》之高唱，吾雖知美惡不倫，然且以益夫所偉也。」岑參《和賈至舍人早朝大明宮之作》云：「獨有鳳凰池上客，《陽春》一曲和皆難。」以《陽春》來比喻賈至詩歌創作所達藝術境界的高妙難及；宋代趙聞禮、元代楊朝英則分別以《陽春》《白雪》作為所選輯詞、曲的書名，其美學精神都淵源於相傳的宋玉之對。《陽阿》或即《揚荷》。《招魂》中以與《涉江》《采菱》同舉為「新歌」。《文選》李善注云：「楚人歌曲也。」《薤露》，《樂府相和曲》名，相傳原是齊國輓歌，也來自民間。所謂「引商刻羽，雜以流徵」，則意指音律高深精妙、變化多端。古代宮、商、角、徵、羽加變徵、變羽為七聲，由宮至高宮形成八度。就接受者來看，其社會文化程度存在差別，「俗」文藝容易為百姓大眾所接受，而高曲雅調則必須有相當文化修養的人才能接受。儘管所傳宋玉的對話中，流露出某種高自矜許、孤芳獨賞而卑視一般百姓大眾的態度，但這裡揭示了雅俗不同的文藝適應於不同層次人們的接受與欣賞的規律，涉及文藝創作提高與普及的關係，其在雅俗審美意識發展史上的影響是值得我們注意的。

第二章

# 兩漢：雅俗審美意識的承益

　　兩漢時期，經濟的振興，封建體制的發展，黃老與儒家思想在漢王朝上層人物中產生的交互影響，都使得「雅」「俗」審美意識得以相承相益，有了進一步發展。「隆雅卑俗」的審美觀念發生了變化，「以俗為美」的觀念得到增強。

　　從審美創作實踐看，秦王朝統治的時期短暫，但與制禮作樂相關的「采詩」或稱「樂府」制度則得以相承相益。到了漢代，「樂府」體制形成。這對制禮作樂中採集「俗」文藝作品及後世蒐集、選編民間通俗詩歌謠諺都有巨大而長遠的影響。此後各代一再出現以「樂府」命名的詩集、詞集、曲集。許多「俗」文藝作家（包括著名的文人作家）常以樂府詩為題，提供文藝創作的新成果。與之相關的「以俗為美」「化俗為雅」的審美觀念也得到了發展。

　　據《漢書》〈禮樂志〉載，「至武帝定郊祀之禮」，「乃立樂府，采詩夜誦，有趙、代、秦、楚之謳」。對此，學術界有人認為在漢武帝劉徹之前就已經建立「樂府」，只是至武帝時益備；有人則認為「樂府」

具體建制中由太樂掌「雅樂」，而「樂府」掌「俗樂」，包括「俗樂」的歌詞。不過，人們都認為，漢代的確建有「樂府」體制。「樂府」的職司是以采集、評選和加工「俗樂」為主項。這種體制的建立旨在顯示昇平之治，也有體現先秦流傳下來的通過「采詩」以察民風、知得失以及移風易俗的審美意識。這種體制實際運作狀況儘管隨著漢王朝的治亂變遷而有所不同，但作為體製造成的對雅俗審美觀念的文化影響則應當引起我們的重視。

## 第一節　《詩大序》的「尚雅貶俗」論

漢代，《詩大序》的作者繼承先秦儒家哲人「尚雅貶俗」的審美意識推崇「雅樂」，認為：「詩者，志之所之也，在心為志，發言為詩。」這裡所謂的「志」，指嚴格遵循禮樂教化，符合政治倫理道德規範的志向。在《詩大序》看來，「情」與「志」是可以統一的，但「情」又要受「禮義」的規範：「發乎情，止乎禮義。發乎情，民之性也；止乎禮義，先王之澤也。」「發乎情，民之性也」，說明抒情是人的本性，「情」是心理的自然表露，當然也是文學藝術的基本審美特徵，不可能硬性遏制或禁止；同時「情」又應當「止乎禮義」，也就是說「情」的抒發要框定在先王制定的禮義範圍內，必須符合「雅樂」的審美規範。

當然，實際上《詩大序》主張的「在心為志，發言為詩」的審美觀，對雅、俗文藝都很適用。同時，《詩大序》還對「風雅」詩的品格作了反復論述，認為「風」是「以一國之事，系一人之本」，「雅」是「言天下之事，形四方之風」。「風」的可貴就是「下以風刺上」，又說：「風，風也，教也；風以動之，教以化之。」強調「風」有風教、風刺、風俗的作用；認為「雅」即為「正」，正風、正雅，就是「治世之

音」；而變風、變雅，則為「衰世之音」和「亂世之音」；採集變風、變雅體詩足以「吟詠情性，以風其上，達於事變而懷其舊俗者也。故變風發乎情，止乎禮義」，奠定了「風雅」審美範疇生成的思想基礎。

## 第二節　揚雄辭賦應「歸之於正」的尚雅論

　　揚雄（前53-後18）字子雲，蜀郡成都（今屬四川）人。西漢哲學家、文學家和語言學家。揚雄論文主張「明道」「徵聖」「宗經」，繼孟子、荀子和董仲舒之後，強化了儒家經世致用的「雅正」美學精神。他在《法言》〈學行〉中說：「大人之學也為道，小人之學也為利。」在《法言》〈吾子〉中又說：「不合先王之法者，君子不法也。」強調復古。由此出發，他自己在文章寫作方面，總是逞能炫博，刻意追求艱深。他在《解難》中說：「若夫閎言崇議，幽微之涂，蓋難與覽者同也。……天麗且彌，地普而深，昔人之辭，乃玉乃金。彼豈好為艱難哉？勢不得已也。……是以聲之眇者不可同於眾人之耳，形之美者不可棍（混）於世俗之目，辭之衍者不可齊於庸人之聽。今夫弦者，高張急徵，追趨逐耆，則坐者不期而附矣；試為之施《咸池》揄《六莖》，發《簫韶》，詠《九成》，則莫有和也。是故鐘期死，伯牙絕弦破琴而不肯與眾鼓；人亡，則匠石輟斤而不敢妄斫。師曠之調鐘，俟知音者之在後也；孔子作《春秋》，幾君之前睹也。老聃有遺言，貴知我者希，此非其操與！」（《揚子雲集》卷四）堅持故作深奧文藝審美觀。故蘇軾指斥他是「以艱深之詞，文淺易之說」（《答謝民師書》）。正由於揚雄尚雅，所以他主張辭賦創作應「歸之於正（雅）」；認為「賢人君子詩賦」應「正」（《漢書》〈揚雄傳〉），提倡辭賦應有諷諫功效，應有益於教化，堅持「風雅」傳統。他在《法言》〈吾子〉裡說：「詩

人之賦麗以則，辭人之賦麗以淫。」這意味著對《詩經》「賦、比、興」的傳統可以有不同方向的繼承和發揮。

## 第三節　桓譚的「離雅樂而更為新弄」審美觀

桓譚（約前23-後56）字君山，沛國相（今安徽宿縣符離集西北）人。西漢末東漢初哲學家。桓譚推崇「俗」文藝，以俗為美，以俗為雅。他在《新論》〈離事〉中云：「揚子雲大才而不曉音，余頗離雅樂而更為新弄。子雲曰：『事淺易善，深者難識。卿不好雅頌而悅鄭聲，宜也。』」這段話見於《太平御覽》卷五六五《樂部》。桓譚可能還有反駁揚雄的話，惜已亡佚。這裡所謂的「鄭聲」，並非專指古《詩》，而是承襲前人的套語，其內涵應更為廣泛，指的是漢以前的詩樂，也就是一般所謂的來自民間的「俗」文藝。從揚雄的批評中可以看出，桓譚與他的雅俗觀不同，並有公開的爭論。揚雄從其復古宗經的尚雅傾向出發，好「雅頌」而貶斥「鄭聲」。這是孔子「鄭聲淫」「放鄭聲」的傳統思想在漢代的翻版，雖無新意，但影響很大。直到東漢初年，司空宋弘仍然以三公之尊，宰相之勢，嚴厲批評桓譚，指斥其好「鄭聲」，並警告要因此而繩之以法。《後漢書》〈宋弘傳〉載：「帝嘗問弘通博之士，弘乃薦沛國桓譚才學洽聞，幾能及揚雄、劉向父子。於是召譚拜議郎給事中。帝每宴輒令鼓琴，好其繁聲。弘聞之不悅，……遣吏召之。譚至，不與席而讓之曰：『吾所以薦子者，欲令輔國家以道德也，而今數進鄭聲以亂雅頌，非忠正者也。能自改邪？將令相舉以法乎？』」可見桓譚因好「鄭聲」，以俗為雅而承受了很大壓力。但他仍然喜好鄭、衛新聲而不喜雅頌之音，並且終其一生而不改變其嗜好。正是由於以俗為雅，推重「俗」文藝，所以他針鋒相對地批評好

雅頌而鄙「鄭聲」的揚雄為「不曉音」。桓譚是通過總結漢代具體的文藝創作實踐來討論問題的。所謂「鄭聲」或「新弄」，主要是指當時源於民間而流傳朝野的新的流行音樂。班固《漢書》〈禮樂志〉載：「今漢郊廟歌詩，未有祖宗之事，八音調勻，又不協於鐘律，而內有掖庭材人，外有上林樂府，皆以鄭聲施於朝廷。……是時，鄭聲尤甚。黃門名倡丙彊、景武之屬富顯於世，貴戚五侯定陵、富平外戚之家淫侈過度，至與人主爭女樂。」可見作為流行「新弄」的鄭聲影響面之廣。武帝時的正統儒家學者如公孫弘、董仲舒曾經大力提倡過的「雅頌中正」之樂，都無法與之抗衡。漢平帝時博士平當曾建議朝廷「修起舊文，放鄭近雅，述而不作，信而好古」；哀帝時更明詔禁止新聲：「惟世俗奢泰文巧，而鄭衛之聲興。夫奢泰則下不孫（遜）而國貧，文巧則趨末背本者眾，鄭衛之聲興則淫辟之化流，而欲黎庶惇樸家給，猶濁其源而求其流清，豈不難哉！孔子不云乎：『放鄭聲，鄭聲淫。』其罷樂府官。」（見《漢書》〈禮樂志〉）但不斷新起的流行文藝（包括樂府詩歌）卻禁而不止，並因其通俗易懂，活潑自如，清新純樸，而為世俗大眾所喜聞樂見，日漸擴大其影響。即如《漢書》〈禮樂志〉所載：「然百姓漸漬日久，又不制雅樂有以相變，豪富吏民湛沔自若，陵夷壞於王莽。」所謂雅不避俗，俗不傷雅；人謂之雅，我謂之俗；我謂之雅，人謂之俗。從雅俗審美觀的發展史來看，前文已有所論及，早在桓譚之前，《樂記》〈魏文侯〉已有魏文侯「聽古樂則唯恐臥，聽鄭、衛之音則不知倦」的記載，反雅尊俗，以俗為美；隨後，桓寬《鹽鐵論》〈相刺篇〉又有「好音生於鄭、衛，而人皆樂之於耳，聲同也」之說，主張以俗為美，雅俗交相併陳。到桓譚，則在繼承前人以俗為美、以俗為雅審美觀的基礎上，結合世俗大眾對審美文化日益迫切的需求，順應文藝發展的新潮流，反對揚雄好復古、喜艱深的錯誤傾

向，一針見血地指責他違背了文藝發展的規律。桓譚拋棄陳腐格套，求新重變，不尊雅頌古調，並以典樂大夫的身分而為「新聲」正名，這是對附庸於經學的正統雅俗論的一種反叛。

從其「以俗為美、以俗為雅」的審美觀出發，桓譚還喜愛「小說」。他針對儒家學者對於「短書」小說的傳統偏見，加以反駁說：「莊周寓言乃云堯問孔子；《淮南子》云共工爭帝，地維絕，亦皆為妄作。故世人多云：『短書不可用。』然論天莫明於聖人；莊周等雖虛誕，故當采其善，何云盡棄邪？」（《新論》〈本造〉）所謂「短書」，有兩種解釋：一紙簡短的書札，如江淹雜體詩《李都尉陵》曰：「袖中有短書，願寄雙飛燕。」一指雜記一類的文體，其中包括寓言傳說、神話故事、筆記俗語之類的「小說」。桓譚所謂「短書」，就是指後者。儒家學者認為「短書」「小說」多「虛誕」不實，以為是聖人所棄，因而斥為「不可用」。桓譚則不這樣看。他從其「以俗為美」的雅俗觀反駁說，《莊子》《淮南子》中的寓言「短書」，雖然事屬「虛誕」，但卻另有其價值。他於儒家經傳之外，又為文學創作另外開闢一個窗口，所以對「小說」採取比較寬容的態度，擇善而從，以豐富文藝創作的表達形式。而對「短書」小說之所謂「善」，他也有較為獨到的認識。《文選》卷三一江淹《雜體詩》〈李都尉陵從軍〉李善注引桓譚《新論》曰：「若其小說家，合叢殘（一作「殘叢」）小語，近取譬喻，以作短書，治身理家，有可觀之辭。」這裡的「小說」，當然並不僅僅是指講說故事一類的作品，與今天「小說」概念仍有較大差距。但與之前所謂的「小說」相比，已有所發展。因此魯迅《中國小說史略》認為其「始若與後之小說近似」。對照現存漢人小說的殘篇遺簡來看，桓譚所論至少包含了以下幾層意思：一是形式體制方面的「合叢殘小語」。「叢」，指事物之細而雜；「殘」，謂片斷而不見整體。可見他心目中的

「小説」不僅是體制短小，而且內容叢雜，凡是經傳之外的文體，多有所包含。二是指「小説」在藝術傳達上採用了具體事物作「譬喻」，來表明事理、情緒的形象化手法。三是指「小説」的社會功能，即通過形象「譬喻」，達到「治身理家」的教化作用，所以説是「小説」有「可觀」之辭。由此可見，桓譚對於漢代「小説」的藝術特徵和社會功能，已有了更深的認識。

## 第四節　王充的「以俗為雅」論

王充（27-約97）字仲任，會稽上虞（今浙江上虞）人。東漢哲學家。王充的「雅俗」論，從詩學方面看，則表現出「以俗為雅」的傾向。他對「俗」文藝的審美效用大加讚揚，強調文藝創作必須通俗易懂，反對「雅化」。他在《論衡》〈自紀〉中強調「文由語也」，「口論務解分可聽，不務深迂而難睹」，並指出，自己著書不求「純美」，指責追求「純美」、反對通俗的論調。他説：「美色不同面，皆佳於目；悲音不共聲，皆快於耳。」（《論衡》〈自紀〉）表述了他主張「雅俗」審美觀在審美品位上應該平等的觀點。

從其「以俗為美」的雅俗觀出發，王充推崇「俗」文藝，認為「詩作民間，如鑑之開」（《論衡》〈對作〉）。他在《論衡》〈累害〉中説：「故三監讒聖人，周公奔楚；後母毀孝子，伯奇放流。當時周世孰有不惑者乎？後《鴟鴞》作而《黍離》興，諷詠之者，乃悲傷之。」這裡就指出《鴟鴞》《黍離》一類詩作，是因對現實生活不滿而作，詩人通過「諷詠」來描寫生活的真實情景，表現自己的感情。在《論衡》〈商蟲〉中，王充又説：「《詩》云：『營營青蠅，止於藩。愷悌君子，無信讒言。』讒言傷善，青蠅污白，同一禍敗，《詩》以為興。」所謂「興」，

即托物起興，以含意隱微的事物來寄託情思。《詩》〈小雅〉〈青蠅〉，是借「青蠅污白」來諷刺現實生活中「讒言傷善」的黑暗現象。同時，在王充看來，文藝作品畢竟是人創作的。早在古代，就有聖人制禮作樂之説；儒家學者將其引進文藝領域，認為文藝的起源，來自聖人作文，是天才的發明。王充反對這種觀點，認為文藝應起源於民間，「俗」文藝才是一切文藝作品之母，「雅」文藝無一不是從「俗」文藝轉化而來。故而他擺脱傳統雅俗觀的束縛，喜歡「俗」文藝，提倡「以俗為美」，並提出了「《詩》作民間」之説：「古有命使采爵，欲觀風俗知下情也。《詩》作民間。聖王可云：『汝民也，何發作。』因罪其身，歿滅其詩乎？今已不然，故《詩》傳至（按：原作『亞』，形訛）今。」（《論衡》〈對作〉）在《論衡》〈書解〉中他又説：「《詩》采民以為篇。」這就是説，《詩經》中的不少篇章，雖被後來的儒家學者尊為經典，但它們實際上出自民間，反映的是當時的民情風俗和政治興衰。社會生活的激勵，庶民百姓也有以文藝創作來反映現實，抒發其情感的願望與要求。

　　王充對「真」的意蘊如何表現於「美」的「雅化」過程，提出「明言」與「露文」的主張。他説：「《論衡》者，論之平也。口則務在明言，筆則務在露文。高士之文雅，言無不可曉，指無不可睹。觀讀之者，曉然若盲之開目，聆然若聾之通耳。……夫文由語也，或淺露分別，或深迂優雅，孰為辯者？故口言以明志，言恐滅遺，故著之文字。文字與言同趨，何為猶當隱閉指意？……夫口論以分明為公，筆辯以獲露為通，吏文以昭察為良。深覆典雅，指意難睹，唯賦頌耳！經傳之文，賢聖之語，古今言殊，四方談異也。當言事時，非務難知，使指閉隱也。後人不曉，世相離遠，此名曰語異，不名曰材鴻。淺文讀之難曉，名曰不巧，不名曰知明。」（《論衡》〈自紀〉）在這裡，

王充提出的「明言」「露文」，即明白、淺露的口語化的語言。他反對模擬，主張獨創；反對厚古，主張重今；反對艱深，主張明白淺顯；反對雕琢，倡導言文一致，他強調指出：「鴻重優雅，難卒曉睹。」（《論衡》〈自紀〉）指斥那種看似「弘暢雅閑」（《論衡》〈超奇〉）、「深迂優雅」（《論衡》〈自紀〉），實質上則是僵化、保守、死板，脫離實際，故弄玄虛的深迂典雅文風。因為，寫作的目的，對寫作者來說，是「明志」；對讀者來說，是懂得「指意」。「明言」「露文」的效果，是明白顯暢的，「曉然若盲之開目，聆然若聾之通耳」（《論衡》〈自紀〉），取得這一效果，寫作的目的也就達到了，說明創作是成功的。反之，就是「隱閉指意」，讀者無法知曉說寫者的指意，也就談不上創作的功效了。

同時，王充還認為，口語和書面語，本身是一致的。書面語，原是人們恐其「滅遺」才產生出來的，兩者不應有隔閡離異。這是對言文一致的補充說明，旨在強調寫下來的東西，要讓人看得懂，如同聽得明白一樣，反之，「隱閉指意」，就是要反對的。所以，他又說：「聖人之言與文相副，言出於口，文立於策，俱發於心，其實一也。……文語相違，服人如何？」（《論衡》〈問孔〉）「夫筆之與口，一實也。口出以為言，筆書以為文。」（《論衡》〈定賢〉）這裡所說的「其實一」「一實也」，就是強調言文一致，注重意蘊表述。王充的雅俗觀提倡淺顯易懂的文風，反對深奧難以理解、「深覆典雅」的寫作時尚。他舉過一個例子，說：「秦始皇讀韓非之書，嘆曰：『猶獨不得與此人同時。』其文可曉，故其事可思。如深鴻優雅，須師乃學，投之於地，何嘆之有！」（《論衡》〈自紀〉）這個例子極具說服力。如果韓非的文章「深鴻優雅」，「須師乃學」，秦始皇不能領會其中所表達的意旨，又怎能發出感嘆呢！所以，王充接著強調：「夫筆著者，欲其易曉而難為，不貴

難知而易造；口論務解分而可聽，不務深迂而難睹。」（《論衡》〈自紀〉）這裡就指出審美表述上的一個問題，明白淺露而易曉、深入淺出的文風，看似容易實則「難為」，而那些看起來「難知」、故弄玄虛的「深覆典雅」之作其實是「易造」的。

## 第五節　應劭的「化俗為雅」論

應劭（生卒年不詳），字仲瑗，汝南南頓（今河南項城西南）人。應劭在《風俗通義》中著重強調以俗為雅、以俗為美。他在序文中指出，「俗間行語，眾所共傳，積非習慣，莫能原察」，因而需要考證，以明真偽。他又從畫鬼魅容易畫犬馬最難的俗語中引申說：「今俗語雖云浮淺，然賢愚所共咨論，有似犬馬，其為難矣。」他自己在進行創作時，就化俗為雅，吸收了不少民間的神話傳說和趣聞軼事以作為素材。他說：「言通於流俗之過謬，而事該之於義理也。風者，天氣有寒暖，地形有險夷，水泉有美惡，草木有剛柔也。俗者，含血之類，象之而生。故言語歌謳異聲，鼓舞動作殊形，或直或邪，或善或淫也，聖人作而均齊之，咸歸於正，聖人廢則還其本俗。……今俗語雖云浮淺，然賢愚所共咨論，有似犬馬，其為難矣。並綜事宜於今者，孔子稱：『幸苟有過，人必知之。』俾諸明哲，幸詳覽焉。」（《風俗通義》〈序〉）在應劭看來，流傳於各地民間的「俗」文藝，雖然能反映風土人情習俗，但還是極為粗俗的，「或直或邪，或善或淫」，需要聖人來「作而均齊之」，使「俗」文藝「咸歸於正」。所謂「正」，即「雅」，既指符合統治者推行的道德規範，也指適於社會各階級、階層普遍認同的審美規範。「歸於正」，也就是使之「雅正」「雅化」。應劭主張化俗為雅，故而說：「今俗語雖云浮淺，然賢愚所共咨論。」「俗」文藝

雖然「浮淺」，但為社會各階層的人們，不管是貴族、士大夫文人，還是社會底層的平民百姓，所共同愛好。應劭所提到的「似犬馬」，所講的是一個典故：即畫犬馬最難，畫鬼魅最易，因為「犬馬且暮在人之前，不類不可，類之故難。鬼魅無形，無形者不見，故易」（《風俗通義》〈序〉，此語又見於《韓非子》〈外儲説〉）。在應氏看來，要使「俗」文藝「雅正」，是非常困難的，難就難在「類」。何謂「類」？前文已經講過：「俗者，含血之類，象之而生。」用現代的話來說，就是「俗」文藝，有當時的風土人情特點，有豐富的感情色彩，有鮮明的形象寓意，也有「雅化」意義上的審美意味。所以應劭説「今俗語雖云浮淺」，但運用起來卻「有似犬馬，其為難矣」。看到「俗」文藝所包含的意蘊，要做到意蘊、意象、事理、情感的「類之」，的確很不容易。因此，應劭編著《風俗通義》的目的，如其序所云：「私懼後進益以迷昧，聊以不才，舉爾所知，方以類聚，凡一十卷，謂之《風俗通義》。」（《風俗通義》〈序〉）是讓人正確認識、瞭解「俗」文藝。在西漢辭賦華麗雕飾之風盛行的歷史背景下，這種觀點無疑是具有獨到之處的。

## 第六節　班固《漢書》〈漢文志〉「小説」 「道聽塗説者之所造」的雅俗論

　　班固（32-92），字孟堅，安陵（今陝西咸陽東北）人。東漢歷史學家、文學家，繼其父撰成《漢書》。以俗為美觀唸得到增強的突出體現是被稱為稗官之筆的小説的出現。班固《漢書》〈漢文志〉特列小説十五家，計一三八〇篇，對由先秦雜述、傳説演進而成的小説首次作了較有系統的論述，指出：「小説家者流，蓋出於稗官。街談巷語，道

聽塗説者之所造也。孔子曰：『雖小道，必有可觀者焉。致遠恐泥，是以君子弗為也。』然亦弗滅也。」這裡先説明「小説家」，最初是出於「稗官」。顏師古注云：「稗官，小官。」「稗官」所記載的，又源於「街談巷語，道聽塗説者之所造」，可見「小説家」仍出於民間，為「俗」文藝一類，與「雅」相對。這裡的「小説」儘管與今人所理解的「小説」內涵有所不同，但它指來自民間之「道聽塗説」，進而被「小説家」加工成為廣泛流行的敘事作品，雖被文人學者視為「小道」，「然亦弗滅也」。孔子認為「小説」為「小道」，「君子弗為」，表明其尚雅卑俗。而他又認為「小説」「必有可觀者焉」，認為就其認識價值而言，也有可取之處。這之中儘管多少流露出一些鄙薄態度，但班固《漢書》〈漢文志〉的論述也表明了小説作為「俗」文學作品具有強大生命力。

　　較之先秦，漢代的文藝美學家、文學家論及「雅」「俗」審美觀念，有了從文藝創作審美趣向差異切入和與歷史上類似作品加以比較的意識，對其中表達作者情感、境遇與志向的特點也有了新的發現。王符《潛夫論》〈務本〉説，「詩賦者，所以頌善醜之德，洩哀樂之情也」，「今賦頌之徒苟為饒辨屈塞之詞，競陳誣罔無然之事，以索見怪於世」。這實際上是對以「風雅」為主的《詩經》和吸收楚地民歌優點創作而成的屈賦的藝術經驗的總結，並以之為依據，指責其時「賦頌之徒」華而不實的文風。與《毛詩序》及鄭玄在《詩譜序》中對《詩經》藝術題旨的解釋相呼應，王逸在《楚辭章句》中從屈原作品「依《詩》取興」著眼，對其如何吸收並運用「風」體詩表現手法作了具體的分析，認為屈原作《九歌》是於放逐中「出見俗人祭祀之禮、歌舞之樂，其詞鄙陋，因為《九歌》之曲，上陳事神之敬，下見己之冤結，托之以諷諫」；特意強調了屈原化俗為雅，指出其創作與俗人歌舞文詞之間存在吸取與提高的關係。

第三章

# 魏晉南北朝：雅俗審美意識的發展

　　魏晉南北朝時期，文化思想的多樣化促使「雅」「俗」審美意識向多樣化發展。從「隆雅」審美意識來看，當時的士大夫文人在紛亂世態中注重對個體命運的關心及個性獨立的追求。也正由於此，其時「以俗為美」「化俗為雅」的審美意識也表現得比較突出。大約與曹丕同時的劉劭寫出了我國第一部專論人物才性辨識的《人物誌》。劉義慶組織撰著的《世說新語》展現了不同人物的心性與趣味。其中所體現出的追求個性的審美心態，固然與「隆雅」「崇雅」的審美意識有聯繫，但從其審美創作的旨趣看則與「化俗為雅」中顯示的個體意識有聯繫。可以說正是「隆雅尊雅」與「以俗為美」「化俗為雅」審美意識之間的相互影響、相互促進，從而才使當時的雅俗審美意識呈現出多種形態並影響及以後。

　　這一時期，樂府詩歌中所包含的民歌和擬民歌、俗樂歌與先秦的「風雅」詩相比，有著更多的對個性的注重和對自身命運的感懷，以及

真摯情感的直率表達。這時，還出現了汲取民歌特色，以俗為雅，以自豪、讚頌語調抒發情感的歌詞，如兩首《大子夜歌》所云：「歌謠數百種，《子夜》最可憐。慷慨吐清音，明轉出天然。」「絲竹發歌響，假器揚清音。不知歌謠妙，聲勢出口心！」所謂「清音」「天然」，就是對民歌的高度評價，是以俗為美、化俗為雅，是從「以俗為雅」的審美意識出發，對民歌審美特徵的理論概括，並使之成為盛唐李白等倡導「天然去雕飾」審美追求的先導。「聲勢出口心」，點出「以俗為雅」的民歌民謠之所以「妙」，「聲勢」之所以感人動人，就在於「口心」相應。北方漢族與長於騎射的少數民族之間的交往使北朝民歌與其他「俗」文藝多具有剛正清拔、雄深雅健的審美風貌。如所謂「我是虜家兒，不解漢兒歌」等，展現了民族間文化交往的有趣情景，也表露了要達到化俗為雅，以使民歌抒情言志，就必須多觸及民眾生活的審美意識。

對雅俗審美意識作理論思考的，主要還是一些著名的文藝理論家。如曹丕《典論》〈論文〉、陸機《文賦》、摯虞《文章流別論》等，都把追求文學雅化提升到理論高度。蕭統在〈文選序〉中特別提倡陶潛那種「化俗為雅」、從精神上追求雅化的品格。顏之推在《顏氏家訓》中則主張詩文創作應追求沈約所提倡的「三易」，即要「易見事」「易識字」「易讀誦」，可以說，這種主張實際上對「化俗為雅」的審美創作經驗作了提煉，提出了當時行之有效的「化俗為雅」的審美標準。

## 第一節　曹丕的「文體雅化」論

曹丕（187-226）字子桓，是曹操的次子，沛國譙（今安徽亳縣）人。三國時魏國建立者，稱魏文帝。曹丕在《典論》〈論文〉中說：「夫

文本同而末異。蓋奏議宜雅，書論宜理，銘誄尚實，詩賦欲麗。此四科不同，故能之者偏也；唯通才能備其體。」這裡就從文體上隆雅崇雅，並指出不同的文體，雅化的特點也各不相同。所謂「文本同」，是說文章的功用，從大處上講，是相同的。這和曹丕所著力倡導的「蓋文章，經國之大業，不朽之盛事」（《典論》〈論文〉）的傳統「風雅」美學精神相一致。「末異」，就是從文藝的表現形式上講，指明其不同的審美特徵。「雅」「理」「實」「麗」分別對應四種文體，既是文藝表達方面的要求，也是文體風格的寫照。「奏議宜雅」，因為是對君主，不能冒犯，所以措辭上要講究典雅的辭藻。「書論宜理」，這裡的「書論」指議論性的子書或就某一問題表明自己見解的文章，「理」有兩解：一是說理，以別於抒情摹狀、銘記石刻之類的詩文；二是紋理，那就是條理清晰、題旨明白。「銘誄尚實」，是說銘誄一類紀念記述性的文章要真實、樸實，不能溢美、失實。「詩賦欲麗」，指明詩賦一類文學性的創作要「麗」，是承繼漢代揚雄「詩人之賦麗以則」的美學觀點。

不過，曹丕從傳統「風雅」審美意識出發所提倡的「文體雅化」論，仍然是粗線條的，比較籠統。在他之前，王充、蔡邕都曾對「文體雅化」的區分及審美特徵作過有關論述，蔡邕還論及「文體雅化」類別的具體表現方法。但王充的「文體雅化」論既零散，又侷限於總體的社會功用，而蔡邕的「文體雅化」論則侷限於朝政應用文範圍。曹丕對「文體雅化」論的貢獻，在於既注重詩文的社會功用這一基本特性，又指明具體的類別差異，其範圍比蔡邕只重朝政應用文體雅化要更全面。曹丕的「文體雅化」論標舉「文本同而末異」，是全視角闡述文體雅化的先聲，它推進了後來的文體雅化研究，從桓范的《世要論》、陸機的《文賦》、摯虞的《文章流別論》、李充的《翰林論》到劉

勰的《文心雕龍》，這些論著的有關「文體雅化」論，都可以說是對曹
丕「文體雅化」論的進一步發展。

曹丕還通過「氣」對雅化的作用，來對詩文之雅化進行探討，指
出「氣」有不同，文之雅化也有不同，「氣」和作家氣質、個性與各自
的審美特色，以及「雅化」特徵密切相關。他指出：「文以氣為主，氣
之清濁有體，不可力強而致。譬諸音樂，曲度雖均，節奏同檢，至於
引氣不齊，巧拙有素，雖在父兄，不能以移子弟。」（《典論》〈論文〉）
「氣」這一範疇的提出由來已久，先秦時期，哲人們就已經用「氣」來
解釋宇宙生成等各種自然現象，也常用「氣」來說明人的生理和精神
現象，如《左傳》〈昭公二十五年〉載子產之言說：「民有好惡喜怒哀
樂，生於六氣。」《管子》〈心術下〉也說：「氣者，身之充也。……充
不美則心不得。」《孟子》〈公孫丑上〉則說：「吾善養吾浩然之氣。」
孟子的「養氣」說與其「知言」論相關聯。至於涉及「氣」與藝術表
達的，如《論語》〈泰伯〉云：「出辭氣，斯遠鄙倍矣。」《韓詩外傳》
卷九亦有「辭氣甚隘」「辭氣鄙俗」的說法。人的心理、性格與文藝創
作中所表現出的雅俗風貌密切相關。即如《大戴禮記》〈文王官人篇〉
所說：「心氣華誕者，其聲流放；心氣順信者，其聲順節；心氣鄙戾
者，其聲斯醜；心氣寬柔者，其聲溫好。」「氣」為雅俗之本。在中國
美學看來，「雅」與「俗」審美特色的形成是由「氣」所決定的。「氣」
是化生天地萬物的生命本原，是人與自然共同的構成質料，是生命的
基礎，是生命活力的源泉，也是形成「雅」與「俗」差異的根本所在。
所謂「人之生，氣之聚也」（《莊子》〈知北游〉）。人的身心條件、精
神狀態、生命能量，以及神合天地、心通萬物的智能的構成都決定於
「氣」。就人的心理結構而言，包括「血氣」「素氣」「志氣」「意氣」
「神氣」「才氣」「氣力」「氣味」「氣魄」等心理要素，是人的生命能

量之「根」，決定著人的心理結構的建構，而「陽氣」「陰氣」「清氣」「濁氣」「剛氣」「柔氣」「正氣」「俗氣」「浩氣」「儒氣」「奇氣」「秀氣」「霸氣」「村氣」「仙氣」「豪氣」等等又決定著氣質與趣味的剛柔、雅俗。如《三國志》〈蜀志〉〈揚戲傳〉就提出「雅氣」說，認為「軍師美至，雅氣曄曄」。「雅氣」，又稱「正氣」。曹丕就是受這種「氣」論的影響，提倡「文以氣為主」。這裡所謂的「氣」，既指審美主體的心理因素、性格特徵、精神特質，也兼指由個性、才情所決定與生成的文體風貌。而「氣之清濁有體」，則旨在表明人的精神特質的差異決定著文體風貌的不同。「清」，可以說是俊爽超邁的陽剛之氣和飄逸高雅的風格；「濁」，可以說是凝重沉鬱、溫潤和雅的陰柔之氣和醇雅深沉的風格。由「文氣」落實到具體的作家創作風格與作品的風貌：「王粲長於辭賦，徐幹時有齊氣，然粲之匹也。如粲之《初征》《登樓》《槐賦》《征思》，幹之《玄猿》《漏卮》《圓扇》《橘賦》，雖張、蔡不過也。然於他文，未能稱是。琳、瑀之章表書記，今之雋也。應瑒和而不壯，劉楨壯而不密。孔融體氣高妙，有過人者，然不能持論，理不勝辭，以至乎雜以嘲戲，及其所善，楊、班儔也。」(曹丕《典論》〈論文〉)「觀古今文人，類不護細行，鮮皆能以名節自立。而偉長獨懷文抱質，恬淡寡慾，有箕山之志，可謂彬彬君子者矣。著《中論》二十篇，成一家之言，辭義典雅，足傳於後，此子為不朽矣。德璉常斐然有述作之意，其才學足以著書，美志不遂，良可痛惜。……孔璋章表殊健，微為繁富。公幹有逸氣，但未遒耳；其五言詩之善者，妙絕時人。元瑜書記翩翩，致足樂也。仲宣獨自善於辭賦，惜其體弱，不足起其文，至於所善，古人無以遠過。」(曹丕《與吳質書》)顯然，「氣」作用於每個作家其表現特徵是不相同的，如「徐幹時有齊氣」，「孔融體氣高妙」，劉楨「公幹有逸氣」等，都表明人所稟賦的「氣」不同，

其情性、氣質、性格亦不同，並影響及作品的風貌。同時，其個性差異還與其生活環境密切相關的，一旦形成，不會變更，也不能在父兄之間遺傳，更不能在師生之間傳授。「氣」——才能氣質，表現在文藝作品中，則自然形成個人的性格化特色和獨特的雅化審美特徵。

曹丕認為，「徐幹時有齊氣」「公幹有逸氣，但未遒耳」。「逸氣」，指不受拘束、俊逸奔放的風格。在曹丕看來，劉楨的詩文雖然不拘常規、俊逸奔放，但在力度上還不夠強勁。又說王粲「體弱，未足起其文」，這裡所謂的「體弱」，指屬於個體體性才能氣質方面薄弱，從而影響到文章風貌不夠強健；「不足起其文」，就是指王粲文采雖斐然，但強健不足。曹丕認為徐幹「時有齊氣」、王粲「體弱」、應瑒「不壯」，以及稱讚劉楨「壯」而且「有逸氣」，可見，他崇尚的是壯大有力、強健豪放的風格。

## 第二節　摯虞的「以義正為助」論

摯虞（？-311）字仲洽，京兆長安（今陝西西安）人。晉代文論家。摯虞尚雅卑俗，說：「今之賦，以事形為本，以義正為助。」（《文章流別論》）所謂「義正」的「正」，即《詩大序》所謂「雅者，正也。」《文心雕龍》〈詮賦〉所謂「麗辭雅義，符采相勝」，就是摯虞「義正」的意思。摯虞推崇「以情義為主，以事類為佐」的「古詩之賦」（《文章流別論》），而反對「以事形為本，以義正為助」的「今之賦」。事實也確實如此，漢興以來許多體物的賦，以追求表現形式的華麗美觀為主，輕質重文。後世一般的批評家都指出這一點，然而摯虞的貢獻在於，他指出這些文風在藝術傳達方面的更深層次的根由，即「情義」與藝術傳達的因果關係：「情義為主，則言省而文有例。」（《文章流別

論》）可見，摯虞認為言辭簡潔明了，行文流暢有序，是作者在創作過程中貫徹「情義為主」的必然結果。而以堆砌事形為主的作家，儘管在表面上看，言辭富麗，但實質上「辭無常」，既沒有把握到藝術傳達準則，也沒有表明意旨情性，因而在內在的情感、邏輯結構和表達情義、事理等方面是無序的、混亂的。

魏晉時期的隆雅尊雅審美觀突出地表現在「文體雅化」論上，摯虞就是其中的一個代表人物，他說：「古之詩有三言、四言、五言、六言、七言、九言。古詩率以四言為體，而時有一句二句雜在四言之間，後世演之，遂以為篇。……夫詩雖以情志為本，而以成聲為節。然則雅音之韻，四言為正；其餘雖備曲折之體，而非音之正也。」（《文章流別論》）顯然，摯虞的「文體雅化」論與儒家正統的「雅俗」論是一致的。

值得注意的是，在隆雅尊雅的基礎上，摯虞還注意到了不同時代有不同時代的文體雅化特點。他指出「文辭之異，古今之變也。」（《文章流別論》）對詩歌文辭表達上的變異，以及「六詩」——風、賦、比、興、雅、頌的發展變化，論述得比較恰當。雖然在他看來，「雅音之韻，四言為正」，認為只有四言詩才是正宗的「雅樂」。對此章炳麟說得好：「語曰：『在心為志，發言為詩。』此則吟詠情性，古今所同，而聲律調度異焉。魏文侯聽今樂則不知倦，古樂則臥。故知數極而遷，雖才士弗能以為美。《三百篇》者，四言之至也。在漢獨有韋孟，已稍淡泊。下逮魏氏，樂府獨有《短歌》《善哉》諸行為激卬也。自王粲而降，作者抗志，欲返古初，其辭安雅。而惰弛無節者眾，若束皙之《補亡詩》，視韋孟猶登天。嵇、應、潘、陸，亦以楷竄。『悠悠大上，民之厥初』，『於皇時晉，受命既固』，蓋庸下無足觀，非其材劣，固四言之勢盡矣。」（《國故論衡》卷中《辨詩》）這種觀點正好可以

修正摯虞隆雅崇雅「文體雅化」論的不足之處。

在摯虞之前，關於「文體雅俗」論，曹丕只簡約地講過「奏議宜雅，書論宜理，銘誄尚實，詩賦欲麗」(《典論》〈論文〉)。陸機《文賦》也只是說到「詩緣情而綺靡，賦體物而瀏亮，碑披文以相質，誄纏綿而悽愴，銘博約而溫潤，箴頓挫而清壯，頌優游以彬蔚，論精微而朗暢，奏平徹以閒雅，說煒曄而譎誑」，都是對各類文體的雅化特點略舉其大端，點到為止。當然，陸機在《文賦》中，也以「悲而不雅」「雅而不豔」為文病，提出「清、應、和、悲、雅、豔」等六項審美要求，但未作更為深入的研究和闡述。摯虞的《文章流別集》中的「文體雅化」論，之所以值得重視，一是因為他依照實際情況把「文體雅化」特點區分得更細緻、更具體、更有系統性，二是他在「論」中吸取、總結、概括前人「文體雅化」論的觀點，並有更深入的探討和發揮。

## 第三節　蕭子顯的「不俗不雅」論

蕭子顯（489-537），字景陽，南蘭陵（今江蘇常州西北）人。出生皇族。這一時期雅俗審美觀的多樣化還表現在不少文藝家主張用詞應通俗易懂、不雅不俗。蕭子顯就是這種審美觀念的代表人物。他主張不俗不雅、雅俗結合。他說：「三體之外，請試妄談：若夫委自天機，參之史傳，應思悱來，勿先構聚。言尚易了，文憎過意，吐石含金，滋潤婉切。雜以風謠，輕唇利吻，不雅不俗，獨中胸懷。輪扁斫輪，言之未盡，文人談士，罕或兼工。非唯識有不周，道實相妨。談家所習，理勝其辭，就此求文，終然翳奪，故兼之者鮮矣。」(《南齊書》〈文學傳論〉) 所謂「言尚易了」，就是指創作主體在藝術表達方面要易識、易懂，要使用當代的常用詞語。在此之前，沈約也曾指出：「文章

當從三易：易見事，一也；易識字，二也；易讀誦，三也。」（見《顏氏家訓》卷上引）顯然，這是針對宋齊時期一些士大夫文人，在詩文創作中為了追求「雅化」，故意堆砌難懂、冷僻的字詞，脫離實際的文風而發的。蕭子顯總結創作實踐經驗，主張明白淺顯、易識、易懂的文風，要求審美創作應更好地傳情達意。「文憎過意」，就是強調文藝創作要恰當地傳達情意。而為了達到審美目的，就需要充分發揮文藝創作的諸因素。蕭子顯著重提出了四個要素：

第一要音律和諧。蕭子顯強調音韻諧美，認為這是詩文創作中最重要的因素之一。他用形象化的語言予以描述，認為達到音韻諧美的詩文作品，讀起來如「吐石含金，滋潤婉切」，又說：「屬文之道，事出神思，感召無象，變化不窮。俱五聲之音響，而出言異句。」（《南齊書》〈文學傳論〉）

第二要化俗為雅。民間歌謠以清新、通曉、易於上口的語言風格特色見長。蕭子顯提倡化俗為雅，向民歌學習，並把民歌中的表現風格特色化入「雅正」的詩文創作中。他指出，詩文創作要「雜以風謠，輕唇利吻」，要有利於增強詩文創作的表現力和生命力，使詩歌音韻諧和、流暢圓轉、易於上口。

第三要不雅不俗。雅和俗，雅語和俗語，歷來是文人詩文創作和民間歌謠在風格風貌和藝術表現上的主要區別特徵。蕭子顯提出「不雅不俗」，是要求兩者結合。他認為，能真正做到這一點的人不多。

第四要獨抒胸懷。蕭子顯特別強調作家個性，認為詩文創作應抒發個性化的情思志趣。實際上，個性化藝術風格的形成，來自作家個人的獨自胸懷，而他人是無法模仿的。

從其「不雅不俗」的雅俗論出發，蕭子顯對當時的詩文創作進行批評，說：「今之文章，作者雖眾，總而為論，略有三體：一則啟心閑

繹，託辭華曠，雖存巧綺，終致迂迴，宜登公宴，本非准的；而疏慢闡緩，膏肓之病，典正可採，酷不入情。此體之源，出靈運而成也。次則緝事比類，非對不發，博物可嘉，職成拘制，或全借古語，用申今情，崎嶇牽引，直為偶說，唯睹事例，頓失清采。此則傅咸《五經》，應璩『指事』，雖不全似，可以類從。次則發唱驚挺，操調險急，雕藻淫豔，傾炫心魂，亦猶五色之有紅紫，八音之有鄭衛，斯鮑照之遺烈也。」（《南齊書》〈文學傳論〉）蕭子顯這裡所說的「三體」，是就當時比較有代表性的三種風格流派及其主要作者。在蕭氏看來，這「三體」都不符合其「雅俗」論的要求。第一種「啟心閒繹，託辭華曠」，雖然「巧綺」，但卻缺乏真實的感情。第二種「緝事比類，非對不發」，實質上是堆砌事類，且「全借古語，用申今情」，厚古薄今，模擬雕琢，這樣一來只會使文藝創作受到大的限制，把豐富多彩的詞語搞得「頓失清采」。第三種「雕藻淫豔，傾炫心魂」。在蕭氏看來，這種儘管和前兩種不同，「傾炫心魂」，足以動人，但「猶五色之有紅紫，八音之有鄭衛」，仍然不符合「雅正」的傳統審美規範。

必須承認，蕭氏對當時詩文創作的風氣所作的品評還是比較客觀的。在蕭氏看來，能在多方面都做得好的作家屈指可數。故而，他說：「文章者，蓋情性之風標，神明之律呂也。蘊思含毫，游心內運，放言落紙，氣韻天成。」「屬文之道，事出神思，……吟詠規範，本這雅什……」（《南齊書》〈文學傳論〉）所謂「雅什」「規範」，就是儒家美學所提倡的「雅正」審美規範，由此可見，蕭氏的「雅俗」觀還是以尚雅為核心。

## 第四節　蕭統等的「隆雅尊雅」論

　　蕭統（501-531），字德施，南蘭陵（今江蘇常州）人。梁武帝蕭衍的長子，兩歲時立為太子，未即帝位而卒，諡昭明，故後世稱「昭明太子」。蕭統也繼承先秦儒家美學的尚雅精神，隆雅尊雅。他在〈文選序〉中説：「式觀元始，眇覿玄風；冬穴夏巢之時，茹毛飲血之世，世質民淳，斯文未作。逮乎伏羲氏之王天下也，始畫八卦，造書契，以代結繩之政，由是文籍生焉。……文之時義，遠矣哉！若夫椎輪為大輅之始，大輅寧有椎輪之質？增冰為積水所成，積水曾微冰之凜，何哉？蓋踵其事而增華，變其本而加厲。物既有之，文亦宜然；隨時變改，難可詳悉。」這裡，他把「文」即「人文」的起源推前到聖人在遠古創造的「畫八卦，造書契」，説明「結繩之政」的結束、文明時代的開始是以「文」為標誌的。但同時，他又突破了儒家傳統的束縛，指出：時代不斷進步，萬物「隨時變改」，因此，「物既有之，文亦宜然」是發展的必然規律；而「文」的發展主要表現在「踵其事而增華，變其本而加厲」，實際上指的是詩文作品不斷豐富，意蘊內涵不斷擴充，藝術風格呈現多樣化、雅化和多元化。他提出的所謂「增華」「加厲」，正是晉宋以來文體風格追求雅化、日趨華彩的真實寫照。總的來講，在他看來，詩文創作從質樸簡古到文飾雕琢、典雅華麗的變化，是社會進步的必然，只是相對的程度上有差異罷了。

　　在如何雅化的問題上，蕭統主張「麗而不浮，典而不野」的文質兼備論。他指出：「夫文典則累野，麗亦傷浮。能麗而不浮，典而不野，文質彬彬，有君子之致。吾嘗欲為之，但恨未逮耳。」（《答湘東王求文集及詩苑英華書》）這裡就推崇文質兼備。當然，就其實質而言，所謂「能麗而不浮」，畢竟和先秦儒家的「文」有著差異，這差異

實際上是時代風尚的變遷。晉宋以來詩文創作和審美鑑賞呈現推崇華麗雕飾的傾向，這種審美取向自然會影響到蕭統，因此他的「文質兼備」論在具體的審美品評中也表現出重文、講究辭藻的審美意趣。這點，我們可以從他為《陶淵明詩集》所作的「序」中得到證明。在〈陶淵明集序〉中，他說：「有疑陶淵明詩，篇篇有酒，吾觀其意不在酒，亦寄酒為跡者也。其文章不群，辭彩精拔，跌宕昭彰，獨超眾類，抑揚爽朗，莫之與京。橫素波而傍流，干青雲而直上。語時事則指而可想，論懷抱則曠而且真。加以貞志不休，安道苦節，不以躬耕為恥，不以無財為病。自非大賢篤志，與道污隆，孰能如此者乎！」他不但讚賞陶淵明的高尚情操，更看重他的「文章不群，辭彩精拔，跌宕昭彰，獨超眾類。」因此，蕭統的雅俗觀，可以說是文質兼備的前提下推崇「雅化」，和重文輕質的主導思想下講究「雅化」不同。同時，必須指出，蕭統賞識陶淵明的「文章」「辭彩」，是立足於其道德情操的。他說：「嘗謂有能觀淵明之文者，馳競之情遣，鄙吝之意怯，貪夫可以廉，懦夫可以立，豈止仁義可蹈，抑乃爵祿可辭，不必傍游泰華，遠求柱史。」（《陶淵明集序》）從這種「詩品出於人品」的品評方法來看，蕭統還是堅持先秦儒家詩教傳統的。這方面，蕭統之弟簡文帝蕭綱（503-551）的看法有所不同，在蕭綱看來，「立身之道與文章異，立身先須謹慎，文章且須放蕩。」（《誡當陽公大心書》）。蕭綱意在擺脫傳統儒家思想的束縛，故而其「雅化」論特別注重文學創作的藝術化特點。但把立身的道德情操和創作放蕩割裂開來，只會使創作活動和審美品評走向歧途。

　　繼其兄蕭統之後，蕭綱在其時文壇上占有特殊地位。他堅持「風雅」傳統，批評當時的文學創作在藝術傳達方面「懦純」「浮疏」「闡緩」，軟綿舒緩，缺少清新爽朗的風貌。他認為，真正的詩作，應當運

用「比興」表現方法，不然就是背離了「風騷」的旨趣。他還指出，要善於學習前輩詩人。一方面要學習前輩詩人優秀作品的雅化傳統，同時也要細心體味名作的構思與創意，因為前人優秀作品都具有創新的精神，所以，「觀其遣辭用心，了不相似」（《與湘東王書》）。為此，他甚至主張不以古代聖人為師，「若昔賢可稱，則今體宜棄」（《與湘東王書》），反對泥古不變，倡導以古代有才情的作家作品為學習的楷模。

在《與湘東王書》中，蕭綱還從其隆雅、尚雅，主張「雅正」文風的立場出發，對當時文壇模擬謝靈運、裴子野的風氣作了尖銳的批評，說：「又時有效謝康樂、裴鴻臚文者，亦頗有惑焉。何者？謝客吐言天拔，出於自然，時有不拘，是其糟粕。裴氏乃是良史之才，了無篇什之美。是為學謝則不屆其精華，但得其冗長；師裴則蔑絕其所長，惟得其所短。謝故巧不可階，裴亦質不宜慕。」文學史上稱謝詩「如初發芙蓉，自然可愛」。蕭綱對謝詩藝術風格的自然清新，持肯定態度，但也對謝詩中一些作品所存在的冗長弊病懷有不滿的意味。認為謝詩「時有不拘」，即有損「雅化」。可見，他認為應該汲取謝詩的精華，學習謝詩的獨創精神。「謝故巧不可階」，不是說謝詩的藝術表現手法不可捉摸，而是強調謝靈運善於體會自然萬物的生命意蘊，同時，對這種生命意蘊的藝術傳達也已經達到很高的境界，「吐言天拔，出於自然」，絕非常人所能及。為此，他反對時人拙劣的模仿相襲，更反對「不屆其精華，但得其冗長」的流弊。從其對裴子野的批評中，可以看出蕭綱對於文學類藝術作品的審美特性與非文學類藝術作品的審美特點有著比較深刻的認識。他說「裴氏乃是良史之才，了無篇什之美」，又說「師裴則蔑絕其所長」。這裡有兩層意思：歷史類文學作品不像文學類藝術作品那樣講求感官上的審美，它有自身的特點和要

求，認清並做到這一點，便是「良史」。其次，兩者比較，在語言的運用方面並無此優彼劣、一長一短的絕對化劃分，而是各有自身的優劣、短長，學習前人都要揚長避短，取其精華，去其糟粕。

此外，和蕭統一樣，蕭綱極為欣賞陶淵明的作品，「置几案間，動輒諷味」。陶詩的藝術風格比較質樸，跟晉宋以來注重辭采的風氣形成鮮明的對比。由此可見，蕭綱雖然批評「裴亦質不宜慕」，並不表明他一概反對「質」，而是主張藝術風格和藝術表現手法應多樣化。

蕭綱主張雅俗結合，並由此出發，對詩歌創作中藝術表達問題發表自己的看法，說：「又若為詩，則多須見意。或古或今，或雅或俗，皆須寓目，詳其去取，然後麗辭方吐，逸韻乃生。」（《勸醫論》）所謂「見意」，是指詩歌創作的審美意旨與審美意象的展現。一般講，藝術手法必須與審美意蘊熔鑄一體，無跡無痕。然而大多數人只是從創作者的角度去闡述如何與審美意蘊密合無間，並沒涉及接受者如何認同作品的審美意蘊與意象。蕭綱所說的「多須見意」，則是兼顧雙方，是比較周詳的。接著，他又指出，不管使用什麼樣的藝術手法，也不管偏重哪一種藝術風格，「或古或今，或雅或俗」，但都必須達到「寓目」的要求。這裡所謂「寓目」，如前所說「寓目寫心，因事而作」，指符合藝術意境營構的要求。「詳其去取」，意思是對創作素材、藝術手法及具體的創作方法，進行必要的推敲、調整。做到這一點，「然後麗辭方吐，逸韻乃生」，創作出優秀的詩歌。這裡的「麗辭」與「逸韻」並舉，說明蕭綱極為重視詩歌藝術的感知審美心理效果。同時，還喻示像「麗辭」「逸韻」這樣的美感，並不單純是由古、今、雅、俗等方面的某一個因素構成，而是交融的、互補的、兼蓄並收的，任何單一種類的藝術手法、單一傾向的藝術風格都不可能構成合乎時代的審美要求。

## 第五節　劉勰的雅俗論

　　將「雅」與「俗」作為審美範疇，並從理論上進行全面論述的是劉勰和鍾嶸。他們在《文心雕龍》和《詩品》中著重推崇「尚雅崇雅」的審美觀念，從雅俗比較和變化中看待文學審美現象，使它們超出同時代的其他論著。《文心雕龍》在這個問題上的論點至少有如下幾個方面：（1）標舉「聖文之雅麗」，強調文藝創作必須內容與形式完美統一。（2）指出文藝創作主體應注重品德修養，必須「儒雅」與「文雅」。（3）提倡「括乎雅俗之際」，隆雅輕俗。（4）具體論述一系列雅俗審美命題，如「典雅」「溫雅」「和雅」，常常「振葉以尋根，觀瀾以索源」，把《詩經》中來自民間、化俗為雅的詩作的審美經驗作為論述的基礎。（5）論述「雅俗代變」「知多偏好」等，採用了雅俗比較及雅俗轉化的事例，包括宋玉所說《陽春》《白雪》和者甚少的例證。（6）在雅俗文體辨別中，包括雜文、笑話、謎語之類都被看作「俗」文藝的體制。《文心雕龍》是「總括全體經史子集的一部通論」，也可以説是綜觀「雅」「俗」比較與「質」「文」代變的「通論」。

　　劉勰（約465-約532），字彥和，祖籍山東莒縣，世居京口（今江蘇鎮江），南朝梁著名文論家。劉勰的雅俗觀，是在總結前人經驗的基礎上形成的。現具體考察如下：

　　第一，指出「聖文雅麗」。劉勰在《文心雕龍》中認為，詩文創作必須意蘊純正，符合「雅」的規範，而詞語的表述則應有文采，要語言精練，辭采華美。如〈徵聖〉篇說：「然則聖文之雅麗，固銜華而佩實者也。」所謂「雅麗」之「雅」，就是「雅正」，是就詩文的內容、意蘊而言，即「實」；「麗」則是華麗，是就詩文的形式、言辭而言，即「華」。在劉勰看來，聖賢的書辭，就是內容雅正、文采美麗的典

範，都達到了「雅麗」審美境界，是「銜華而佩實」的，後世詩文家必須遵奉效法其創作經驗，故而，他提出「原道」「徵聖」「宗經」。他說「道沿聖以垂文，聖因文而明道」（〈原道〉），要「彌綸彝憲」，要「彪炳辭義」、論文明道就必須向古代聖賢學習。〈徵聖〉篇說：「夫作者曰聖，述者曰明。陶鑄性情，功在上哲。」「是以遠稱唐世，則『煥乎』為盛；近褒周代，則『郁哉』可從，此政化貴文之征也。鄭伯入陳，以文辭為功；宋置折俎，以多文舉禮。此事蹟貴文之征也。褒美子產，則云『言以足志，文以足言』；泛論君子，則云『情慾信，辭欲巧』；此修身貴文之征也。」詩文寫作必須「征之周孔」，宗法經誥，「陶鑄性情，功在上哲」「政化貴文」「修身貴文」。所謂「情慾信，辭欲巧」，聖哲的詩文總是兼顧內容與形式的。因此，劉勰指出：「志足而言文，情信而辭巧。」志，即「詩言志」中的「志」，指作品的意旨、意蘊；「情」，指感情；言、辭即語言文辭。這就是說詩文創作應意旨雅正，意蘊充實，語言表達要有文采，情感真摯，文辭美好，此「乃含章之玉牒，秉文之金科也」（〈徵聖〉）。

　　由於以「聖文雅麗」為審美規範，所以，劉勰《文心雕龍》強調指出，詩文創作，內容與形式必須辯證統一，相互作用、相互結合。聖哲的詩文之所以「文成規矩，思合符契」，就在於其「或簡言以達旨，或博文以該情，或明理以立體，或隱義以藏用」（〈徵聖〉）。「旨」「情」「理」與「言」「辭」「文」必須「達」「該」「立」「藏」，即內容與形式必須渾然一體，完美統一。故而，劉勰要求後世作家「稟經以制式，酌雅以富言」（〈宗經〉）；認為「征之周孔，則文有師矣」（〈徵聖〉）。他在〈宗經〉篇中說：「故文能宗經，體有六義：一則情深而不詭，二則風清而不雜，三則事信而不誕，四則義直而不回，五則體約而不蕪，六則文麗而不淫。」這就是說，詩文創作，要達到內容與形

式統一完美，必須做到感情表現深厚而不偏邪、浮詭，倫理教化純正而不混雜，敘事狀物真實而不荒誕；意旨義蘊正確而不邪曲，體勢精約而不煩冗，文辭華麗而不浮靡。所謂「情深」「風清」「事信」「義直」是強調內容要深刻、充實、豐富；而「體約」「文麗」則是講語言表達要精到，文采要華美。概言之，「體有六義」，就是「志足以言文，情信而辭巧」（〈徵聖〉），就是「銜華而佩實」，也就是「雅麗」。

劉勰在《文心雕龍》中多次提到「雅麗」。可以說，「雅麗」就是劉勰提出的在詩文創作內容與形式方面必須完美統一的審美標準。如所謂「麗詞雅義，符采相勝」，認為巧麗的文辭，雅正的意旨，如同玉的美質和文采一樣，應互相爭勝，互相結合。他還指出「孟堅《兩都》，明絢以雅贍」（〈詮賦〉）；指出「辭為膚根，志實骨髓」，反對「雅麗黼黻，淫巧朱紫」（〈體性〉）的現象；認為「商周麗而雅」（〈通變〉）。〈辨騷〉中說屈原的詩作「文辭麗雅，為詞賦之宗」。他從內容與形式兩方面著眼，認為屈原的詩作「骨鯁所樹，肌膚所附，雖取熔經意，亦自鑄偉辭」。〈樂府〉篇稱頌曹操的《苦寒行》、曹丕的《燕歌行》「志不出於淫蕩，辭不離於哀思」；〈史傳〉篇稱讚陳壽的《三國志》「文質辨洽」；〈諧隱〉篇稱許司馬遷的〈滑稽列傳〉「辭雖傾回，意歸義正」；〈檄移〉篇認為劉歆的文章「辭剛而義辨」，陸機的文章「言約而事顯」；〈章表〉篇推舉曹植的文章「體贍而律周，辭清而志顯」；〈奏啟〉篇指責王綰、李斯的「奏章」寫作「辭質而義近」「事略而意徑」；〈雜文〉篇則批評曹植的《客問》「辭高而理疏」。可以說，《文心雕龍》中對一百六十多位作家和作品進行了品評，或褒或貶，或譽或毀，或肯定其優點，或指出其不足，都是本著「雅麗」這一審美標準，從內容與形式相互作用、相交相合、統一完美的視角切入的。

第二，文雅來自人雅。劉勰認為只有「雅人」，才有「雅文」，「蔡

邕精雅，文史彬彬」，「敬通雅好辭說，而坎盛世」，至於「五子作歌，辭義溫雅」，「摯虞述懷，必循規以溫雅」，劉琨「雅壯而多風」，皆因「性各異稟」。所謂「一朝綜文，千載凝錦」（以上引文均見《文心雕龍》〈才略〉），「文雅」，必須來自「人雅」。在《文心雕龍》中，他開明宗義地指出：「心生而言立，言立而文明，自然之道也。」（〈原道〉）他認為，「文心之作也，本乎道」。黃侃在《札記》中解釋說：「尋繹其旨，甚為平易。蓋人有思心，即有言語；既有言語，即有文章。言語以表思心，文章以代言語，惟聖人為能盡文之妙，所謂道者，如此而已。」[1]有「心生」，才有「文明」，審美活動的發生與進行是「由人心生」，是「應物斯感」，離不開創作主體的介入。審美主體的「心」與「情性」在審美創作中具有主導的作用，離開了創作主體「心」「情性」的主導，就不可能有審美創作活動的發生，也不可能有藝術美與「雅」境的創構。因此，主體只有具備「雅」的人格，才可能創構出「雅」境，只有「雅人」才有「雅語」。

受古代人學的影響，劉勰極為注重人與人生。以人為中心，通過對「人」的透視，妙悟人生的真諦，也揭示宇宙生命的真諦，是劉勰確立美學思想體系的要旨。我們知道，在中國傳統美學思想看來，天地萬物之中，人具有最尊貴的地位。即如《荀子》〈王制〉所指出的：「人有氣有生有知亦且有義，故最為天下貴也。」孔子也說：「天地之性人為貴。」（《孝經》）人和人類社會都是以氣為本的天地自然長期衍化的結果，是整個宇宙的一部分。人與自然萬物都是大化氤氳的元氣所生成的，與自然萬物有共同的物質本原，所謂「萬物一氣」「天人一體」。同時，人又能通過自己的智慧和活動順應天地萬物，「上下與天

---

1　黃侃：《文心雕龍札記》，中華書局上海編輯所編輯，中華書局1962年版，第6頁。

地同流」（《尚書全解》卷一）、「與天地合其德」（《周易注》卷一）、「與天時俱不息」（《周易註疏》），因而，人與自己之外的萬物相比，是天地之間最為尊貴、最有價值的。「人下長萬物，上參天地」（董仲舒《春秋繁露》〈天地陰陽〉）。「二氣交感，化生萬物，萬物生生，而變化無窮焉，惟人也得其秀而最靈」（周敦頤《太極圖說》）。人在天地自然中具有自身的獨立性和能動性，故人能「參」天，通過主客體的交融互滲活動，以達到「天人合一」的宇宙境界。中國古代美學思想中這種認為人是萬物中最靈最貴的思想對劉勰具有很深的影響。因此，我們從《文心雕龍》中可以看出，雖然劉勰也講「自然」和「自然之美」，但同時他更為重視審美創作活動的發生與進行中作為創作主體的人的作用。〈原道〉篇說：「仰觀吐曜，俯察含章，高卑定位，故兩儀既生矣。惟人參之，性靈所鍾，是謂『三才』，為五行之秀，實天地之心。心生而言立，言立而文明，自然之道也。」劉勰認為，天上看到光輝的現象，地上看到絢麗的風光；天地確定了上下位置，構成了宇宙間的兩種主體。後來出現鐘聚著聰明才智的「人」，人和天地相配，並稱為「三才」。在這裡，他著重強調了人在天地萬物中的地位。不但如此，他還強調指出，人是宇宙間一切事物中地位最特出的，是天地的核心，「為五行之秀」。人具有思想感情、靈心妙識，由此始生成語言與文藝作品。從這裡可以看出劉勰對中國古代美學思想所認為的人是萬物中最靈最貴最神奇的，是最美的存在，也就是「有人才有美」的思想繼承和改造。他不但汲取了這一思想的精髓並且把它引進到其「雅俗」論之中。可以說，正是在這種人為萬物之靈、「天地之心」的審美意識作用之下，劉勰才非常重視審美創作主體在審美創作活動中的地位，注重審美創作主體心理結構的建構，並提出「文以行立」，「行以文傳」說，指出「情交而雅俗異勢」（〈定勢〉），認為體勢的雅

正與庸俗決定於「情」，強調「章、表、奏、議」等文章寫作，必須以「典雅」為審美標準。在他看來，「學有淺深，習有雅鄭」，「是以筆區雲譎，文苑波詭者矣」，「事義淺深，未聞乖其學，體式雅鄭，鮮有反其習」（〈體性〉）。審美創作活動的目的是「感物吟志」（〈明詩〉）、「體物寫志」（〈詮賦〉）、「述行序志」（〈詮賦〉）；審美創作活動的生成則是心物交感的結果，是「情以物興，物以情觀」（〈詮賦〉）；而審美創作活動的進行則是主客體交融的過程，是心「隨物以宛轉」，物「與心而徘徊」（〈物色〉）。在這種主客體關係上，主體支配著客體，心主宰著物，是「從物出發」，又「以心為主」。人在審美創作活動與「雅」之境界的創構中占有核心和主導的地位。因此，劉勰極為重視創作主體的思想品德、氣質性格、審美情趣、審美性情等心理結構的構成要素。他認為創作主體的人品德行影響文藝作品的思想內容和審美境界，所謂「文以行立，行以文傳」（〈宗經〉），「剛健既實，輝光乃新」（〈風骨〉），「習有雅鄭」，「體式雅鄭，鮮有反其習」（〈體性〉）。創作主體的精神風貌決定著文藝作品審美風格的形成。不同的創作主體，其審美個性能力和心理結構是不同的，人的趣味與審美取向，有的高雅，有的庸俗，而作品的「體式」的高雅與庸俗，跟創作主體的趣味與個性的高雅與庸俗是大體一致的。即如〈體性〉篇所指出：「夫情動而言形，理髮而文見，蓋沿隱以至顯，因內而符外者也。」文藝作品的意蘊與藝術表達、「質」與「文」是相互統一的，創作主體的思想情感、審美個性決定著文藝作品的審美價值。其中，特別是個性結構中的人品，即創作主體的胸襟、品德、情操是審美創作成敗的關鍵，有好的人品和德行，才有傑出的不朽之作，「雅人」才有「雅作」，「人雅」才有「文雅」。劉勰說：「夫文以行立，行以文傳；四教所先，符采相濟。勵德樹聲，莫不師聖；而建言修辭，鮮克宗經。」（〈宗經〉）

就以孔子為典範，強調創作主體的品德操行決定著文藝作品審美價值的高低。只有「雅人」，才有「雅語」，和順積於中，英華發於外，胸襟高，立志高，見地高，則命意自高，審美理想及其審美情趣也高，創作出來的作品其審美格調自然光明而俊偉。

正是有「人雅」才有「文雅」出發，劉勰推究「文」之本原，引出聖人和聖文，提出「徵聖」「宗經」的思想，並以之為確立其「雅化」審美意識的基礎，推崇儒家的隆雅崇雅審美觀。

第三，雅體來自「宗經」。在劉勰看來，詩文「雅正」的風貌體式來自「徵聖」「宗經」。由此出發，他在《文心雕龍》中論述到詩文「雅化」中所涉及的審美意蘊與藝術表現如何密切融合的問題，強調詩文創作應達到「情深而不詭」「風清而不雜」「事信而不誕」「義直而不回」「體約而不蕪」「文麗而不淫」（〈宗經〉）。他認為：「義欲婉而正，辭欲隱而顯。」（〈諧隱〉）詩文「雅化」必須做到藝術表現手法運用應盡可能適合審美意蘊的傳達，要使審美意蘊的表達既深藏不露、「餘味曲包」，同時又不詭詐；意氣風度要清朗而不雜亂；所描繪的事物要真實而不荒誕；審美意旨正確端直而不枉曲；文章簡約而不繁蕪；文辭華麗而不過分。「情深」「風清」「事信」「義直」是說審美意蘊要深刻、充實、豐富；「體約」「文麗」是說藝術表現要精美雅麗。

第四，辨雅俗。劉勰在總體傾向上是尚雅輕俗，反對「雅鄭共篇」的，因而他認為習文應辨雅俗，應取法「雅制」。他在《文心雕龍》中多次提到「雅俗」，如「情交而雅俗異勢」（〈定勢〉）、「泛舉雅俗之旨」（〈序志〉）、「括乎雅俗之際」（〈通變〉）；他還喜歡「雅鄭」並舉，如「習有雅鄭」「體式雅鄭」（〈體性〉）等。所謂「括乎雅俗之際」之「括」，本義為矯正曲木的器具，這裡指糾正偏向。可見，在劉勰看來，在「雅」與「俗」之間需要加以辨正，應分清「雅」「俗」，在雅

化與世俗化的問題上應認真辨析，處理適中、恰當，不要含混不清存有偏見，「雅」與「俗」應「習」「式」「情交」，以熔鑄自己的情感使雅正或庸俗的審美風貌「異勢」，「泛舉」其旨。

　　劉勰之前，早在先秦，儒家的重要人物孟子就曾強調指出，「今之樂猶古樂」（《孟子》〈梁惠王下〉），認為「世俗之樂猶先王之樂」，提倡雅俗並舉，反對只提倡「古樂」「雅樂」，貶斥如「鄭衛之音」一類的「新聲」「俗樂」的觀念。這以後，一些文藝思想家要麼站在儒家審美教化論的立場，堅持褒雅貶俗，堅持禁止「淫聲」「夷俗邪音」。如《荀子》〈王制〉云：「聲，則凡非雅聲者舉廢；色，則凡非舊文者舉息。」〈樂記〉更是認為「鄭衛之音，亂世之音也」，「桑間濮上之音，亡國之音也」（《樂本》）；推崇「古樂」「雅樂」，讚美其「和正以廣」「訊疾以雅」；貶斥「新樂」「俗樂」，則指責其「奸聲以濫，溺而不止」，「好濫淫志」（〈魏文侯〉）。一些文藝思想家則站在其對立面，提倡「文不避俗」。如桓譚就「離雅樂而更為新弄」（《新論》〈離事〉），好鄭衛新聲而不喜雅頌之音。王充則認為「詩作民間」（《論衡》〈對作〉）。從審美意義而言，所謂「俗」，有通俗、俚俗、粗俗和庸俗、鄙俗之分。屬於大眾百姓的，出身於世俗風塵，來源於阡陌裡巷，產生於民間的文藝作品，植根於社會底層，易懂易看易理解易體會，在大眾中廣泛流傳為平民百姓所喜聞樂見，屬於通俗、俚俗之作，維繫於平民大眾的日常生活，並由此而躍動著永不衰竭的活力，新鮮活潑，富有自然朝氣。社會底層的艱辛、坎坷，既是「俗」文藝生命衝動與活力產生的源泉，也是激發其最初創作衝動的「觸點」和契機。而平民大眾生活的豐富與多變，則更是「俗」文藝所包容的多彩多姿、原原本本的世態人情生成的淵藪。故而，「俗」文藝總是活水長流、從未間歇，表現的乃是民眾的心靈與精神面貌，流露的則是民眾的心

聲、心曲。所以這種「俗」文藝應是通俗的文藝、民間的文藝，也即大眾的文藝，是健康的、積極的、富有強大生命力的，永遠煥發著自然、真率、樸素的本色和稚氣的鮮活的美。它總是與「雅」文藝相互影響、相互滲透、相互轉化，而表現出俗中見雅、大俗大雅、雅俗結合、雅俗共賞的審美特徵。但與此同時，我們也應該看到，「俗」文藝的這種通俗性、俚俗性，並不等同於通俗文藝，更不是庸俗文藝、低俗文藝、媚俗文藝。在大量的「俗」文藝中，往往良莠並陳，美醜皆有，泥沙俱下，有真品、精品，也有次品、劣品，故而，在如何對待「俗」文藝必須堅持去粗取精，去偽存真的原則；應具體問題具體分析，歷史地辯證統一地來看待「雅」與「俗」的關係。

而劉勰則正是基於此來看待「雅」與「俗」的關係的。他在繼承前人有關雅俗審美觀念的基礎上，主張「括乎雅俗之際」（《文心雕龍》〈通變〉）。

第五，推崇典雅、和雅、風雅。劉勰在《文心雕龍》中極力提倡「典雅」「溫雅」「文雅」「儒雅」「雅麗」。如〈體性〉篇云：「一曰典雅」，「典雅者，熔式經誥，方軌儒門者也。」〈詔策〉篇云：「潘勖《九錫》，典雅逸群。」〈頌讚〉篇云：「原夫頌惟典雅，辭必清鑠。」〈定勢〉篇云：「自入典雅之懿」。〈才略〉篇云：「必循規以溫雅。」〈才略〉篇云：「五子作歌，辭義溫雅。」〈章表〉篇云：「序志顯類，有文雅焉。」〈序志〉篇云：「按轡文雅之場。」〈時序〉篇云：「文帝彬雅，秉文之德。」〈議對〉篇云：「儒雅中策，獨入高第。」〈時序〉篇云：「並跡沉儒雅，而務深方術。」等等。他在〈序志〉篇中曾表明自己的審美主張及審美追求，說：「夫銓序一文為易，彌綸群言為難，雖復輕采毛髮，深極骨髓，或有曲意密源，似近而遠；辭所不載，亦不勝數矣。及其品列成文，有同乎舊談者，非雷同也，勢自不可異也；有異乎前

論者，非苟異也，理自不可同也。同之與異，不屑古今，擘肌分理，唯務折衷。」這裡所謂「折衷」，即剖析與探究「文」中的心理活動規律，所涉及的主體的審美心理結構的建構、審美能力、審美修養、審美個性、審美體驗活動，以及作品「典雅」「溫雅」「和雅」之境的構築，與接受者之間的關係，所應採取的態度等。劉勰還繼承傳統的「雅正」詩學精神，推崇「風雅」。如在〈辨騷〉篇中，認為楚辭等騷體詩有「典誥之體」「比興之義」「規諷之旨」「忠怨之辭」，「觀茲四事，同於風雅者也」。就指出《楚辭》是雅文，是雅正之作。他認為「詩書雅言」（〈誇飾〉）、「義必明雅」（〈詮賦〉），漢賦「必曲終而奏雅者也」（〈雜文〉）。實際上，這就是以儒家的「雅正」審美規範來分析與考察詩文創作與接受中的審美活動，強調「雅潤」之美。縱觀《文心雕龍》全書，「雅正」不僅僅是他的審美觀，也是論文敘筆和剖情析采的方法論。諸如詩文作品的「情」與「采」、「風」與「骨」、「隱」與「秀」、「體」與「性」等等，這些審美範疇都是互相滲透、補充、融合的。再深入一步到更細微處，可知在對立面的兩方，諸如「雅」與「俗」、「文」與「質」、「正」與「奇」、「華」與「實」等等，也都可以取長補短、折中調和的。可以説，折中和雅、雅正溫潤、不偏不倚是《文心雕龍》的美學精神，是劉勰所極力推崇的最高審美境界。劉勰主張「宗經」，但「緯書」不是聖人所作也不是經典之文，而且無論是思想內容還是表達形式都和經典差異很大，而劉勰對此問題的看法則是比較寬容的。他認為無論詩文「必雅義以扇其風」（〈章表〉），「必循規以溫雅」（〈才略〉），強調「雅而澤」（〈誄碑〉）、「明絢以雅贍」（〈詮賦〉）、「雅潤為本」（〈明詩〉）。在他看來，從「文」的角度講，「緯書」還是有用的，因為它「事豐奇偉，辭富膏腴」，「而有助文章」。這裡，「事豐」即藝術表達所必須依託的奇特的事類意象；「辭

富」即藝術表達現象，辭藻富麗、文采華美。確實，「緯書」上大量描繪的神話鬼怪，是經典沒有的，所以說「無益經典」，但劉勰畢竟看到「文」的特性，採取折中的方法，提倡採摭「緯書」的英華，實際上是把「緯書」的事類意象、辭藻文采和「經書」的「雅正」特點互相滲透、補充，來個取長補短、調置中和。並且他把「正緯」提到「文之樞紐」的地位，予以肯定。

同樣的美學精神，也用於〈辨騷〉。紀昀在其評語中指出：「辭賦之源出於《騷》，浮豔之根亦濫觴於《騷》，辨字極為分明。」（見《四庫全書・黃氏輯注文津閣本》）這裡，所謂的「辨」是指劉勰在《文心雕龍》中把《離騷》和《詩經》作比較，指出「騷」與經典既有相同之點也有不同點，即：「詭異之辭」「譎怪之談」「狷狹之志」「荒淫之意」，「摘此四事，異乎經典者也。」（〈辨騷〉）實際上也都和藝術表現密切相關。接著，他又推究其原因，指出：「故論其典誥則如彼，語其誇誕則如此。固知《楚辭》者，體憲於三代，而風雜於戰國，乃《雅》《頌》之博徒，而詞賦之英傑也。觀其骨鯁所樹，肌膚所附，雖取熔經意，亦自鑄偉辭。故《騷經》《九章》，朗麗以哀志；《九歌》《九辯》，綺靡以傷情；《遠遊》《天問》，瑰詭而慧巧；《招魂》《招隱》，輝豔而深華；《卜居》標放言之致，《漁父》寄獨往之才。故能氣往轢古，辭來切今，驚采絕豔，難與並能矣。」所謂「取熔經意，亦自鑄偉辭」，即劉勰從其「宗經」「徵聖」的「雅正」審美主張出發，「正末歸本」認為騷體詩的創作也是熔鑄儒家經典，汲取儒家經世治道的政治教化美學精神，堅持「雅正」審美規範，而成就其「偉辭」。這樣一來劉勰就為騷體的創作者製造了一份繼承經典的家譜，並承認其「自鑄偉辭」的雅化特色。顯然，他的立足點仍然是「雅正」傳統，是折中調和，是把經典的雅正古樸的雅化風格與騷體的奇偉瑰麗的雅化風

格加以融合，旨在追求中正和雅的審美境界。所以，他說：「若能憑軾以倚《雅》《頌》，懸轡以馭楚篇，酌奇而不失真，玩華而不墜其實；則顧盼可以驅辭力，欬唾可以窮文致。」（〈辨騷〉）這裡，「真」即正，也即「雅」。「正」與「奇」相對，「華」與「實」相對。「酌奇而不失真，玩華而不墜其實」，可見，劉勰主張在藝術表現方面應兼取、摻和經典與騷體的長處，在雅化風貌的建構中鑄成「中正和雅」的典雅美。

　　劉勰的「典雅」與「中和」審美主張，貫穿於《文心雕龍》之中，時時處處可見。例如：他說：「酌奇而不失其真，玩華而不墜其實。」（〈辨騷〉）「意古而不晦於深，文今而不墜於淺。」（〈封禪〉）還說：「文而不移。」（〈奏啟〉）「誇而有節，飾而不誣。」（〈誇飾〉）以及〈宗經〉中的「約而不蕪」「麗而不淫」「辭約而旨豐」「事近而喻遠」等等，其中前後兩項或是相對立，或是相參差，需要通過適當的藝術表現手法加以協調中和，以達到和美的典雅境界；有些也可以說是孔子所謂「過猶不及」雅化審美意識的繼承，如：「要而非略，明而非淺。」（〈章表〉）「直而不野。」（〈明詩〉）「夫能設謨以位理，擬地以置心；心定而後結音，理正而摛藻。使文不滅質，博不溺心；正采耀乎朱藍，間色屏於朱紫：乃可謂雕琢其章，彬彬君子矣。」（〈情采〉）等等。值得注意的是，與劉勰同時代的文藝理論家，也有類似的審美觀念。如劉孝綽所說：「深乎文者兼而善之，能使典而不野，遠而不放，麗而不浮，約而不儉，獨擅眾美，斯文在斯。」（〈昭明太子集序〉）又如蕭統所說：「夫文典則累野，麗亦傷浮。能麗而不野，典而不野，文質彬彬，有君子之致。」（《答湘東王求文集及詩苑英華書》）再如蕭繹所說：「能使豔而不華，質而不野，博而不繁，省而不率，文而有質，約而能潤，事隨意轉，理逐言深，所謂菁華，無以間也。」（〈內典碑銘

集林序〉）可見推崇儒家正統隆雅尊雅的「雅正」與「中和」審美意識是當時的一種普遍性的意趣。

劉勰吸取儒家「雅正」傳統美學精神，並在此基礎上構築了一個「雅化」審美意識體系，但更重要的還是論述的體例結構完成，內在邏輯嚴密，當然其最突出的貢獻還在於「敷理以舉統」。他在「文體雅化」論方面，對每一類文體的特點都作了比前人更為深入而詳盡的分析，並總結出相應的對藝術表現的具體要求，如：「原夫頌惟典雅，辭必清鑠。敷寫似賦，而不入華侈之區；敬慎如銘，而異乎規戒之域。揄揚以發藻，汪洋以樹義，惟纖曲巧致，與情而變。」（〈頌讚〉）這裡，通過與頌相近的文體如賦、銘的比較研究方法，細緻地辨別出頌的文體特徵及相應的雅化要求。

劉勰對作家個性審美風貌有著比較深刻的認識，所以面對繁複多變的藝術風貌，舉統攝要，舉出八體，即八種類型的審美風貌：「典雅」「遠奧」「精約」「顯附」「繁縟」「壯麗」「清奇」「輕靡」等。而這八體可分成審美風貌迥異的四個組，如劉勰所說，「雅與奇反，奧與顯殊，繁與約舛，壯與輕乖」（〈體性〉），即雅是正，奇是不正；奧是深隱，顯是明顯；繁是豐繁，約是簡約；壯是壯實，輕是輕浮，所以相反。但劉勰並沒把審美風貌程式化。他指出：「八體屢遷，功以學成」，「八體雖殊，會通合數，得其環中，則輻輳相成。」（〈體性〉）這就是說，把八種基本類型的審美風貌融會貫通，就可以創造自己個性化的藝術風格。實際上，除了上述相反相對的四組審美風貌不能相兼包容外，其他各組都可以相互兼容。如奇正、隱顯、繁簡、剛柔相反，奇不能兼正，隱不能兼顯，繁不能兼簡，剛不能兼柔，但奇可以兼隱或顯，兼繁或簡，兼剛或柔，其他各體可以類推，這樣就可以推導出豐富多彩的審美風貌。

劉勰的八體分類的一個極有價值的地方，就是把文藝作品的審美意蘊和藝術表現結合起來。他說：「典雅者，鎔式經誥，方軌儒門者也。遠奧者，復采典文，經理玄宗者也。精約者，核字省句，剖析毫釐者也。顯附者，辭直義暢，切理厭心者也。繁縟者，博喻釀采，煒燁枝派者也。壯麗者，高論宏裁，卓爍異采者也。新奇者，擯古競今，危側趣詭者也。輕靡者，浮文弱植，縹緲附俗者也」（〈體性〉）在這裡，「典雅」風貌，要求意蘊是「方軌儒門」，文辭是「鎔式經誥」；「遠奧」風貌，要求意蘊是「經理玄宗」，文辭是「復采典文」；「精約」風貌，要求意蘊是「剖析毫釐」，文辭是「核字省句」；「顯附」風貌，要求意蘊是「切理厭心」，文辭是「辭直義暢」；「繁縟」風貌，要求意蘊是「煒燁枝派」，文辭是「博喻釀采」；「壯麗」風貌，要求意蘊是「高論宏裁」，文辭是「卓爍異采」；「新奇」風貌，要求意蘊是「危側趣詭」，文辭是「擯古競今」；「輕靡」風貌，要求意蘊是「縹緲附俗」，文辭是「浮文弱植」。這就把藝術表現與體現審美意蘊的意趣、取向結合起來了。

在詩文創作聲律等藝術表現手法上劉勰提倡「雅音」。他指出：「又詩人綜韻，率多清切。《楚辭》辭楚，故訛韻實繁。及張華論韻，謂士衡多楚，《文賦》亦稱知楚不易。可謂銜靈均之聲余，失黃鐘之正響也。」（〈聲律〉）所謂「詩人」二句，乃是指《詩經》的用韻，大都清切，合於標準的雅言音韻。這是劉勰極力推崇的。「楚辭」二句，指《楚辭》作者用楚語，所以用韻不合標準的很多。「張華」以下數句，批評陸機之文用楚語。「靈均」指屈原用楚音押韻。「黃鐘」即黃鐘正聲，指華夏標準音，即「正聲」「雅音」。劉勰積極推崇詩文聲律應該用雅音，即雅言的標準音，主張忌用方言。

## 第六節　鍾嶸的「揚正抑俗」雅俗觀

　　鍾嶸（？-約518），字仲偉，穎川長社（今河南許昌）人。南朝梁文學理論批評家。鍾嶸也主張尚雅隆雅，並通過對眾多詩人品第高下的評議來表述自己的「隆雅鄙俗」與主張「化俗為雅」的審美意識。他反對「庸音雜體」，推崇《詩經》和屈原作品開創的「風雅」「風騷」美學精神。如他在《詩品》中稱讚嵇康的詩作，「托喻清遠，良有鑑裁」；推舉左思的「詠史」詩，「文典以怨，頗為精切，得諷諭之致」；稱許阮籍的《詠懷》詩，「言在耳目之內，情寄八荒之表，洋洋乎會於風雅」；讚揚應璩「善為古語，雅意深篤，得詩人激刺之旨」；推崇曹植之作「骨氣奇高，詞采華茂，情兼雅怨」；劉楨的詩「仗氣愛奇，動多振絕，真骨凌霜，高風跨俗」等等，都是以「雅正」為審美標準來進行品評的。鍾嶸論詩，堅持「賦比興」的「雅正」傳統。他主張「宏斯三義，酌而用之」，再「干之以風力，潤之以丹采」（〈詩品序〉），強調詩歌創作應追求「雅意深篤」「情兼雅怨」「高風跨俗」「會於風雅」；推重「典雅」審美境界。故而他認為任昉「拓體淵雅，得國士之風」；指出張欣泰、范縝二人的詩作「並希古勝文，鄙薄俗制，賞心流亮，不失雅宗」（均見《詩品》）。並且，他論詩，重「典」而反對用事，尤其推重表達委婉、風格凝重合乎「典雅」規範的詩歌作品，故許文雨在《鍾嶸詩品講疏》中認為他「蓋有揚正抑俗之微意存焉」[2]。

　　值得注意的是，在「四言」與「五言」，古體與新體詩這個問題上，鍾嶸比劉勰的觀點要進步得多。劉勰在《文心雕龍》〈明詩〉中曾強調指出：「四言」詩才是「正體」，符合「雅正」傳統，以「雅潤為本」；而「五言」詩則為「流調」，恪守傳統詩論。而鍾嶸則不以為然，

---

2　許文雨：《鍾嶸詩品講疏》，成都古籍書店1983年版。

認為「四言文約意廣，取效《風》《騷》」，然「每苦文繁而意少」；而「五言居文詞之要，是眾作之有滋味者也，故云會於流俗。」（〈詩品序〉）他認為，四言體「取效《風》《騷》」，「每苦文繁而意少」；新興的五言體，被看作有「滋味」，因而「會於流俗」。表明鍾嶸堅持其「化俗為雅」的審美主張，並指明由俗到雅是個提升過程。他特意指出，不管四言、五言，在創作上都要運用《詩經》的「興、比、賦」三義：「宏斯三義，酌而用之，干之以風力，潤之以丹彩，使味之者無極，聞之者動心，是詩之至也。」（〈詩品序〉）他從前人總結的《詩經》「六義」中著重提出「三義」，並與「滋味」之說結合起來，在雅俗審美觀的發展史上是一種進步。鍾嶸在品評當時詩人作品得失時，又常以《風》《騷》或當時俗詩中的佳作作為範本來進行對比。如他批評有的詩人有用典太多的弊病，就以不用典而清新動人的「清晨登隴首」的俗詩作為對照。他還把一百多名詩人各自繼承的詩歌文化傳統，分別隸屬於《國風》《小雅》《楚辭》幾大源流。這實質上是把前代化俗為雅善於向俗文學吸取營養的屈原、宋玉之作作為典範，以提倡化俗為雅。

## 第七節　其　他

這一時期寫人物軼事和神鬼志怪的筆記小說等「俗」文藝創作有了較大的發展，主要是化俗為雅，對神話、傳說與民間笑話之類材料的加工、改寫或整理。一些熱心於化俗為雅的文人以序跋或其他形式表達了不少有關「雅俗」的審美意識。如葛洪就依據一些「淺俗」傳說化俗為雅，以編撰成《西京雜記》，魯迅曾稱讚其文字「秀異可觀」。葛洪在其「跋」中，對如何化俗為雅，整理編撰「俗」文學作品，提出了「締構」說，認為應有「前後之次」和「事類之辨」。這和《詩經》

中所說「有倫有脊」的思想一脈相承。郭璞不但為收錄古代神話和地理記趣文字甚富的《山海經》作註釋和圖贊，而且還在序言中特地為化俗為雅、神異類「俗」文學的浪漫、幻想特色作了論述。他指出，要瞭解「觸象而構」的必要性，並指出應當「原化以極變，象物以應怪，鑑無滯賾，曲盡幽情」（《山海經敘》），還提出應以「至通」作為審美文化交流上達成知音的條件。干寶〈搜神記序〉、蕭綺〈拾遺記序〉都論述到如何化俗為雅、蒐集整理民間傳說異聞以使之成為小說的方法與效用。如蕭綺就指出，撰寫這種小說需要「刪其繁紊，紀其實美」，並要「編言貫物，使宛然成章。數運則與世推移，風政則因時回改」（〈拾遺記序〉）。顯然，這裡所謂的「刪繁」「紀實」「編言貫物」，以汲取其「美」，「使宛然成章」，也就是化俗為雅的過程。

第四章

# 隋唐：雅俗審美意識的拓展

　　隋唐時期，經濟發展，國力強盛，商貿繁榮，文化昌盛。這樣的社會文化環境為雅俗審美意識的拓展提供了適宜的條件。從審美創作實踐來看，其時審美情趣與審美取向表現為「雅俗並重」「雅俗相通」「化俗為雅」，甚而「以俗為雅」。人們經常愛以唐詩為唐代文學取得輝煌成就的標誌。從「雅」「俗」審美意識的互相對立與相互融匯來看，不但唐詩中有雅俗不同的取向和各自的精品，傳奇、變文和其他被魯迅稱為「俗文體」的新興文學體裁中也有許多佳作。隋唐五代國運不乏變故，但以俗為雅的審美追求與相關審美意識卻大體繼續下來，敦煌文化就足以說明這一點。

　　從「俗」文藝創作的發展情況來看，其突出表現是文言傳奇與民間文學中講故事之類的以俗為雅作品的大量湧現，帶來了新的審美需求和新的審美觀念。魯迅在《中國小說史略》中曾將唐人傳奇與敦煌所見「唐末五代文鈔」的「俗文體之故事」分別加以論列。從中可以

看出，由以前的簡略的志怪筆記小說發展為唐人傳奇，在「化俗為雅」走向「以俗為雅」的形態上更前進了一步。這種雅俗審美觀念相互為用、彼此相參、互相滲透的現象也引起了文藝理論家的注意，並從中總結經驗，以上升到相應的理論高度。魯迅特意引述胡應麟在《筆叢》中所說「至唐人乃作意好奇，假小說以寄筆端」，指出「其云『作意』，云『幻設』者，則即意識之創造矣」。由此出發，來審視唐傳奇作者，的確有這方面審美意趣的表露。如沈既濟就在其《任氏傳》的「評贊」中稱：「異物之情也有道焉」，「惜鄭生非精人，徒悅其色而不征其情性。向使淵識之士，必能揉變化之理，察神人之際，著文章之美，傳要妙之情，不止於賞玩風態而已。」「揉變化之理，察神人之際，著文章之美，傳要妙之情」是對傳奇佳作「雅化」過程的理論概括，對「雅」「俗」文藝創作都適用。陳鴻在《長恨歌傳》中說：「希代之事，非遇出世之才潤色之，則與時消滅，不聞於世。」李公佐也在《南柯太守傳》中說：「編錄成傳，以資好事」，「竊位著生，冀將為戒。」等等，都表達了小說創作中對「雅化」的自覺追求，和將民間傳說「潤色」「編錄」，以化俗為雅的審美意趣。

敦煌所藏隋唐五代的佛教講經文、變文及各種俗體小賦，體現了其時「俗」文藝體裁的多樣、豐富。從中，我們還可以看到「雅」「俗」審美意識交互影響的形態。在不同層次的宗教宣講文學與描繪世俗民風事象的各種「俗」文藝作品中，常常包含有關於如何化俗為雅與演唱「俗」文藝的審美觀念。如《維摩詰經變文》所講述的宣揚佛法的人應具有「足詞才，多智惠」，「靖（情）詞辯海人難及，妙智如泉眾共設」，「更莫分疏說理路，便須與去唱將來」的審美表達能力，而文殊因「藝解精」而不辱佛命。這種「藝解」的功夫實際上是對化俗為雅的變文這類「俗」文藝作品藝術創作經驗的總結。

隋唐五代多樣的民間歌謠創作及文人化俗為雅、以俗為雅擬作歌謠的風氣，推動並進而促成白居易、元稹倡導的新樂府運動。李白、柳宗元等著名詩人都有樂府體詩作傳世。劉禹錫、羅隱、顧況、王梵志、寒山、杜荀鶴等人所寫的通俗詩歌更是化俗為雅、以俗為雅的藝術佳作。其時的「俗」文藝本身更是充滿活力與生機。如敦煌發現的俚曲小調歌詞比起文人所作通俗詩歌來就顯得更為明快、素樸，具有曉暢、自然、清新、易懂的審美特點。像通俗長詩《季布罵陣》就「不失為傑作」。該文結尾充滿自豪地說：「若論罵陣身登貴，萬古千秋只一人；具說《漢書》修制了，莫道詞人唱不嗔（真）。」這裡，實際上已把化俗為雅、以俗為雅的「俗」文藝作品看作可以登大雅之堂，並進而與著名史書媲美的「雅化」之作。

在文人士大夫化俗為雅、以俗為雅擬作的民歌和新樂府詩中，劉禹錫的《竹枝詞》和白居易的《楊柳枝》最能得民歌之精髓與神韻。這與他們對化俗為雅、以俗為雅的民歌創作的深刻體會與喜愛分不開。顧況在其《竹枝》小序中轉述劉禹錫的一段話：「竹枝，巴歈也。巴兒聯歌，吹短笛、擊鼓以赴節。歌者揚袂睢舞，其音協黃鐘羽，末如吳聲含思宛轉，有淇濮之豔焉。」（見郭茂倩《樂府詩集》卷八十一）「黃鐘羽」，為「燕樂」二十八調中的一種。「燕樂」，即「雅樂」；「吳聲」，又稱「吳歌」，即清商樂中出自江南的「吳聲歌曲」。為「俗樂」，故而有「淇濮之豔」。所謂「淇濮」，即「桑間濮上之音」「鄭衛之音」。這裡稱「竹枝」民歌「其音協黃鐘羽」。可見對民歌的稱頌，其喜愛之情，溢於言表。白居易尚俗，他作詩，主張「使聞之者易曉」「不務文字奇」（《白氏長慶集》卷一），他的尚俗具有鮮明的政治目的性。他在《楊柳枝二首》小序中也闡明自己汲取古代民歌《折楊柳》營養，以改寫為《楊柳枝》的意圖，把化俗為雅，以俗為雅，汲取

「俗」文藝鮮活的生命力，學民歌而求通俗與他主張的「文章合為時而著，歌詩合為事而作」的追求結合起來。他讚美張籍所作古樂府體詩「風雅比興外，未嘗著空文」，也指責一些文人未能將「風」「雅」完全結合的弱點。他認為「風」「雅」應該統一，表示「雅」「俗」應該兼通，所謂「群分而氣同，形異而情一」。在《采詩官》中，他對長期以來詩歌中「興諭規刺言」的衰微發出撥亂反正的呼喚，提倡繼續採集民間歌謠。在《策林》〈采詩以補察時政〉中，他以《詩經》中的〈蓼蕭〉〈碩鼠〉〈北風〉等詩作及其他民歌詩句論證由「俗」詩瞭解國運興衰、王政得失、人情哀樂的重要性。白居易與元稹的詩歌創作善於向「俗」文藝吸收營養，得益頗豐。而他們總結其審美創作實踐所得出的美學理論則更值得我們注意。

　　唐代古文運動主張「文以載道」「文以明道」，過去人們多注意其古文作品本身。其實古文運動提倡言之有物，反對刻意雕琢，「不苟為炳炳烺烺、務彩色、誇聲音而以為能」（柳宗元《答韋中立論師道書》），追求「文道並重」的觀點，也與吸取前代「俗」文藝散體作品的生命活力有關。如韓愈就主張於六經之外，諸子散文、騷賦、史傳以及駢文中的精華，都應兼收並蓄，含英咀華，閎中肆外，以創新出奇。而反對泥古不化、模仿雕琢。柳宗元則提倡博采旁通，各取其長；主張「讀百家書，上下馳騁」（《與楊京兆憑書》）。他不僅讚許韓愈寫的《毛穎傳》，而且他自己也身體力行，所寫《黔之驢》《蝂傳》《罷說》和《種樹郭橐駝傳》及《河間傳》等就繼承和發展了前代寓言文學的傳統，化俗為雅，為唐傳奇大張援軍之旗。在《讀韓愈所著〈毛穎傳〉後題》中，他列舉《詩經》〈淇奧〉中的詩句「善戲謔兮，不為虐兮」，以證明「俳又非聖人之所棄者」；同時還舉出《史記》〈滑稽列傳〉為例，指出「俗」文藝「皆取乎有益於世者」。他並以太羹玄酒的至味可

喜，也可以允許不同人喜好不同滋味為喻，認為「盡天下之奇味以足於口，獨文異乎！」從而生動地論證了文藝審美創作中雅俗共存的合理性和必然性。

作為對鍾嶸《詩品》、謝赫《古畫品錄》的繼承和發展，在唐代先後出現了李嶠的《評詩格》、王昌齡的《詩格》、署名白居易的《金針詩格》、皎然的《詩式》、司空圖的《詩品》、齊己的《風騷旨格》、徐寅的《雅道機要》等涉及「雅俗」審美意識的文藝理論著作，大多以「風」「雅」關係為旨歸，對「雅」「俗」關係發表了很多獨到見解。張為《詩人主客圖》以當時著名詩派帶頭人及其追隨者為線索，把以白居易為代表的專事創作以俗為美、化俗為雅的諷諭詩見長的詩人，即新樂府運動有關人物列於首位，對這些興起新樂府運動，尚質尚經，不避俚俗，反雅尊俗，有著自覺的以俗為美、以俗為雅審美意識的詩人作了極高的評價。

晚唐詩人皮日休在《正樂府十篇》序言中說：「樂府，蓋古聖王采天下之詩，欲以知國之利病，民之休戚者也」，「今之所謂樂府者，惟以魏晉之侈麗，梁陳之浮豔，謂之樂府詩，真不然矣！」他要為真正體現樂府傳統的樂府詩正名，為「俗」文藝正名。這比那種只追求形式上、語句上的通俗，而不得「風雅」體詩和樂府詩美學精神的人的觀念要深刻得多。他的樂府詩的創作中所表現的審美意識也比王梵志、張打油作品中的出世、閒適之類審美意識要積極得多。

## 第一節　劉善經的「博雅」論

劉善經，生卒年不詳，河間（今河北河間市）人。隋代音韻家、

文論家。劉善經推崇隆雅重雅審美意識。他在《四聲指歸》的〈論體〉[1]篇中論述到文體風貌時，提倡「博雅」，說：「凡製作之士，祖述多門，人心不同，文體各異。較而言之：有博雅焉，有清典焉，有綺豔焉，有宏壯焉，有要約焉，有切至焉。」劉氏認為，不同的文體有不同的審美效能，而「人心不同」，作者的個性心理結構有差異，因此作品自然會表現出不同的風格。

所謂「博雅」，就是以「頌」「論」文體為代表。因為「頌」體的效能是「明功業」，「論」體的效能是「陳名理」，所以，「頌」要求「體貴於弘，故事宜博」（《四聲指歸》〈論體〉），「論」要求「理歸於正，故言必雅之也」。所要表達的意蘊意旨決定著表現風格，因而形成「博雅」風貌。「清典」體則是以「銘、贊」體為代表。由於「銘題器物，贊述功德」，都是很莊重肅雅的文體，所以「皆限以四言，分有定準，言不沉遁，故聲必清；體不詭雜，故辭必典也」，故而呈現出「清典」風貌。「綺豔」體是以「詩、賦」為代表。正因為詩歌創作需要以聲律、麗藻為藝術表現手段，而辭賦創作則必須以意象的營構為藝術表現手法，此即所謂「詩兼聲色，賦述物色」，因此要求「詩」「賦」創作「言資綺靡，而文極華豔」，具有「綺豔」風貌。「詔、檄」文體具有宏壯風格，因為「詔陳王命，檄敘軍容」的效能，所以要求其「宏則可以及遠，壯則可以威物」。「表、啟」文體之所以要求具有明朗簡約的風格，是因為「表以陳事，啟以述心，皆施之尊重，須加肅敬」，所以必須「言在於要，而理歸於約」。「箴、誄」文體之所以要求具有切至風格，是由於「箴陳戒約，誄述哀情，故義資感動，言重切至也」

---

1　這裡採用王利器《文鏡秘府論校注》的觀點，即《文鏡秘府論》〈南卷〉〈論體〉所引「乃劉善經《四聲指歸》之文」。

（以上引文均見《四聲指歸》〈論體〉）。

　　同時，劉氏還強調指出必須注意防止走向其反面。他說：「博雅之失也緩，清典之失也輕，綺豔之失也淫，宏壯之失也誕，要約之失也闌，切至之失也直。」（〈論體〉）所謂「緩」「輕」「淫」「誕」「闌」「直」，即「體大義疏，辭引聲滯，緩之致焉」（〈論體〉）。即文體既大，而義不周密，故云疏；辭雖引長，而聲不通利，故云滯也。如果義不周密，聲不通利，則「博雅」會失之於「緩」。「理入於浮，言失於淺，輕之起焉」（〈論體〉）。即敘事為文，須得其理，理不甚會，則覺其浮；言須典正，涉於流俗，則覺其淺。如果文不符理，言不典正而流於俗，則「清典」會失之於「輕」。「豔貌違方，逞欲過度，淫以興焉」（〈論體〉）。即文雖綺豔，猶須准其事類相當，比擬敘述。不得豔物之貌，而違於道；逞己之心，而過於制也。如果比擬描繪，不符事類，不得物貌，且過度綺靡，則「綺豔」會失之於「淫」。「制傷迂闊，辭多詭異，誕則成焉」（〈論體〉）。即宏壯者，亦須准量事類可得施言，不可漫為迂闊，虛陳詭異也。如果流於迂闊，辭多詭異，則「宏壯」會失之於「誕」。

　　在劉善經看來，隆雅重雅，「雅正」之境的創構必須「先看文之大體，隨而用心，遵其所宜，防其所失」；所以說「博雅」「清典」「綺豔」「宏壯」「要約」「切至」等，是所宜也；「緩」「輕」「淫」「闌」「誕」「直」，是所失也。「故能辭成煉核，動合規矩。」（〈論體〉）

　　「博雅」，原本指學識淵博，品格高雅。如《後漢書》〈杜林傳〉就稱杜林「博雅多通」。將「博雅」說引進文藝美學以品評作家作品，最早應是劉勰。在《文心雕龍》中，劉勰不但稱文人學士為「博雅之人」（〈雜文〉），認為《史記》的作者司馬遷有「博雅宏辯之才」（〈史傳〉），蔡邕「博雅明焉」（〈啟奏〉），同時，還以「博雅」為審美標

準評價詩文創作。如他認為，「崔駰《七依》，入博雅之巧」。劉善經顯
然承襲了劉勰的「博雅」觀。不僅如此，劉善經所謂的「博雅」「清
典」「綺豔」等風格論也是對劉勰風格論的繼承。劉勰不但提倡「博
雅」，《文心雕龍》〈體性〉篇中還提出「八體」之說，所謂「典雅者，
熔式經誥，方軌儒門者也」；「遠奧者，馥采典文，經理玄宗者也」；「精
約者，核字省句，剖析毫釐者也」；「顯附者，辭直義暢，切理厭心者
也」；「繁縟者，博喻釀采，煒燁枝派者也」；「壯麗者，高論宏裁，卓
爍異采者也」；「新奇者，擯古競今，危側趣詭者也」；「輕靡者，浮文
弱植，縹緲附俗者也」等風貌與境界的劃分。這些也與劉善經的六類
風格大體相近，從中不難看出其承傳關係。

## 第二節　劉知幾的「以俗為雅」論

劉知幾（661-721），字子玄，彭城（今江蘇徐州）人。唐代著名史
學家。初唐時期，史學界流行尚古、尚雅，追求華麗浮靡的風氣。劉
知幾提出崇尚「典實」的審美主張，認為語言表述應該質樸，「辨而不
華，質而不俚」，「文而不麗，質而非野，使人味其滋旨，懷其德音」
（《史通》〈敘事〉），而不能一味模擬古人，應採用當代俗語，化俗為
雅。他說：「通無遠識，記其當世口語，罕能從實而書，方復追效昔
人，示其稽古。是以好丘明者，則偏模《左傳》；愛子長者，則全學史
公。用使周、秦言辭見於魏、晉之代，楚、漢應對行乎宋、齊之日。
而偽修混沌，失彼天然，今古以之不純，真偽尤其相亂。」（《史通》
〈言語〉）在劉知幾看來，歷史是發展變化的，語言也在發展變化。修
史的人要將歷史發展的本來面貌實錄下來，就應該儘可能採用當代俗
語，特別是記言，更應該採用「當世口語」，而不應一味模擬古書古

語。他又說：「夫天地長久，風俗無恆，後之視今，猶今之視昔。而作者皆怯書今語，勇效昔言，不其惑乎！苟紀言則約附五經，載語是依憑三史，是春秋之俗，戰國之風，互兩儀而並存，經千載其如一，奚以今來古往，質文之屢變者哉？」（《史通》〈言語〉）堅決主張運用「當世口語」，以化俗為雅，反對「怯書今語，勇效昔言」的觀點。

同時，劉知幾還主張採用俗語。在他看來，史書要符合「實錄」的美學精神，就應當重視口語和方言俗語。他在《史通》〈言語〉篇中極力稱讚《左傳》記錄了童謠、時諺「鶉賁」「輔車」等。如「鶉之賁賁，天策焞焞。火中成軍，虢公其奔」（《左傳》〈僖公五年〉）。「諺所謂『輔車相依，唇亡齒寒』者，其虞、虢之謂也」（《左傳》〈僖公五年〉）。而後來作者多稽古擬古，以古語為雅，以今語為俗，輕視方言俗語，遂造成華而失實，真偽相亂。《周史》「記言之體，多同於古」，虛言失真，卻受到世人的讚賞；而王劭《齊志》、宋孝王《關東風俗傳》由於「抗詞正筆，務存直道，方言世語，由此畢彰」，卻被其時的一些學者譏為「言多淬穢，語傷淺俗」。對此，劉知幾表示自己的觀點說：「如今之所謂者，若中州名漢，關右稱羌，易臣以奴，呼母云姊。主上有大家之號，師人致兒郎之說。凡如此例，其流甚多。必尋其本源，莫詳所出。閱諸《齊志》，則了然可知。由斯而言，劭之所錄，其為弘益多矣。足以開後進之矇蔽，廣來者之耳目。微君懋，吾幾面牆於近事矣，而子奈何妄加譏誚者或？」（《史通》〈雜說〉中）他讚揚王劭採用了當時的俗傳口語，記載了歷史的真實面貌。並認為將方言俗語載入史冊，「足以知甿俗之有殊，驗土風之不類」（《史通》〈北齊諸史三條〉）。在當時崇尚古雅，貴古薄今，專事模仿，脫離實際的風氣下，劉氏的這種思想的確是難能可貴的。

## 第三節　李白的「自然高妙」尚雅觀

　　李白（701-762），字太白，綿州昌隆（今四川江油）人。盛唐傑出詩人、詩論家。李白也隆雅重雅。他提倡發揚「風雅」詩美學精神，追求清真自然的審美風貌，以創構「清水出芙蓉，天然去雕飾」（李白《贈江夏韋太守良宰》）的審美創作之境。這也是他的一種審美理想。故而，他主張詩歌創作應恢復「古道」，説：「梁陳以來，豔薄斯極，沈休文又尚以聲律，將復古道，非我而誰歟？」（見孟棨《本事詩》〈高逸篇〉）他在《古風》（其一）中寫道：「《大雅》久不作，吾衰竟誰陳？」「正聲何微茫，哀怨起騷人。」就表明詩歌創作應繼承「雅正」傳統，恢復風雅正聲，力求「寄興深微」；要求除了強調內在意蘊必須是感情的真率抒發，不矯飾作態外，在藝術表現方面則須樸實無華，不雕飾做作，應體現出一種爐火純青的自然之美。真摯的感情與質樸、自然的風格，二者完美的統一就構成李白崇尚「雅正」詩學傳統的雅化理論。

　　李白從崇尚《雅》《頌》詩自然清新的美學精神出發，對六朝的綺麗文風提出批評：「自從建安來，綺麗不足珍。聖代復元古，垂衣貴清真。群才屬休明，乘運共躍鱗。文質相炳煥，眾星羅秋旻。」（《古風》其一）這裡他雖然認為「自從建安來，綺麗不足珍」，但他的詩句又追求「蓬萊文章建安骨」（《宣州謝朓樓餞別校書叔云》）這樣的審美境界。可見，他對六朝中清新自然的雅化詩風還是極為推重的。他曾多次稱讚謝靈運的名句「池塘生春草」，並在其詩作中稱：「夢得春草句，將非惠連誰？」（《感時留別從兄徐王延年、從弟延陵》）「他日相思一夢君，應得池塘生春草。」（《送舍弟》）他也讚美謝朓清新鮮潔的詩作：「中間小謝又清發。」（《宣州謝朓樓餞別校書叔云》）「解道澄江

淨如練，令人長憶謝玄暉。」（《金陵城西樓月下吟》）「我吟謝朓詩上語，朔風颯颯吹飛雨。」（《酬殷佐明見贈五云裘歌》）還稱讚江淹、鮑照等人：「覽君荊山作，江鮑堪動色。」（《經亂離後天恩流夜郎憶舊遊書懷贈江夏韋太守良宰》）不僅讚揚這些詩人及其雅潔清新的詩風，而且在詩歌創作中注意發揚他們的優良傳統。

## 第四節　殷璠的「重雅輕俗」論

　　值得重視的，還有盛唐時期詩評家殷璠的「重雅輕俗」審美意識。殷璠，生卒年不詳，丹陽（今江蘇丹陽）人。盛唐詩論家。從總的審美取向看，殷璠編選《河岳英靈集》的審美標準與別人不同。他在《河岳英靈集集論》中說：「璠今所集，頗異諸家：既閑新聲，復曉古體；文質半取，風騷兩挾。言氣骨則建安為傳，論宮商則太康不逮，將來秀士無致深憾。」就宣稱他所編選的詩，既有講究聲律的近體詩，又有講究「雅正」的古體詩；既重風清骨峻、語言剛健爽朗，又重聲律文采之美。顯然，他這種文質兼備的雅化審美觀是對前人的繼承和發展，即提倡詩文創作的審美風貌必須「風骨」與「文采」兼備，「質樸」與「華麗」相結合，標舉文質兼備、文質彬彬的「文雅」之境。殷璠生活於盛唐時期，唐代詩作，「開元十五年後，聲律風骨始備矣」（《河岳英靈集序》）。這時詩人們多推崇和追求建安風骨，而且藝術表現方面，如對偶、辭藻、聲律等表達技巧，在初唐的基礎上也取得很大成就，其中聲律方面的成就最大。所以殷璠指出：「言氣骨則建安為傳，論宮商則太康不逮。」可以說，風骨與聲律兼備是盛唐詩歌的時代特色。殷璠既能繼承前人學說，又能敏銳地認識到這一時代特色，並以此為編選詩的標準。這就使他的雅化審美觀顯得比同時代的人更有識

見。

在聲律方面，殷璠追求「雅調」。他説：「昔伶倫造律，蓋為文章之本也。是以氣因律而生，節假律而明，才得律而清焉。寧預於詞場，不可不知音律焉。……夫能文者，匪謂四聲盡要流美，八病咸須避之。縱不拈綴，未為深缺，即『羅衣何飄，長裾隨風還』，雅調仍在，況其他句乎？故詞有剛柔，調有高下，但令詞之調合，首末相稱，中間不敗，便是知音。」（《河岳英靈集論》）在充分肯定聲律對於詩歌創作的重要的同時，殷璠也推重重視自然聲韻的古體詩。如他對曹植、劉楨等重自然聲韻的古體詩就深表讚賞，特別舉出曹植《美女篇》的「羅衣何飄」句，盡管不合四聲八病，而是十字俱平的詩，但他卻認為其具有「雅調」，「而逸駕終存」。這説明殷璠主張既要重視聲律之美，又不必過分講究四聲的「流美」和受八病的束縛。在他看來只要能使詞的剛柔與聲調的高下配合協調，前後相稱，就是有「雅調」，可以表現出詩的音律之美。

在「雅」與「俗」的關係上，從其所主張的審美情趣與審美意識來看，殷璠則突出地表現出重雅輕俗。他在〈河岳英靈集序〉中指出：「夫文有神來、氣來、情來，有雅體、野體、鄙體、俗體」。編紀者能審鑑諸體，委詳所來，方可定其優劣，論其取捨。」所謂「雅體、野體、鄙體、俗體」既指詩歌創作的審美風貌，也指其所達到的審美境界。殷璠推重雅體，輕視野、鄙、俗體。他品評王維、孟浩然、儲光羲、祖詠等人的詩作説：「維詩詞秀調雅，意新理愜。」「浩然詩文采茸，經緯綿密，半遵雅調，全削凡體。」「儲公詩格高調逸，趣遠情深，削盡常言，挾風雅之跡，浩然之氣。」「詠詩剪刻省淨，用思尤苦，氣雖不高，調頗凌俗，至如『霽日園林好，清明煙火新』，亦可稱為才子也。」（《河岳英靈集》〈詩評〉）雅體的對立面是鄙俗、纖巧、

淺俚、佻詭、淫靡。清代王士禛等《師友詩傳錄》說：「詩，雅道也，擇其言尤雅者為之可耳。而一切涉纖、涉巧、涉淺、涉俚、涉佻、涉詭、涉淫、涉靡者，戒之如避鴆毒可也。」所謂「戒之如避鴆毒」的纖巧、淺俚、佻詭、淫靡的詩風，就是殷璠所謂的俗體。殷璠稱讚王、孟、儲的詩「調雅」「雅調」「挾風雅之跡」，並讚揚祖詠詩「調頗凌俗」，體現出他「重雅輕俗」的審美觀念。他認為創作主體的人品德行與詩的審美風貌直接相關，只有雅士才能創作出雅文。如他評盧象說：「象雅而平，素有大體，得國士之風。」評閻防說：「防為人好古雅博，其警策語多真素」等，顯然殷璠這種「重雅輕俗」的審美觀是對前人雅俗觀的繼承與發展。如劉勰就認為只有雅人才有雅語、主張「文以行立，行以言傳」（《文心雕龍》〈宗經〉）；而鍾嶸在其《詩品》中亦以雅俗品評詩人詩作。如評左思詩：「文典以怨。」評嵇康詩：「過為峻切，訐直露才，傷淵雅之致。」評鮑照詩：「然貴尚巧似，不避危仄，頗傷清雅之調，故言險俗者，多以附照。」評任昉詩：「善銓事理，拓體淵雅。」評張欣泰、范縝詩：「欣泰、子真，並希古勝文，鄙薄俗制，賞心流亮，不失雅宗。」這些地方都將「雅」作為一種意蘊、情感或詩的格調，但未提出「雅體」。前面所提到的隋代劉善經論六種文體之一的「清典」指「植義必明，結言唯正」（〈論體〉）。這又和劉勰論八種風格中的「典雅」體相類。殷氏吸取了前人的美學精神，並明確提出「雅」「野」「鄙」「俗」四體。他的「重雅輕俗」的思想也影響了後人。中唐皎然論詩亦崇尚高雅，輕視俚俗。宋代嚴羽提出學詩先除五俗：「一曰俗體，二曰俗意，三曰俗句，四曰俗字，五曰俗韻。」（《滄浪詩話》〈詩法〉）其尚雅卑俗的審美觀點與殷璠一脈相承。

## 第五節　杜甫的「別裁偽體親風雅」雅俗論

　　杜甫（712-770），字子美，河南府鞏義市（今河南省鞏縣）人。唐代偉大詩人、詩論家。杜甫也隆雅重雅，推崇「雅」的審美境界。在人品建構方面，杜甫標舉「風流儒雅」「文雅」「雅量」，認為作為詩人，必須要有「雅才」；在審美創作社會效用方面，則主張繼承「風雅」傳統；在詩歌藝術表達方面，則推崇雅語，追求「清詞麗句」「佳句」「秀句」。詩歌是語言的藝術。杜甫不僅重視詩歌反映現實的社會功能，而且也十分重視詩歌語言的藝術特徵。他要求在用詞煉句等方面要千錘百煉，以達到「語不驚人死不休」的審美境界。

　　杜甫主張「親風雅」。他說：「不薄今人愛古人，清詞麗句必為鄰。竊攀屈宋宜方駕，恐與齊梁作後塵。」「未及前賢更勿疑，遞相祖述復先誰？別裁偽體親風雅，轉益多師是汝師。」（《戲為六絕句》）強調詩歌創作應繼承「風雅」的傳統，包括遣詞煉句、聲律與和意境創構等，要創新，同時要善於汲取前人優秀之作的營養，兼取眾長。他曾宣稱「李陵蘇武是吾師」（《解悶十二首》〈其五〉），又說「詩堪子建親」（《奉贈韋左丞丈二十二韻》）。並表明自己之所以「去國哀王粲」（《久客》），正是由於「漢魏近風騷」。而他之所以推崇陳子昂，則是由於陳氏「有才繼騷雅」（《陳拾遺故宅》）。正是由於主張「親風雅」，所以他讚揚當代詩作「文雅涉風騷」（《題柏大兄弟山居室壁》）的詩人。從其詩歌創作實踐看，杜甫對《詩經》《楚辭》等前代或同時代的作品、作家，都能領會其美學精神，善於向不同流派、不同詩人虛心學習、繼承、發展、創造，甚至善於吸取民間俗語諺語的營養，化俗為雅，真正做到「親風雅」「轉益多師」。正因為杜甫有如此博大的胸懷、宏偉的氣魄，善於采百花而釀佳蜜，匯細流而成大海，自覺

地繼承「風雅」傳統美學精神，而不是自視甚高，目空一切，所以他才具有高超的藝術表達能力，創作出大量的優秀詩篇，成就為偉大的詩人。元稹稱讚杜甫：「上薄風騷，下該沈宋，古傍蘇李，氣奪曹劉，掩顏謝之孤高，雜徐庾之流麗。」（《唐故工部員外郎杜君墓系銘並序》）其詩作則被後人推尊為「千古操觚之準繩」（史炳《杜詩瑣證》）。

## 第六節　皎然的「清新淡雅」論

皎然（約720-798），字清畫，湖州長城卞山（今浙江長興）人。唐代詩論家。皎然十分重視雅語與高雅的詩歌審美風格。他繼承了鍾嶸、王昌齡等人倡言「滋味」、主張「古雅」的美學思想，崇尚清新淡雅之美。鍾嶸崇尚「清新淡雅」，提倡「自然英旨」「即目」「直尋」，要求詩歌創作要有「滋味」，反對「故事」「用事」。王昌齡提倡「高格」「古雅」，要求詩歌藝術語言表達自然渾成，直敘真像，不相依傍，反對假物、假色。皎然受到他們的影響，也主張意境的創構應「清新淡雅」「風流自然」。他說：「曩者嘗與諸公論康樂，為文真於情性，尚於作用，不顧辭采而風流自然。彼清景當中，天地秋色，詩之量也；慶雲從風，舒捲萬狀，詩之變也。……至如《述祖德》一章、《擬鄴中》八首……蓋詩中之日月也，安可扳援哉？惠休所評『謝詩如芙蓉出水』，斯言頗近矣。故能上躡風騷，下超魏晉。建安之作，其椎輪乎？」（《詩式》卷一）皎然之所以稱讚謝靈運詩，正因為謝詩「為文真於情性」，「風流自然」，具有「芙蓉出水」般的自然、清新、淡雅、鮮潔之美。

皎然崇尚「清新淡雅」風貌的審美意識，還融匯於其對聲律、對偶、用事等方面的論述之中。例如聲律，皎然既主張「用律不滯」，又

強調用律自然，不受法式束縛，必須「以情為地，以興為經，然後清音韻其聲律，麗句增其文采，如楊林積翠之下，翹楚幽花，時時間發」（《詩議》，《文鏡秘府論》〈南卷〉〈論文意〉），聲律，儷句，都不能脫離情興作片面的追求。他對「八病」說不滿，批評「沈休文酷裁八病，碎用四聲，故風雅殆盡」（《詩式》卷一），並指出「律家之流，拘而多忌，吾常所病也」（《詩式》卷一）對偶方面，他提出「有對不失渾成」，「全其文采，不求至切」（《詩式》卷一）。至於用事，他以五格品詩，卻以不用事為「第一格」，顯然認為多用事會影響詩的雅緻、高格、自然。

皎然提倡「清新淡雅」，主張語言運用應「風流自然」。他指出，為文應「真於情性，尚於作用，不顧辭采而風流自然」（《詩式》卷一）。值得注意的是，皎然所謂的「清新淡雅」「風流自然」，不是不加雕琢，任其自然，而是要求像謝靈運那樣，經過精心構思、精妙刻畫、匠心獨運，「尚於作用」，這裡所謂「作用」，仍「是指作家進行創作時的思維活動」[2]，即貫穿於審美創作中的構思、取勢活動中，既包括詩的立意，也包括篇章安排、聲律、詞語的運用等方面。所以皎然強調「尚於作用」，要求「適度」、中和。如果不和諧，「溺情廢語」，「事語輕情」，「雖有態而語嫩，雖有力而力薄，雖正而質，雖直而鄙」（《詩議》），情、意、語、態四者不協調，不和諧，那麼，其詩作就不「雅」。「雅」即和諧，「此謂詩家之中道也」。

皎然在提倡「清新淡雅」「風流自然」的同時，還推崇「典麗雅致」，他認為「自然」與「典麗雅緻」是相通相和的。他說：「詩有七德：……三、典麗。」「詩有二廢：……雖欲廢言尚意，而典麗不得

---

2　王運熙、楊明：《隋唐五代文學批評史》，上海古籍出版社1994年版，第336頁。

遺。」（《詩式》卷一）「清音韻其風律，麗句增其文采。」（《詩議》）
這裡標舉的「典麗」，實際上就是後來司空圖所標舉的「典雅」。他盛
讚江淹、鮑照等人詩作風格、詞語的華麗，並重視「清音」「麗句」。
這都說明他對「典麗」的重視。而他要求「典麗」必須與自然相結合，
所以他提出「至麗而自然」（《詩式》卷一）的要求。

　　從推崇「清新淡雅」和「典麗」的審美意趣出發，他還提出「文
外之旨」「情在言外」說，認為詩歌應「使今古作者味之無厭」（《詩
式》卷一），提倡詩語的含蓄美。他認為詩歌創作應追求多重意蘊，既
有文內、言內的意蘊，也有文外、言外的意蘊。這文外、言外的意蘊
就是一種言盡而意未盡的含蓄美。認為詩人的情意不僅表現於物象之
上，而且寓於物象之外，亦即不盡之情見於言外。這樣的詩才具有「氣
多含蓄」（王世貞《藝苑卮言》）的特點。這樣的詩作之審美意境，雖
看似平淡，卻蘊藉有味。

　　從隆雅重雅的審美觀出發，皎然反對詩歌創作採用俗詞俗語。他
主張忌俗，第一忌鄙俚俗，第二忌古今相傳俗。所謂「鄙俚俗」，主要
指俗名、俗字及調笑、滑稽語等。他說：「調笑叉語，似謔似讖，滑稽
皆為詩贅，偏入嘲詠，時或有之，豈足為文章乎？剖宋玉俗辯之能，
廢東方不雅之說，始可議其文也。」（《詩議》）又說：「評曰：《漢書》
云：『匡鼎來，解人頤。』蓋說詩也。此一品非雅作，足以為談笑之資
矣。」（《詩式》卷一）皎然主張忌俗的觀點與他崇尚風雅，重視以
「雅正」論詩有關。皎然主張發揚「風雅」美學精神。他在《詩式》〈總
序〉中宣稱自己論詩的目的就是「恐風雅浸泯，輒欲商較以正其源」。
其《詩式》〈辨體有十九字〉中謂：「貞，放詞正直曰貞」；「德，詞溫
而正曰德」。又如所說的「沈休文酷裁八病，碎用四聲，故風雅殆盡」
（《詩式》〈明四聲〉）；「詩教殆淪缺，庸音互相傾。忽觀風騷韻，會我

夙昔情」（《五言答蘇州韋應物郎中》）等，都表明他推崇「風雅」，並
以之為審美理想。同時，他還曾稱讚謝朓詩：「宣城公清致蕭散，詞澤
義精；至於雅句殊章，往往驚絕。」稱讚柳惲：「柳則雅而高。」稱讚
《古詩》「直而不俗」。因此，與「雅正」相對的俗語俗字、調笑語、滑
稽語等自然受到皎然的輕視。像宋玉、東方朔、匡衡等人的調笑、諧
隱之辭都被他斥之為品位低下的「不雅之説」。皎然還進而將古詩和律
詩均分為三等，俗體被列為第三等，這也體現出他「尚雅輕俗」的思
想。他説：「古今相傳俗，詩云：『小婦無所作，挾瑟上高堂』之類是
也。又如送別詩，『山』字之中，必有『離顏』；『溪』字之中，必有
『解攜』；『送』字之中，必有『渡頭』；『來』字之中，必有『悠哉』。
如游寺詩，『鷲嶺』『雞岑』『東林』『彼岸』；語居士以謝公為首，稱
高僧以支公為先。」（《詩議》）可見，所謂「古今相傳俗」是指那些已
經用得爛熟而成為俗套的語詞或語句。像送別詩、游寺詩中幾乎程式
化的一套語詞，像「黃綬」「仙尉」等熟名、熟字等入詩當時很普遍。
皎然一貫提倡詩歌創作藝術表達應當注意創新變化，因此自然反對以
「意熟語舊」的俗套語入詩。他在《詩式》〈詩有六迷〉條中批評「以
爛熟為穩約」，就是針對那種以陳腐的熟字套語入詩而視為工穩精約的
不雅傾向而説的。

## 第七節　司空圖的「典雅」論

　　司空圖（837-908），字表聖，河中虞鄉（山西永濟）人。唐代詩論
家。司空圖提倡「典雅」，論詩，推重「韻外之致」「味外之旨」（《與
李生論詩書》）。這對後來詩歌創作追求「含蓄而不晦、透露而不盡」
的意境創構，有著極為重要的影響。司空圖不但重視韻味，重視詩歌

的藝術風貌、審美意旨，而且進一步提出必須營構「韻外之致」「味外之旨」的審美理想。「韻外之致」即要求詩歌創作抒情寫景須神采飛動，意象渾融而不浮淺，同時表現出不盡之意的深遠意境，成為一種令人嚮往和深情呼喚，可望而不可即，可意會而不可言傳的審美境界，給讀者以豐富的解讀空間，味之不盡，從而產生一種經久不衰的美感。這也就是「近而不浮，遠而不盡」（《與李生論詩書》）。「味外之旨」則指詩歌的醇美、全美之味，強調詩歌的意象應使人感到真實、自然，如在眼前，並能引發人的想像，使人玩味無窮。根據這種審美要求，他特別稱讚王維、韋應物一派詩人的詩作，認為「王右丞、韋蘇州澄淡精緻，格在其中」（《與李生論詩書》）。而對元稹、白居易的作品則批評為「力勍而氣孱，乃都市豪估耳」（《與王駕評詩》）。由此可見，他所欣賞的是清幽雅緻、語言含蓄，具有韻味的作品。

司空圖在《詩品》中將詩分為雄渾、沖淡、纖穠、沉著、高古、典雅、洗煉、勁健、綺麗、自然、含蓄、豪放、精神、縝密、疏野、清奇、委曲、實境、悲慨、形容、超詣、飄逸、曠達、流動等二十四種。強調「韻外之致」「味外之旨」，推重「沖淡」「自然」「含蓄」「典雅」等風格。

司空圖認為只有「雅人」，才有「雅語」。他極為注重詩人的人格、人品與才學等內在的個性心理因素，如藝術修養、人生態度、品德操行等與藝術境界構築之間的密切關係，故而在論及「沖淡」風格時，提出「素處以默，妙機其微」，強調詩人必須具有淡泊超脫的人生觀，只有能夠「平居淡素，以默自守」，才會領略和創作出「沖淡」「典雅」之境的詩作。論及「雄渾」風貌時，他又指出，「大用外腓，真體內充。返虛入渾，積健為雄」「超以象外，得其環中」等。這裡的美學精神是，要創構「雄渾」之境，詩人必須有「雄渾」之氣充實於身心，

具有「雄渾」的氣魄。而只有做到「返虛」「積健」「超以象外」，才能具有「雄渾」的氣魄。論「典雅」之境時，則要求「坐中佳士，左右修竹」「落花無言，人淡如菊」，強調詩人心境的淡泊，同樣認為詩人必須加強思想和藝術方面的修養，指出要「書之歲華，其曰可讀」，才能在詩歌審美創作中，熔鑄出「典雅」之境。

司空圖的「典雅」說對後來雅俗論的發展具有非常深遠的影響。如宋代蘇軾就極為稱許司空圖的「韻外之致」「味外之旨」說，指出：「其論詩曰：『梅止於酸，鹽止於鹹，飲食不可無鹽梅，而其美常在鹹酸之外。』蓋自列其詩之有得於文字之表者二十四韻，恨當時不識其妙，予三復其言而悲之。」（《書黃子思詩集後》）蘇軾所主張的超妙絕塵的「高雅」論和他中年以後追求詩的「至昧」並進而提出的「枯淡」說，都可從司空圖的「韻外之致」「味外之旨」說中找到淵源關係。

明代的費經虞也極為稱頌司空圖的「雅化」論。他在《雅論》〈明衡〉中稱讚道：「唐司空表聖以一家有一家風骨，乃立二十四品以總攝之。蓋正變俱采，大小兼收，可謂善矣。」就指出司空圖認為，創作主體的個性不同，審美興趣及其指向也不同，故而作品風貌也不同，「一家有一家風骨」。因而，他總結了多種不同的藝術風貌，「正變俱采，大小兼收」，雅俗並存。費氏還以花為喻，對藝術風貌的多樣化，作了生動的論述：「譬之花然，紅黃紫白，其色無所不有；疏密長短，其狀無所不備；清穠遠淡，其香無所不佳；並寫春華，各成清妙。……今此一人焉，愛一花，遂謂眾花不足觀也。彼一人焉，復愛一花，又謂眾花不足觀也。……何其僻歟？」（《雅論》〈明衡〉）費氏所主張的雅化論是，只有多種藝術風貌，各種各樣，爭豔鬥妍，雅俗俱呈，「並寫春華」，才能「各成清妙」，共同體現大自然的繁花似錦。而不能偏愛「一花」，而「謂眾花不足觀」。這種審美意識，與司空圖所主張的雅化

論是一致的。費氏指出，詩歌審美創作「要含蓄而不晦，要透露而不盡，要典雅，要潔峻，要蘊藉，要委曲，要超絕，要頓挫抑揚，要首尾停勻，中有裝載」（《雅論》〈明衡〉）。這之中就突出「含蓄」與「典雅」。可以說，費氏正是在繼承司空圖等人藝術風貌理論的基礎上，才概括出「古奧」「典雅」「雄渾」「淡遠」等十六種風格，對司空圖的「雅化」論作了進一步的發揚。

第五章

# 宋遼金元：雅俗審美意識的延伸

　　宋遼金元時代，雅俗審美觀得到進一步延伸。其時，工商業的發展，坊市制度的解體，秦樓楚館、茶坊酒肆繁盛，「新聲巧笑於柳陌花衢，按管調弦於茶坊酒樓」（孟元老《東京夢華錄》〈自序〉），士庶放蕩不羈，封建禮教及其所維護的貴賤尊卑雅俗的封建秩序逐漸瓦解。而市民階層喜聞樂見的「俗」文藝也進一步興盛。為街市裡巷人們熟悉並喜愛的話本小說，又叫「說話體小說」，也稱「說書」或「平話」得以勃興，有關「反雅尊俗」「以俗為美」「化俗為雅」的理論也得以進一步成熟並自成格局。李昉等奉宋太宗旨意編撰的《太平廣記》是對自漢至宋所存野史筆記小說的彙編。李昉等在完成此書後的上表中，稱「六籍既分，九流並起，皆得聖人之道，以盡萬物之情，足以啟迪聰明，鑑照今古」；同時，還讚頌皇帝「博綜群言，不遺眾善」。他們稱「六籍」「九流」「皆得聖人之道」，從中同樣可以「啟迪聰明，鑑照今古」。實際上想表述的則是，「野史」與「正史」相同，「俗」與

「雅」一致，「俗」就是「雅」，「雅」「俗」審美意識交相輝映，「雅」不避「俗」，「俗」不傷「雅」，「雅」「俗」各有其用，以為小說等「俗」文藝爭取到王朝允行的合法地位。據羅燁《醉翁談錄》記載，當時的說話人是「幼習《太平廣記》」的。事實上，話本與各種「俗」文藝都有依據《太平廣記》加以敷演、改造、再創造而成的，參照此例而另外「克隆」新的「俗」文藝篇章的也層出不窮。

　　魯迅在《中國小說史略》與《中國小說的歷史的變遷》中曾對宋人傳奇和「市井間則別有藝文興起，以俚語著書，敘述故事，謂之『平話』」的現象表現出極大的興趣，特別對市井間興起的這種「平話」表示關注，並專門作了介紹，稱之為「俗體文」「俗文」。南宋吳自牧《夢粱錄》和耐得翁《都城紀勝》對其時說話家數都有比較翔實的記載，並著重記述「講史書」者能「講得守真不俗，記聞淵博甚廣者，但最畏小說人。蓋小說者，能講一朝一代故事，頃刻間捏合」。所謂「守真不俗」、善於將軼事加以「捏合」，以雅俗論看，就是「以俗為美」「化俗為雅」，是小說審美創作如何使流傳於民間的傳說等「俗」文藝雅化、藝術化，如何把歷史真實與藝術真實統一的問題。

　　羅燁的《醉翁談錄》中不但記載有詳細的「俗」文藝史料，而且其中還表述了很多有關如何使「俗」文藝化俗為雅的美學思想。如《小說開闢》一篇開頭就說：「夫小說者，雖為末學，尤務多聞；非庸常淺識之流，有博覽概通之理。幼習《太平廣記》，長攻歷代史書。煙粉傳奇，素蘊胸次之間；風月須知，只在唇吻之上。《夷堅志》無有不覽，《琇瑩集》所載皆同。動哨、中哨，莫非東山《笑林》；引倬、底倬，須還《綠窗新話》。論才詞，有歐、蘇、黃、陳佳句；說古詩，是李、杜、韓、柳篇章。舉斷摸，按師表規模；靠敷演，令看官清耳。只憑三寸舌，褒貶是非；略圖萬餘言，講論古今。說收拾，尋常有百萬套；

談話頭，動輒是數千回。說重門不掩的相思，談閨閣難藏的密恨；辨草木山川之物類，分州軍縣鎮之程途；講歷代年載廢興，記歲月英雄文武。」這裡所說的是小說與說書的特徵，著重講了話本的構成、說話人需要有的修養與才能，認為，說話人都是高雅之士，而「非庸常淺識之流」，要有「博覽概通之理」，才能化俗為雅、以俗為美。

從諸宮調一類唱說兼具的俗調歌詞文學到搬演故事的戲曲文學的興盛，是宋遼金元時期「俗」文藝審美形態的又一突出變化。這種現像帶來的「以俗為美」「化俗為雅」審美觀念上的進展，甚至比話本小說更為突出。這時不僅有評議說唱文學、戲曲文學的序跋、筆記文學，而且有多種文人雅士編撰的記載研究這類「俗」文藝的專著出現。如宋代洪邁《夷堅志》、蘇軾《東坡志林》、羅燁《醉翁談錄》，金代燕南芝庵《唱論》，元代陶宗儀《南村輟耕錄》、周德清《中原音韻》和顧瑛《制曲十六規》，以及專門為著名戲曲作者與藝人作傳記的《錄鬼簿》等，都有關於百戲與戲曲類史料的記述，是戲曲與相關說唱等「俗」文藝創作與審美思想興盛的結果。《唱論》不但將「歌曲」題目作了分類，而且對不同宮調適宜表現的審美風貌與情致都作了審美境界上的劃分，如「清新綿邈」「感嘆傷悲」「條暢滉漾」「健捷激裊」「典雅沉重」「陶寫冷笑」等。該書還專門論述了演唱等「俗」文藝與三教學說相關的審美取向：「三教所唱，各有所尚：道家唱情，僧家唱性，儒家唱理。」這種審美觀念把「俗」文藝與儒、釋、道主流文化聯繫起來，雅俗並進，可以說是對「隆雅卑俗」傳統意識的一種反撥。

南戲作家高則誠在《琵琶記》第一出「副末開場〔水調歌頭〕」上闋裡，批評一些熱中寫佳人才子、神仙幽怪的作品「瑣碎不堪觀」，認為：「不關風化體，縱好也枉然。」在下闋裡又說：「論傳奇，樂人易，動人難。知音君子，這般另作眼兒看。休論插科打諢，也不尋宮數

調，只看子孝共妻賢。正是驊騮方獨步，萬馬敢爭先！」他要求南戲劇本要有「關風化體」，主張俗中寓雅。周德清《中原音韻》對雜劇這種「俗」文藝的藝術表達問題作了多方面的論述，在《作詞十法》中分為「可作」「不可作」兩大部分。「可作」者，包括樂府語、經史語、天下通語，並解釋說：「未造其語，先立其意；語、意俱高為上。短章辭欲簡，意欲盡；長篇要腰腹飽滿，首尾相救。造語必俊，用字必熟。」「不可作」者，「指俗語、蠻語、謔語、嗑語、市語、方語（各處鄉談也）、書生語（書之紙上，詳解方曉，歌則莫知所云）、譏誚語（諷刺，古有之；不可直述，托一景、托一物可也）、全句語」等。他解釋說：「短章樂府，務頭上不可多用全句，還是自立一家言語為上；全句語者，惟傳奇中務頭上用此法耳。」但講到「構肆語」，書中又說：「不必要上紙，但只要好聽，俗語、謔語、市語皆可。」強調「俗」文藝應該「文」「俗」統一，不能無選擇地蒐羅俗語，以免陷於庸俗，應避免「語病」「語澀」「語粗」「語嫩」和「張打油語」等，標舉通俗、俚俗，反對庸俗、鄙俗，提倡俗中透雅、語俗意雅。

元代顧瑛則在《制曲十六規》中提出「景中帶情，而有騷雅」的觀點，把前人關於「風」「雅」應當統一的意見與戲曲體現情景交融的要求加以糅合，強調「雅」「俗」溝通和雅俗共賞。著名書畫家趙孟論曲則說：「蓋以雜劇出於鴻儒碩士、騷人墨客所作，皆良家也，彼娼優豈能辦此。」（《御定曲譜》卷首，見文淵閣《四庫全書》本）雜劇的作者是「鴻儒碩士、騷人墨客」，而非「娼優」；所謂「良家」，即文人雅士；「娼優」則顯然為「俗人」。這裡既表明了元代大批文人雅士與雜劇創作演出活動結緣，「雅俗相通」「雅俗共賞」的審美時尚，同時，也體現了趙氏本人所主張的「以俗為雅」「化俗為雅」審美意識。

宋遼金元又是民間歌謠興盛的時代。新興的散曲在元代與戲曲同

時大盛，成為生氣勃勃的一種「俗」文藝文體，而被當時和後來整理元散曲者稱之為「樂府」。宋代郭茂倩編撰《樂府詩集》所收錄的詩篇既包括古代通俗樂府曲詞也包括後代文人擬作樂府詩，並且還按照類別進行編排，評述其源流。《四庫全書總目提要》稱其「徵引浩博，援據精審，宋以來考樂府者無能出其範圍」。元代以散曲彙編刊行者有一種名為《陽春白雪》，其他則多以樂府名書，如《太平樂府》《樂府新聲》《樂府群玉》《樂府群珠》等。楊維楨在《周月湖今樂府序》中指出：「詞曲本古詩之流，既以樂府名編，則宜有風、雅餘韻存焉。」在《沈氏今樂府序》中他又指出，士大夫文人參與新樂府創作，以俗為美、化俗為雅，有利於審美意識的更新和提高，創作中體現出「媟邪、豪俊、鄙野，則亦隨其人品而得之」。認為只有品德高尚、志向雅正的人，才能真正化俗為雅，強調了從事新樂府創作、化俗為雅者的人品與作品的關係。據吳復在《輯錄楊維楨先生古樂府序》中記載，楊維楨曾把自己的創作稱為「樂府遺聲」。吳氏認為：「夫樂府出『風』『雅』之變，而憫時病俗，陳善閉邪，將與『風』『雅』並行而不悖，則先生詩旨也。」這就把楊維楨主張繼承《詩經》以俗為美、化俗為雅的傳統，進行擬樂府創作的審美意識，表述得更加透徹。

從宋至元，隆雅、崇雅、尊雅的審美意識也有很大的發展，加深了對「雅」文藝審美創作理論的探索，後來又有往禪悟發展的趨向。詞人中則有主張婉約與豪放的差異。隨著民族矛盾的加劇，「雅」文藝的這一發展趨勢與「俗」文藝創作加強講史、評說歷史功過、演述英雄故事的趨勢有所交織。雅化的深入與「俗」文藝中表現鐵馬金戈、英雄輩出的審美趨向相互呼應，雅俗並進。蘇軾既注重對「雅」文藝的考察，也重視對「俗」文藝的探究，主張該雅則雅、該俗則俗，比較關心「俗」文藝的發展，他在《東坡志林》中特別記述涂巷小兒喜

愛聽說三國古話的情景，並就此發表自己的看法，說：「以是知君子小人之澤，百世不斬。」充分肯定說話對百姓大眾的審美導向，稱許說話對百姓大眾臧否歷史人物所起的巨大導向作用。

宋代，封建政治教化思想對文學的統治得到進一步強化，理學把儒學推進到一個新的階段。正如周密《浩然齋雅談》所說：「宋之文治雖盛，然諸老率崇性理，卑藝文。」以二程、朱熹為代表的理學家，提出了一整套以理學壓制文學的理論，要求文學必須「一出於道」，以繼承儒家禮樂教化傳統；又就其對文學與義理的關係看，帶來了片面地崇天理、抑人欲的弊病。宋的敗亡，遼、金、元的代興，充分暴露了理學及其文學主張的弊端，因而主張抗擊外族入侵和務求改革弊政以圖興國的人士，大都與理學漸疏而主張「借俗寫雅」「化俗為雅」，趨向於欣賞「俗」文藝。

由金入元，隨著不少士大夫文人地位的下落，「俗」文藝的影響又日漸增強。金代元好問在《新軒樂府引》中說：「《詩》三百所載小夫賤婦幽憂無聊賴之語，時猝為外物感觸，滿心而發，肆口而成者耳！其初果欲被管弦，諧金石，經聖人手，以與六經並傳乎？小夫賤婦且然，而謂東坡翰墨遊戲，乃求與前人角勝負，誤矣！」從社會生活為文藝生命的源泉來看問題，以「俗」文藝佳作為例證，指出對雅俗審美觀念要有全面的認識，還必須對文藝發展實際與民眾多樣需求有切實的瞭解。社會生活的豐富、多變，醞就了「俗」文藝的流光溢彩和五光十色的世態人情，並由此而使「俗」文藝永遠煥發出自然、鮮活的美。

## 第一節　蘇軾「超凡脫俗」的審美主張

蘇軾（1036-1101），字子瞻，自號東坡居士，眉州眉山（今屬四川）人。宋代傑出的文學家、文藝理論家。蘇軾極為推崇「超凡脫俗」的審美意識，主張「尊雅尚雅」。他「以詩為詞」，在審美創作方面提倡超曠自然、姿態橫生。他認為詩文創作應於審美創作中構築出超曠絕塵的沖淡高雅之境：自然率真，不事雕琢，不矯揉造作，不故作艱深、怪僻；遵循審美對象的特質，又不拘束縛，自由瀟灑，超曠自然，渾然天成；表現手法千姿百態而又變化萬端。蘇軾自己的詩文創作就體現了這種自然率真、超曠絕塵之美。他在《文說》中說：「吾文如萬斛泉源，不擇地而出。在平地滔滔汩汩，雖一日千里無難；及其與山石曲折，隨物賦形而不可知也。所可知者，常行於所當行，常止於不可不止，如是而已矣。其他，雖吾亦不能知也。」指出詩文創作應乘興隨心，如水銀瀉地，汪洋恣肆，一瀉千里，不拘形式，自由自在地抒發情思。文筆隨所表達內容的曲折變化而曲折變化，揮灑自如，達到「文理自然，姿態橫生」的境界。所以黃庭堅認為：蘇軾「落筆皆超逸絕塵」（《跋子瞻〈醉翁操〉》）又說其詩詞審美創作「語意高妙，似非吃煙火食人語，非胸中有萬卷書，筆下無一點塵俗氣，孰能到此」（《跋東坡樂府》）。清代沈德潛亦認為「『行雲流水』數言，即東坡自道其行文之妙」（《唐宋八大家讀本》），並讚賞蘇軾《韓文公廟碑》一文：「文亦以浩然之氣行之，故縱橫瀟灑。而不規於聯絡照應之法。合以神，不必合以跡也。」（《唐宋八大家讀本》）張伯行亦稱讚蘇軾《刑賞忠厚之至論》曰：「東坡自謂文如行雲流水，即應試論可見，學者讀之，用筆自然圓暢。」（《唐宋八大家文鈔》卷八）明代楊慎亦稱頌說：「東坡文如長江大河，一瀉千里，至其渾浩流轉，曲折捲巧變

化之妙，則無復可以名狀。」（《三蘇文苑》卷七）

蘇軾詩文詞畫無不精深。他論詩歌創作時有一個鮮明的特點，就是將繪畫理論運用到詩論中，尚雅崇雅，開拓了詩歌審美創作雅化理論的視野。

特別值得注意的是，蘇軾既尚雅崇雅，但也不避俗。在語言運用方面，他非常注意吸取俗語，推崇以俗語入詩，周紫芝《竹坡詩話》記載：「東坡在黃州時，嘗赴何秀才會，食油果甚酥。因問主人，此名為何。主人對以無名。東坡又問為甚酥，坐客皆曰：『是可以為名矣。』又潘長官以東坡不能飲，每為設醴，坡笑曰：『此必錯著水也。』他日忽思油果，作小詩求之云：『野飲花前百事無，腰間惟系一葫蘆，已傾潘子錯著水，更覓君家為甚酥。』李端叔嘗為余言，東坡云：『街談市語，皆可入詩，但要人熔化耳。』此詩雖一時戲言，觀此亦可以知其熔化之功也。」這裡表明蘇軾主張「街談市話」都可以運用到詩歌創作之中；但同時，他又認為必須以俗為雅，主張用在詩中的「街談市語」必須是經過作者「熔化」，即化俗為雅，經過藝術化、雅化的，是借俗寫雅、以俗為雅，要與上下文融合一體，自然貼切。

蘇軾自己在詩歌創作中運用俗語的例子很多。吳聿的《觀林詩話》記載：「東坡：『幾思壓茅柴，禁網日夜急。』蓋世號市沽為茅柴，以其易著易過。……非慣飲茅柴，不能為此語也。」「茅柴」是酒名，也是民間的習慣稱呼，蘇軾用以入詩。陳師道《後山詩話》說：「熙寧初，有人自常調上書，迎合宰相意，遂丞御史。蘇長公戲之曰：『有甚意頭求富貴，沒些巴鼻使奸邪。「有甚意頭」、『沒些巴鼻』，皆俗語也。」這是化俗為雅、以俗語入詩的又一例。據黃徹的《溪詩話》記載，蘇軾還喜歡引諺語入詩：「唐諺云：『槐花黃，舉子忙。』東坡有：『強隨舉子踏槐花，槐花還似昔年忙。』……是也。」不難看出，蘇軾

將街談市語、俗語、諺語熔鑄入詩歌創作後，使詩歌意境更加活潑、生動、通俗而饒有情趣，故而人們稱讚蘇軾，說：「街談巷說，鄙俚之言，一經坡手，似神仙點瓦礫為黃金，自有妙處。」（朱弁《風月堂詩話》卷上）清代葉燮在《原詩》中說得好：「蘇詩包羅萬象，鄙諺小說，無不可用，譬之銅鐵鉛錫，一經其陶鑄，皆成精金，庸夫俗子，安能窺其涯涘。」同時，蘇軾還主張用事須「以故為新、以俗為雅」。宋代的詩歌創作，喜歡用事，故而宋代關於「用事」的論述最為普遍。如許多人都推崇杜甫的「用事如水中著鹽」的美學思想；王安石主張「用事須相發明」；葉夢得則認為：「詩之用事，不可牽強，必至於不得不用而後用之，則事辭為一，莫見其安排斗湊之跡。」（《石林詩話》）蘇軾也在《題柳子厚詩》中提出獨具創意的新觀點，說：「詩需要有為而作，用事當以故為新，以俗為雅。」蘇軾所說的「以故為新，以俗為雅」，主張詩人在用典時必須加以再創造，應在「化」字上下功夫，是前人典故、故事的「舊」化為「新」，將「俗」化為「雅」，而不是生搬硬套。蘇軾的理論和創作實踐是統一的。無名氏《漫叟詩話》曾稱讚他說：「東坡最善用事，既顯而易讀，又切當。」據《苕溪漁隱叢話》記載：「（蘇軾）《書李公擇白石山房》云：『偶尋流水上崔嵬，五老蒼顏一笑開。若見謫仙煩寄語，匡山白頭早歸來。』用杜詩《不見李白》云：『匡山讀書處，頭白早歸來。』東坡嘗作《李氏山房藏書記》云：『余友李公擇，少時讀書於廬山五老峰下白石庵之僧舍，公擇既去，而山中之人思之，指其所居為李氏山房，藏書凡九千卷。』此詩雖言謫仙，實指公擇，以事與姓皆同故也。又《濟南和公擇詩》云：『敝裘羸馬古河濱，野闊天低糝玉塵，自笑餐氈典屬國，來看換酒謫仙人。』為蘇李也。東坡作詩，用事親切類如此，他人不及也。」（《後集》卷二十八）第一例中，蘇軾的詩句「白頭早歸來」，采自杜詩「頭白早歸

來」，「謫仙」指李白，「匡山」為李白讀書處。蘇軾的朋友李公擇也姓李，「少時讀書於廬山」，其故居被稱為「李氏山房」。蘇氏暗中借用杜甫《不見李白》一詩的典故，在《書李公擇白石山房》一詩的創作中通過「見謫仙」李白的想像，來抒發懷念李公擇的情感，使意境更加含蓄蘊藉，被胡仔點穿：「此詩雖言謫仙，實指公擇，以事與姓皆同故也。」第二例《濟南和李公擇》中的「典屬國」，為秦代官名，掌管當時來歸附的各外族屬國的政務，這裡用來借代漢時的蘇武。因為蘇武從匈奴返回後，曾被封為「典屬國」一職。蘇軾在這首詩中引用蘇武、李白的故事，來指蘇軾、李公擇。因此胡仔註明均「為蘇李也」。由此可見蘇軾詩中用事的貼切程度及化俗為雅、化故為新的高超藝術表現功力。

## 第二節　蘇轍的「雅氣」論

蘇轍（1039-1112），字子由。蘇軾之弟。宋代文學家、文論家。蘇轍從論「氣」著手推崇「雅正」的審美意識。關於「氣」，《文心雕龍》〈體性〉早就指出：「氣有剛柔，習有雅鄭。」白居易則認為：「天地間有粹靈氣焉，……蓋是氣，凝為性，發為志，散為文。粹勝靈者，其文沖以恬；靈勝粹者，其文宣以秀；粹靈均者，其文蔚溫雅淵，疏朗麗則，檢不扭，達不放，古淡而不鄙，新奇而不怪。」（《故京兆元少尹文集序》姚燧也認為，詩文「根於氣，氣根於識，識正而氣正，氣正而體正」（《盧威仲文集序》）。所謂「粹靈氣」「正氣」，就是「雅氣」。謝榛則認為「自古詩人養氣，各有主焉」，有「雄渾」之氣、「秀拔」之氣、「壯麗」之氣、「古雅」之氣（《四溟詩話》）。蘇轍就認為「氣」是可以培養的。他在《上樞密韓太尉書》中指出：「文者，氣之

所形。然文不可以學而能，氣可以養而致。孟子曰：『我善養吾浩然之氣。』今觀其文章，寬厚宏博，充乎天地之間，稱其氣之小大。太史公行天下，周覽四海名山大川，與燕趙間豪俊交遊，故其文疏蕩，頗有奇氣。此二子者，豈嘗執筆學為如此之文哉？其氣充乎其中，而溢乎其貌，動乎其言，而見乎其文，而不自知也。」（《欒城集》卷二十二）這裡就指出「氣」是可以培養的。孟子善養「浩然之氣」，因而其文則表現出「寬厚宏博」、溫和典雅的審美風貌。司馬遷通過周覽名山大川和與燕趙豪俠交遊以養「氣」，因此而其文章風貌「疏蕩頗有奇氣」。

在蘇轍看來，創作主體「其氣充乎其中，而溢乎其貌……見乎其文」。顯然，這種「充乎其中，溢乎其貌」的「氣」，就是「雅氣」。主體之「雅氣」外化為作品的「文氣」「詞氣」，亦即「文勢」「脈理」「波瀾」，構成詩文的節奏、脈絡和意境，決定著作品的「雅正」風貌。故而「氣雅」即「文雅」。因此，蘇轍在《詩病五事》中指出：蘇軾善於養氣，故「諸文皆有奇氣」。他特別讚揚杜甫的《哀江頭》詩說：「予愛其詞氣，如百金戰馬，注坡驀澗，如履平地，得詩人之遺法。」他認為，《詩經》〈大雅〉〈綿〉九章表面上看似乎「事不接，文不屬，如連山斷嶺，雖相去絕遠，而氣象聯絡，觀者知其脈理之為一也。蓋附離可以鑿枘，此最為文之高致耳」。強調「氣象」對於貫串審美意象、表現審美意蘊的作用。儘管這裡沒有直接提到「雅」，但「高致」，顯然就是「雅」的審美境界。

## 第三節　陳騤的「貴俗」論

陳騤（1128-1203），字叔進，台州臨海（今屬浙江省）人，宋高宗紹興二十四年（1154）進士第一，歷知贛州、秀州、太平州、袁州，寧

宗時知樞密院事，兼參知政事，著有《文則》。與理學家「崇雅卑俗」的偏激之論不同，陳騤在《文則》中則提倡化俗為雅，主張用語應通俗易懂，反對故作艱深。他還特別以《禮記》《尚書》〈盤庚〉及古代其他詩文中均用「淺語」「民間之通語」「常語」的現象為例，來說明詩文創作不必一味追求深奧難懂，而要淺俗易懂的道理。如該書「戊一」條指出：「《禮記》之文，始自後倉，成於戴聖，非純格言，間有淺語。如『掩口而對』，『毋投與狗骨』，『羹之有菜者用梜』，……若此等語，雖在曲防人情，然亦少施斫削。」陳騤還列舉了《禮記》中的許多淺近用語，並指出這些淺語都是稍加熔鑄、「少施斫削」的樸實無華的語言，因而平易而生動。他在《文則》〈戊二〉中又指出：「〈商盤〉告民，民何以曉？然在當時，用民間之通語，非若後世待訓詁而後明。且『顛木之有由蘗』，使晉衛間人讀之，則『蘗』知為『余』也。『不能胥匡以生』，使東齊間人讀之，則『胥』知為『皆』也。『欽念以忱』，使燕岱間人讀之，則『忱』知為『誠』也。由此考之，當時豈不然乎？」陳騤認為《尚書》〈商書〉〈盤庚〉的文告，乃採用民間通語，所以百姓大眾都能知曉。他還認識到語言是發展的，古今語言都在變化。古人用的是當時的語言，今人也應運用當世語言，不該搬用古語以致造成晦澀難懂，須訓詁才能明白。他反對今人「搜摘古語，撰敘今事」，主張應像〈商盤〉篇那樣，運用民間俗語、口語。陳騤在〈戊三〉中又進一步主張應當使用反映當地風土人情的「常語」，這些看法都是極有見地的。

陳騤主張詩文創作應追求「雄健而雅」的審美境界。他在《文則》〈己四〉中對《考工記》的審美風貌作了重點剖析，指出：「《考工記》之文，權而論之，蓋有三美：一曰雄健而雅，二曰宛曲而峻，三曰整齊而醇。略條於後：『雄健而雅：鄭之刀，宋之斤，魯之削，吳粵之

劍，遷乎其地而弗能為良。』『宛曲而峻：引而信之，欲其直也。信之
而直，則取材正也；信之而枉，則是一方緩一方急也。若苟一方緩一
方急，則及其用之也，必自其急者先裂。若苟自急者先裂，則是以博
為也。』『整齊而醇：爍金以為刃，凝土以為器。……鐘大而短，則其
聲疾而短聞；鐘小而長，則其聲舒而遠聞。』」這裡就認為，一篇文章
可以包容多種審美意蘊，可以由不同的句子或段落構成不同的審美境
界。《考工記》就是一個典型，它兼有三種不同審美風貌，構成「三
姜」。基於此，陳騤概括了這三類審美風貌的特點，即「雄健而雅」
「宛曲而峻」「整齊而醇」，並特別推崇「雄健而雅」的審美風貌。

## 第四節　梅堯臣的「平淡閒雅」論

　　梅堯臣（1002-1060），字聖俞，世稱宛陵先生，宣城（今屬安徽，
古稱宛陵）人。宋代文學家、詩論家。梅堯臣反對「西崑體」的浮豔，
提倡「平淡閒雅」的審美風貌。梅堯臣生活在北宋初期，其時，局勢
逐漸穩定、經濟有所發展，為點綴昇平，統治者開始「興禮文之事」
「西崑體」詩風盛行。以楊億等人為首的「西崑體」獨霸詩壇。「西崑
體」內容悠閒華貴，藝術表現上追求雅緻精工，堆砌辭藻、典故，形
成浮豔的風貌，阻礙了北宋的詩歌革新。梅堯臣繼承了白居易「詩歌
合為事而作」的美學精神，力主儒家「美刺」「興寄」的創作原則。因
而他批評「西崑體」「有作皆言空：煙雲寫形象，葩卉詠青紅；人事極
諛諂，引古稱辯雄；經營唯切偶，榮利因被蒙。遂使世上人，只曰一
藝充」（《答韓三子華韓五持國韓六玉汝見贈述詩》），他反對「西崑
體」的內容空洞，只熱衷於辭藻華麗、典故堆砌等。針對這些缺點，
梅氏提倡發揚「風雅」傳統，說自己「辭雖淺陋頗刻苦，未到二雅未

忍捐」（《答裴送序意》）；並提出「因事有所激，因物興以通」（《答韓三子華韓五持國韓六玉汝見贈述詩》），即主張詩歌應因事因物而作，不能無病呻吟。同時主張去浮豔，提倡古樸平淡的審美風貌。所謂「平淡」並不是淡而無味，而是要求運用不事雕琢、樸素無華的語言抒情寫意，於平淡中蘊含深味。梅堯臣提出：「因今適情性，稍欲到平淡。苦詞未圓熟，刺口劇菱芡。」（《依韻和晏相公》）「作詩無古今，唯造平淡難。」（《讀邵不疑學士詩卷》）他不但從理論上，而且以自己的創作實踐力求平淡來反對「西崑體」的浮豔。歐陽修稱讚他的詩，說：「如食橄欖，真味久愈在。」（《六一詩話》）胡仔也推崇他說：「聖俞詩工於平淡，自成一家。」（《苕溪漁隱叢話》〈後集〉）葛立方贊同梅氏的觀點，說：「今之人多作拙易語而自以為平淡，識者未嘗不絕倒。梅聖俞《和晏相》詩云：『因今適情性，稍欲到平淡。……』言到平淡處甚難也。……平淡到天然，則善矣。」（《韻語陽秋》）可以說，正是梅堯臣、歐陽修、蘇軾等人提倡平淡閒雅，有宋一代詩人才大多追求淡雅自然的審美風貌。

梅堯臣還提倡詩歌創作應追求「狀難寫之景如在目前，含不盡之意見於言外」（《容齋隨筆》卷四引），以創構出深廣幽邃、煥若神明、生氣氤氳、餘味無窮的意境。歐陽修《六一詩話》記載：「聖俞嘗語余曰：詩家雖率意，而造語亦難，若意新語工，得前人所未道者，斯為善也。必能狀難寫之景如在目前，含不盡之意見於言外，然後為至矣。賈島云：『竹籠拾山果，瓦瓶擔石泉』；姚合云：『馬隨山鹿放，雞逐野禽棲』等，是山邑荒僻，官況蕭條；不如『縣古槐根出，官清馬骨高』為工也。余曰：語之工者固如是。狀難寫之景，含不盡之意，何詩為然？聖俞曰：作者得於心，覽者會以意，殆難指陳以言也。雖然，亦可略道其彷彿：若嚴維『柳塘春水漫，花塢夕陽遲』，則天容時

態，融和駘蕩，豈不如在目前乎？又若溫庭筠『雞聲茅店月，人跡板橋霜』，賈島『怪禽啼曠野，落日恐行人』，則道路辛苦，羇愁旅思，豈不見於言外乎？」可見，在梅堯臣看來，詩歌創作無論審美意蘊還是藝術表達都應該創新，即其所謂「意新語工，得前人所未道」。同時他又深刻瞭解詩歌「造語」的艱難。所謂「狀難寫之景」正是「含不盡之意」的前提和途徑。溫庭筠《商山早行》、賈島《暮過山村》都具有「含不盡之意見於言外」的醇雅風貌。前者通過寫茅店旅客雞鳴即起，朦朧月光映照，蒙著濃霜的板橋上留下匆匆足跡的一系列意象，「天容時態，融和駘蕩」，生動地體現出旅客的艱辛之苦。後者通過描寫黃昏時分，在曠無人煙的田野裡，只有孤獨的行人和怪鳥鳴叫的荒涼景象，蘊藉著行人孤寂而憂懼的心情。

顯然，梅堯臣的這種主張醇雅蘊藉的審美意識與他追求平淡閒雅風貌的雅俗觀密切相聯。他推崇平淡閒雅反對「語涉淺俗」，主張於平淡中見厚重，「以俗為雅」，「俗」中寓「雅」。歐陽修説：「聖俞嘗云：『詩句義理雖通，語涉淺俗而可笑者，亦其病也。如有《贈漁父》一聯云：眼前不見市朝事，耳畔惟聞風水聲。説者云：患肝腎風。又有《詠詩者》云：盡日覓不得，有時還自來。本謂詩之好句難得耳，而説者云：此是人家失卻貓兒詩。人皆以為笑也。』」（《六一詩話》）梅氏不但主張詩句須通義理，而且重視詞語的具體運用問題。他反對詞語淺俗可笑，認為這是一種詩病。在他看來，要治療這種詩病，只有「以俗為雅」。據陳師道《後山詩話》記載：「閩士有好詩者，不用陳語常談，寫投梅聖俞。答書曰：『子詩誠工，但未能以故為新、以俗為雅爾。』」這裡，梅堯臣就明確提出「以俗為雅」的審美觀點，主張詩人應善於運用陳語常談。陳語常談一般比較淺俗，如能善於將其加工提煉，便可化淺俗為雅正。

## 第五節　黃庭堅的「化俗為雅」論

　　黃庭堅（1045-1105），字魯直，號涪翁，自號山穀道人，洪州分寧（今江西修水人）。著名詩人，「蘇門四學士」之一，與蘇軾齊名，世稱「蘇黃」。黃庭堅特別推重「化俗為雅」的審美意識。他強調創新，主張「以俗為雅，以故為新」。在與楊明叔論文時，他說：「因明叔有意於斯文，試舉一綱而張萬目：蓋以俗為雅，以故為新。百戰百勝，如孫吳之兵；棘端可以破鏃，如甘繩飛衛之射。此詩人奇也。」（《再次韻楊明叔》〈小序〉）葛立方《韻語陽秋》也記載說：「山谷嘗與楊明叔論詩，謂『以俗為雅，以故為新。百戰百勝，如孫吳之兵；棘端可以破鏃，如甘繩飛衛之射』，捏聚放開，在我掌握。」在黃庭堅之前，梅堯臣和蘇軾也曾提倡「以俗為雅，以故為新」之說，但都是以其來表述運用典故的藝術手法。如蘇軾《書柳子厚詩》所說「詩需要有為而作，用事當以故為新，以俗為雅」。而黃氏則不然，他進一步將這一論點提升為審美創作的總綱。所謂「以俗為雅」，就是要求汲取「俗」文藝的營養，採用俗語、諺語、方言、俚語等於藝術表現之中，對之進行熔鑄加工，從而使詩歌創作永遠煥發新鮮、自然、真率、樸素、稚氣的鮮活魅力。顯然，黃氏的這種審美意識是對前人觀點的繼承和創新。如唐代杜甫就很重視擷取俗語入詩，以「化俗為雅」。蘇軾不但善於通過「化俗為雅」以熔鑄「街談巷語」入詩，而且還總結出不少有關的美學理論。黃庭堅善於「化俗為雅」的詩例，《漫齋詩話》《能改齋漫錄》均有記載。「以俗為雅」說被他強調提出之後，受到人們的高度重視，不少詩人都自覺地接受了這種審美意識，並結合進自己的審美實踐之中。

　　所謂「以故為新」，則要求吸取古人的詩歌創作藝術表現手法，並

在此基礎上化舊為新、化腐朽為神奇。為此，黃庭堅還提出了「點鐵成金」「奪胎換骨」等具體審美規範。

「俗」和「雅」、「故」和「新」，都是既相互對立又相互統一的審美範疇。將「俗」化為「雅」，將「故」化為「新」，關鍵在於具備「化」的審美能力，而這「化」的審美能力就是詩人的文化素養和審美創作能力。所以「以俗為雅，以故為新」，應該是一種藝術的創造性活動。它可以避免審美創作中的「襲故蹈常、落套刻板」，既給作品永不衰竭的活力，也給讀者以「光景常新」的吸引力。對此，錢鍾書說得好：「夫以故為新，即使熟者生也；而使文者野，亦可謂之使野者文，驅使野言，俾入文語，納俗於雅爾。」[1]

黃庭堅「以俗為雅、以故為新」的美學主張，歷代文論家都既有贊同的，也有反對的。持反對觀點的認為這是因襲模仿，特別是對其中的「奪胎換骨」之說，金代王若虛貶之為「剽竊」。贊同的如金代李純甫《西岩集序》說：「黃魯直天資峭拔，擺出翰墨畦逕，以俗為雅，以故為新，不犯正位，如參禪著末後句為具眼。」明代謝榛在《四溟詩話》中也提倡這種主張，說：「凡作詩要知變俗為雅，易淺為深，則不失正宗矣。」清代田同之《西圃詩說》也深表贊同，說：「詩尚新雅，然能以故為新，以俗為雅者，尤其不易得者。」不過，從「雅」「俗」互相對立、相互轉化的關係來看，「以俗為雅」的提出，在中國美學雅俗論發展史上，是有其積極意義的，應該得到充分肯定。

## 第六節　陳師道「寧僻毋俗」的雅俗觀

---

1　錢鍾書：《談藝錄》（補訂本），中華書局1984年版，第321頁。

　　陳師道（1053-1102），字履常、無己，號後山居士，徐州彭城（今江蘇徐州）人。江西詩派重要詩人、詩論家。陳師道主張尚雅隆雅。他在《後山詩話》中指出，詩歌創作應「寧拙毋巧，寧樸毋華，寧粗毋弱，寧僻毋俗」；主張詩歌創作在藝術表現方面，在「拙」與「巧」、「樸」與「華」、「粗」與「弱」、「僻」與「俗」的對立中，寧可取前者，而反對取後者。顯然，他是不讚同「華」「巧」「弱」「俗」的。這種雅俗觀與黃庭堅提出的「寧律不諧，而不使句弱；寧字不工，而不使語俗」的雅俗觀是一脈相承的。只是黃庭堅推崇「以故為新，以俗為雅」，著力創新，因而不免時有「過於出奇」的雕琢痕跡，而陳師道除反對「弱」與「俗」外，更強調「拙」與「樸」。他在詩歌創作中總是有意識地追求一種「簡練拙樸」的風格，與黃氏主張「生新瘦硬」的風格不同。他也主張汲取俚語俗詞到詩歌創作中，但認為必須化俗為雅。故而他在詩歌創作實踐中總是努力追求質樸無華的審美風貌，以俗為雅，吸收俚語俗語入詩，加以熔鑄，以使詩意深邃有味。元人劉壎就極為稱許他的詩「語短而意長」，認為其詩作「簡潔峻峭，而悠然深味，不見其際」（《隱居通議》卷八）。

　　清代賀貽孫也非常推崇陳師道的這種「寧僻毋俗」的雅俗觀。他在《詩筏》中說：「余謂樸實勝華，拙實勝巧，粗實勝弱，僻實勝俗。樸拙粗僻，非大家不能用。」不過賀氏認為「大抵以自然者為勝」，不可有意的追求樸拙粗僻。這也可看作是對陳氏之說的補充。此外，陳師道還十分欣賞語拙而意深的作品。他曾在《後山詩話》中稱讚劉禹錫的詩說：「望夫石在處有之。古今詩人，共有一律，惟劉夢得云：『望來已是幾千歲，只似當年初望時。』語雖拙而意工。」

## 第七節　嚴有翼的「尚雅卑俗」觀

嚴有翼，生卒年月不詳，建安（今福建建寧）人。宋高宗紹興年間（1131-1162）曾任泉、荊二郡教官。著有《藝苑雌黃》二大卷，已佚。今本十卷，多為偽作。郭紹虞《宋詩話輯佚》中有八十四則。嚴有翼論詩尚雅卑俗，反對以歇後語入詩，認為這樣則「未能去俗」。他說：「昔人文章中，多以兄弟為友於，以日月為居諸，以黎民為周余，以子孫為詒厥，以新婚為燕爾，類皆不成文理。雖杜子美、韓退之亦有此病，豈非徇俗之過耶！子美云：『山鳥山花吾友於。』又云：『友於皆挺拔。』退之云：『豈謂詒厥無墓址？』又云：『為爾惜居諸。』《後漢》〈史弼傳〉云：『陛下隆於友於，不忍恩絕。』……《晉史》〈贊論〉中，此類尤多。吳氏《漫錄》謂：『洪駒父云：此歇後語也。』韓、杜未能去俗何耶？」（《藝苑雌黃》）在嚴有翼看來，歇後語「友於」「居諸」「周余」「詒厥」「燕爾」等的運用「不成文理」，所以他對杜甫、韓愈詩中運用「友於」「詒厥」等歇後語的評價是「未能去俗」「徇俗之過」。他的這種雅俗觀代表了當時多數人認為歇後語是俗語，不登大雅之堂，不能入詩的觀點。

## 第八節　張表臣的「格力雅健雄豪」論

張表臣，生卒不詳，字正民，單父（今屬山東）人。宋高宗紹興年間（1131-1162）曾任司農丞，著有《珊瑚鉤詩話》三卷。張表臣論詩非常重視詩歌意境的熔鑄和詞語的錘煉，推崇「格力雅健雄豪」的審美風貌。他說：「詩以意為主，又須篇中煉句，句中煉字，乃得工耳。以氣韻清高深眇者絕，以格力雅健雄豪者勝。『元輕白俗』『郊寒

島瘦」，皆其病也。」（《珊瑚鈎詩話》卷一）和當時大多數人的美學思想一致，張表臣強調「詩以意為主」，但與一般人不同之處是，他在強調詩以意為主的同時，也強調詩歌的藝術表達，注重語言的鍛鍊，要求篇中煉句，句中煉字。這大概與他受陳師道美學思想的影響有關。陳師道曾要求他重視立格、命意、用字，所以他要求「氣韻清高深眇、格力雅健雄豪」，以「元輕白俗」「郊寒島瘦」為病。而他對詩歌意境的熔鑄方面則要求「含蓄天成」「平夷恬淡」。他說：「篇章以含蓄天成為上，破碎雕鏤為下。如楊大年西崑體，非不佳也，而弄斤操斧太甚，所謂七日而混沌死也。以平夷恬淡為上，怪險蹶趨為下。如李長吉錦囊句，非不奇也，而牛鬼蛇神太甚，所謂施諸廊廟則駭矣。」又說：「精粗不可不擇也，不擇則龍蛇蛙蚓，往往相雜矣；瑕瑜不可不知也，不知則瓊杯玉斝，且多玷缺矣。」（《珊瑚鈎詩話》卷一）這裡所謂的「上」「精」「龍」即「雅」，而「下」「粗」「蛇蚓」則顯然指「俗」。總之，張氏主張詩歌意境的熔鑄應天然渾成，含蓄蘊藉，並不滿「西崑體」的過於雕琢破碎、有傷自然，主張詩歌意境應樸素無華，「平夷恬淡」，反對李賀詩運用過多的「牛鬼蛇神」的詞語，趨於險怪。他要求重視篇章句字的錘煉，注意擇精粗，辨瑕瑜。

## 第九節　楊萬里的「以故為新」「以俗為雅」論

楊萬里（1127-1206），字廷秀，號誠齋，吉州吉水縣（今屬江西）人。與陸游、范成大、尤袤並稱為「中興四大詩人」。楊萬里汲取黃庭堅提出的「以故為新」「以俗為雅」的美學精神，並加以豐富、發展，主張「奪胎換骨」。他說：「庾信《月》詩云：『渡河光不濕。』杜云：『入河蟾不沒。』唐人云：『因過竹院逢僧話，又得浮生半日閒。』坡

云：『殷勤昨夜三更雨，又得浮生盡日涼。』杜《夢李白》云：『落月滿屋樑，猶疑照顏色。』山谷《簟》詩云：『落日映江波，依稀比顏色。』退之云：『如何連曉語，只是說家鄉。』呂居仁云：『如何今夜雨，只是滴芭蕉。』此皆用古人句律，而不用其句意，以故為新，奪胎換骨。」（《誠齋詩話》）這裡就通過生動具體的詩例，對「奪胎換骨」作了形象的闡說。進一步發展黃庭堅的「奪胎換骨」說。楊氏主張「皆用古人句律，而不用其句意」，即要求在詩歌藝術表達中，於結構上仿擬古人，而其意蘊則有所創新，這樣就能夠更加有利於詩人對詩歌藝術意境的創造，以營構新的審美境界。楊萬里不僅贊同黃庭堅「以俗為雅」的雅俗觀，而且補充說：「有用法家吏文語為詩句者，所謂以俗為雅。坡云：『避謗詩尋醫，畏病酒入務。』如前卷僧顯萬『探支』『闌入』，亦此類也。」（《誠齋詩話》）又說：「詩固有以俗為雅，然亦須經前輩熔化，乃可因承。如李之『耐可』，杜之『遮莫』，唐人『裡許』『若個』之類是也。」（《誠齋集》卷六十六）這裡所提到的蘇軾詩句中的「尋醫」「入務」都是其時所謂俗語，所提到的僧顯萬《梅》詩：「探支春色牆頭朵，闌入風光竹外梢」中的「探支」「闌入」，即所謂「法家吏文語」之類。楊氏主張「化俗為雅」，故而強調俗語須經過「前輩熔化」，即經過「雅化」，然後再通過詩人「因承」即加工鑄煉，以化俗為雅，才能入詩。他自己的詩也常採用「以俗為雅」的手法。他所創建的「誠齋體」之所以具有生動風趣、清新活潑的審美特徵，與他善於吸取前代詩文精華、當代民間俗語諺語，以及公文官書中的術語等，與「化俗為雅」分不開。

## 第十節　張戒「婉而雅」「含蓄不露」的雅俗觀

　　張戒，生卒年不詳，繹郡（今山西新絳縣）人。南宋詞人、詞論家。張戒主張「婉而雅」，認為《詩經》〈國風〉就是達到「婉而雅」境界的典範。要達到「婉而雅」，就應像《詩經》〈邶風〉〈靜女〉一樣，不直接表現男主人公心中急切想見到靜女，而用「搔首踟躕」以生動地表露其心態，詞語委婉，意旨蘊藉，含而不露。正是從其「婉而雅」的雅俗觀出發，他反對那種意旨淺露，而沒有餘味的詩作，認為杜牧之《贈別二首》（其二）中的詩句就是「意非不佳，然而詞意淺露，略無餘蘊」（《歲寒堂詩話》卷上），顯得意蘊膚淺直露而無味。元稹、白居易、張籍等人的詩作也具有「詞傷於太煩」「意傷於太盡」的毛病。他強調指出，如果能「收其詞，少加含蓄」，則會使詩歌意蘊含蓄、而意味深長了。他還將杜甫《哀江頭》詩與白居易《長恨歌》、元稹《連昌宮詞》相比較，指出杜甫的詩作：「其詞婉而雅，其意微而有禮，真可謂得詩人之旨者」，而《長恨歌》《連昌宮詞》「皆不若子美詩微而婉也」（《歲寒堂詩話》卷上）。

　　張戒一方面尚雅重雅、主張詩歌創作應追求「婉而雅」的審美風貌，同時，他又主張化俗為雅，認為巧語、拙語、奇語、常語、俗語皆可入詩。他說：「王介甫只知巧語之為詩，而不知拙語亦詩也。山谷只知奇語之為詩，而不知常語亦詩也。歐陽公詩專以快意為主，蘇端明詩專以刻意為工，李義山詩只知有金玉龍鳳，杜牧之詩只知有綺麗脂粉，李長吉詩只知有花草蜂蝶，而不知世間一切皆詩也。惟杜子美則不然，在山林則山林，在廊廟則廊廟，遇巧則巧，遇拙則拙，遇奇則奇，遇俗則俗，或放或收，或新或舊，一切物、一切事、一切意，無非詩者。故曰『吟多意有餘』，又曰『詩盡人間興』，誠哉是也。」

（《歲寒堂詩話》卷上）這裡就指出，世間一切物、一切事、一切意都可以為詩，都可以通過詩歌藝術地表達出來，不論是巧語、拙語、奇語、常語等都可以用來進行詩歌創作。他評論杜詩中運用粗俗語的現象，說：「世徒見子美詩多粗俗，不知粗俗語在詩句中最難，非粗俗，乃高古之極也。自曹、劉死至今一千年，惟子美一人能之。中間鮑照雖有此作，然僅稱俊快，未至高古。元白、張籍、王建樂府，專以道得人心中事為工，然其詞淺近，其氣卑弱。至於盧仝，遂有『不啁溜鈍漢』『七碗吃不得』之句，乃信口亂道，不足言詩也。近世蘇、黃亦喜用俗語，然時用之亦頗安排勉強，不能如子美胸襟流出也。」（《歲寒堂詩話》卷上）這裡所謂的杜詩中的粗俗語，並不是淺薄、粗野的俗語，而是經過詩人加工熔鑄、化俗為雅而自然渾成的詩語。所以張戒認為「粗俗語在詩句中最難」，「非粗俗，乃高古之極也」，認為杜詩中正是有這些經過化俗為雅，由「胸襟流出」的「粗俗語」，從而才營構出「高古之極」的風貌。

## 第十一節　陳善的「尚雅忌俗」論

　　陳善，生卒年不詳，南宋人，字教甫、子兼，號秋塘，福州（今屬福建）人。著有《雪蓬夜話》《捫蝨新話》。陳善「尚雅忌俗」，認為詩詞審美創作中的詞語運用必須經過「化俗為雅」的錘煉過程，應忌俗、忌太清、貴精巧，認為「文字固不可犯俗」「能遣辭者，未必能免俗」，反對造語遣辭有「俗」的弊病。由此出發，所以他推崇陶淵明的詩以「韻勝」「頗似枯淡，久久有餘」（《捫蝨新話》）。他讚揚陶淵明《歸田園居》中的「曖曖遠人村，依依墟裡煙。犬吠深巷中，雞鳴桑樹顛」的詩句，認為可以與《詩經》〈豳風〉〈七月〉相表裡，「此殆難與

俗人言也」（《捫蝨新話》）。他也欣賞杜甫《古柏行》詩句「霜皮溜雨四十圍，黛色參天二千尺」，認為其「氣韻不俗」；同時他也指責有人愛誦「影搖千尺龍蛇動，聲撼半天風雨寒」，把淺俗的詩句當作佳句，認為「此如見富家子弟，並無福相，但未免俗耳」（《捫蝨新話》）。推崇詩歌審美創作應追求平淡而有韻味，以避直白淺露、俗而無味。

## 第十二節　嚴羽的「學詩先除五俗」論

　　嚴羽，生卒年不詳，字儀卿、丹邱，又字滄浪逋客，邵武（今屬福建）人。南宋詩論家。嚴羽主張尚雅重雅。他在《滄浪詩話》〈詩法〉中強調指出：「學詩先除五俗：一曰俗體，二曰俗意，三曰俗句，四曰俗字，五曰俗韻。」這裡就提出「五俗」說，主張詩歌創作應重雅卑俗、尚雅去俗。黃庭堅提倡「以俗為雅」，「寧律不諧而不使句弱，用字不工而不使語俗」（《題意可詩後》）。朱熹論詩也認為「須先識得古今體制，雅俗鄉背」，「要使方寸之中無一字世俗言語意思，則其為詩，不期於高遠而自高遠矣」（《答鞏仲至第四書》）。顯然，嚴羽的雅俗觀與他們是一致的，只是嚴羽僅僅提出「五俗」說而未作進一步闡釋。陶明濬《詩說雜記》卷九曾對此「五俗」說進行過解釋，指出：所謂「俗體」，「當是所盛行如應酬諸詩，毫無意味，腴詞靡靡，若試帖等類」；所謂「俗意」，是指「善頌善禱，能諛能諧，毫無超逸之態是也」；所謂「俗句」，指「沿襲剽竊，生吞活剝，似是而非，腐氣滿紙」；所謂「俗字」，指「風雲月露，連類而及，毫無新意者」；所謂「俗韻」，約指「過於奇險，困而貪多，過於率易，雖二韻亦俗者是也」。正由於嚴羽主張「學詩」應當先去除「五俗」，所以他強調指出：「語忌直，意忌淺，脈忌露，味忌短，音韻忌散緩，亦忌迫促。」（《滄浪

詩話》〈詩法〉）他對元稹、白居易的詩不滿，認為「顧況詩多在元白之上，稍有盛唐風骨處」（《詩人玉屑》卷二）。顯然，這也是他「除俗」審美意識的體現。嚴羽的尚雅卑俗觀對後來的文論家也有影響，如明代解縉就提倡「學詩先除五俗」（《春雨雜述》）。這裡所謂的「五俗」，即指俗體、俗意、俗句、俗字、俗韻，可見其對嚴羽的尚雅卑俗觀的繼承。

## 第十三節　羅大經的「俗語不害超妙」論

羅大經，生卒年不詳，字景綸，吉州吉水（今江西吉水）人。著有《心學經傳》《易解》（均佚），現有《鶴林玉露》十六卷。羅大經主張「以俗為雅」，提出詩歌創作應「用常俗語不害超妙」。宋代詩人大多主張詩歌創作應採用常語、俗語，只是不讚同生搬硬套，而是要求經過藝術化加工，熔鑄錘煉，使之化俗為雅。他引楊萬里語說：「詩固有以俗為雅，然亦須經前輩熔化，乃可因承。如李之『耐可』，杜之『遮莫』，唐人『裡許』『若個』之類是也。」（見《鶴林玉露》卷三）顯然，羅大經贊同蘇軾與楊萬里「以俗為雅」的審美觀念，並進一步指出，詩歌創作不僅可以採用常言俗語，而且可以全篇運用常言俗語，而不會影響到詩歌的藝術感染力，只會使詩歌創作達到「超妙」的審美境界。他以杜甫詩為例，來證明這種審美觀點：「余觀杜少陵詩，亦有全篇用常俗語者，然不害其為超妙。如云：『一夜水高三尺強，數日不可更禁當。南市津頭有船賣，無錢即買系籬傍。』又云：『江上被花惱不徹，無處告訴只顛狂。走覓南鄰愛酒伴，經旬出飲獨空床。』又云：『夜來醉歸沖虎過，昏黑家中已眠臥。傍見北斗向江低，仰看明星當空大。庭前把燭嗔兩炬，峽口驚猿聞一個。白頭老罷舞復

歌，杖藜不寐誰能那。』是也。楊誠齋多效此體，亦自痛快可喜。」
（《鶴林玉露》卷三）

## 第十四節　沈義父的「當以古雅為之」論

　　沈義父（1225-1264），字伯時，一字時齋，震澤（今江蘇蘇州）
人。宋理宗嘉熙元年（1237）曾任南康軍白鹿洞書院山長，宋亡後隱居
不仕，著有《樂府指迷》。

　　沈義父崇尚「古雅」。他在《樂府指迷》中提倡詩詞創作「當以古
雅為之」。他認為，「古雅」這種審美境界是通過詞人遣字擇句構築起
來的，因此，「下字欲其雅，不雅則近乎纏令之體」。蔡嵩雲「箋釋」
說：「纏令為當時通行的一種俚曲，其辭不雅馴，而體格亦卑，故學詞
者宜以為戒。」（《樂府指迷箋釋》）可見沈義父主張「雅馴」，堅決反
對詩詞創作採用民間俚曲中淺顯通俗的詞彙。

　　在如何品評歷史上著名詞人詩詞創作藝術表達中的煉字擇句問題
上，沈義父主張以「雅」為審美標準。他曾提出協律、典雅、含蓄、
柔婉的論詞四規範。他盛讚周邦彥下字「且無一點市井氣」（《樂府指
迷》），周詞是他心目中全「雅」的典範，「所以為冠絕」；他認為吳文
英繼承了周邦彥詩歌創作追求「雅馴」的美學精神，「深得清真之妙」，
故而沒有不雅的毛病；他對康與之、柳永的評價有讚揚也有不滿，說
他們「句法亦多有好處，然未免有鄙俗語」；他對施梅川的評論是，施
讀唐詩多，故而詩詞創作具有「雅淡」風貌，不過「間有俗氣，蓋亦
漸染教坊之習故也」；而孫惟信的詞作雖「亦善運意，但雅正中忽有一
兩句市井句，可惜」（均見《樂府指迷》）。這裡所謂與「雅正」相對的
「鄙俗語」，蔡嵩雲「箋釋」說：「所謂鄙俗語，可分二類：一市井流行

語，所謂淺近卑俗者是；一教坊習用語，所謂批風抹月者是。南宋人論詞，以雅正為歸，宜乎在屏棄之列。」（《樂府指迷箋釋》）

## 第十五節　張炎的「雅正」說

　　張炎（1248-1320），字叔夏，號玉田，又號樂笑翁，臨安（今浙江杭州）人。南宋詞論家。張炎在《詞源》中指出，詩詞創作必須表現「雅正」的情思意趣。他在《詞源》〈意趣〉中提出「詞以意趣為主」，同時，又在該書〈雜論〉中指出，周邦彥的詞雖然「於軟媚中有氣魄」，「惜乎意趣都不高遠，致乏出奇之語，以白石騷雅句法潤色之，真天機雲錦也」。他認為，「詞欲雅而正，志之所之，一為情所役，則失雅正之音。耆卿、伯可不必論，雖美成亦有所不免，如『為伊淚落』，如『最苦夢魂，今宵不到伊行』，……『又恐伊尋消問息，瘦損容光』；如『許多煩惱，只為當時，一餉留情』，所謂淳厚日變成澆風也」（《詞源》〈雜論〉）。他認為，這裡所批評的「情」，特指「鄰乎鄭、衛，與纏令何異」的綺靡、浮豔之情。張炎主張「雅正」，要求「樂而不淫」。他對周邦彥「意趣都不高遠」「失雅正之音」的詞風不滿，反對柳永、康與之豔情詞的「澆風」，因此極力主張詩詞創作應為「雅正」之情服務。同時，張炎還在《詞源》中專列〈賦情〉一節，對詞中如何描寫〈風月〉等景色發表自己的看法，反對「為情所役」，認為詞作應該表現「騷雅」的情趣。他說：「簸弄風月，陶寫性情，詞婉於詩。蓋聲出鶯吭燕舌間，稍近乎情可也。若鄰乎鄭衛，與纏令何異也！如陸雪溪《瑞鶴仙》云……皆景中帶情，而有騷雅。故其燕酣之樂，別離之愁，回文、題葉之思，峴首、西州之淚，一寓於詞。若能屏去浮豔，樂而不淫，是亦漢、魏樂府之遺意。」（《詞源》〈賦情〉）這裡就

指出「陶寫性情」、描寫風月，應該是詩詞創作的一個特徵，也是詩詞創作之所長；但寫情應該內存「騷雅」，應「發乎情，止乎禮義」，應「屏去浮豔，樂而不淫」，約情合中，具有較高的「意趣」。在表達手法上應該是「景中帶情」，委婉含蓄地進行表述。張炎提倡含蓄而「淡語有味」，「如野雲孤飛，去留無跡」（《詞源》〈清空〉），不主張用直寫、鋪敘的手段來表達「意趣」和「騷雅」之情。

張炎自己在詩詞創作實踐中也極力追求「雅正」風貌。據《山中白雲詞》龔本所收的《玉田詞題辭》記載，仇遠就認為張炎的詩詞創作「意度超玄」「情景交爍」；鄭思肖則認為張炎在詩詞創作中是將「一片空狂懷抱」寄託於「明月」「落花」之中；陸文奎認為張炎的詞作具有「意內而言外」「餘情哀思」等審美特徵。這些品評都把握住了張炎所追求的「以意趣為主」、應表現「雅正」之情的審美意識。

## 第十六節　周德清的「文而不文，俗而不俗」論

周德清（1277-1365），字日湛，號挺齋，江西高安人。一生未仕，「通聲音之學，工樂章之詞」（歐陽宏《中原音韻》〈序〉）。戲曲理論家，撰有《中原音韻》一書。

周德清主張「文而不文，俗而不俗」的雅俗觀。他認為雅俗都應適度，不宜太過。「雅」則不能太雅，「俗」則不能太俗。在他看來，屬於太俗的，有「俗語」「蠻語」「謔語」「嗑語」「市語」「方語」「構肆語」「張打油語」。所謂「方語」，即「各處鄉談」。所謂「構肆」，即勾欄；「構肆語」，即民間戲曲的本色語，只供演唱，不考慮「上紙」。所謂「張打油語」，周德清認為是張打油這類人的「乞化出門語」。所有上述語言，他都認為屬「不可作語」之列（見《中原音韻》

〈作詞十法〉）。他在《中原音韻》〈作詞十法〉「造語」條中指出：「用字必熟，太文則迂，不文則俗；文而不文，俗而不俗，要聳觀，又要聳聽，格調高，音律好，襯字無，平仄穩。」這裡強調「用字必熟」，體現了戲曲演唱必須通俗、易懂的審美特徵。但同時，也不能太俗，故而，周德清認為「太文則迂，不文則俗」，主張「文而不文，俗而不俗，要聳觀，又要聳聽」。

第六章

# 明清：雅俗審美意識的多元化

　　明清時期，隨著經濟的發展，以市民為主要接受者的「俗」文藝也得以迅速發展，小說戲曲總領了文壇風騷。顧炎武《日知錄》載：「錢氏曰：古有儒、釋、道三教，自明以來，又多一教曰小說。小說演義之書，士大夫農工商賈無不習聞之，以至兒童婦女，不識字者亦皆聞而如見之，是其教較之儒、釋、道而更廣也。」小說的影響遠遠超過了儒、釋、道。小說戲曲的昌盛，也帶動了「以俗為雅」「化俗歸雅」審美意識的活躍。四大奇書《三國演義》《水滸傳》《西遊記》《金瓶梅》在明中葉已經在社會中流傳。以白話為主的其他通俗小說，包括話本、擬話本以及運用文言撰寫的傳奇和筆記體小說，在品種與數量上也都超過前代。以俗為美，化俗歸雅，整理編刊小說成為一種新的審美文化現象。小說集有《豔異編》、《萬錦情林》、《虞初志》、《古今小說》、《警世通言》、《醒世恆言》、《拍案驚奇》（初刻、二刻）等等。

　　隨著小說的流傳，相關的美學思潮也不斷湧現，有關「俗」文藝

審美創作的一些美學理論也紛紛迭起，時有論爭，顯示了勃勃生機。如蔣大器在其以庸愚子署名所作之〈三國志通俗演義序〉中，就主張「史」與「文」的結合，指出：「文不甚深，言不甚俗，事紀其實，亦庶幾乎史。」又強調指出，小說「欲觀者有所進益」，對「盛衰治亂，人物之出處臧否，一開卷，千百載之事豁然於心胸」，須從觀者「易行」著眼，「若《詩》所謂裡巷歌謠之義」。從歷史題材小說的創作與接受兩方面論述了俗文學的審美效應。張尚德在其以修髯子署名所作之《三國志通俗演義引》中，則強調小說能「羽翼信史」與「裨益風教」兼具，指出應把史書通俗化，從通俗功用講到「稗官小說」並非「不足為世道重輕」。這種「化俗為雅」的雅俗觀非常重視小說的認識社會、改造社會的功能，但過分強調「羽翼信史」，引起另一些評論家的反對。

其時，王陽明「心學」崛起，提出「知是心之本體，心自然會知」，「見父自然知孝，見兄自然知悌」（《傳習錄》上），尤其是其泰州學派代表人物王艮，主張「百姓日用即道」，「此學是愚夫愚婦能知能行者」（《王心齋先生遺集》卷三《年譜》），伸張了平民意識；特別是李贄對「凡聖之分」「貴賤之別」的清算，主張「人皆可以為堯舜」「滿街都是聖人」（《明儒學案》卷三十四、三十七、四十七、五十一）。這些思想都給傳統的雅俗觀帶來衝擊，也使「俗」文藝躋身於文壇「正宗」，早登大雅之堂，同時也促進文人的自覺，旗幟鮮明地投身於「化俗為雅」的「俗」文藝創作中，並從理論上探索「俗」文藝提高藝術水準，增強藝術功效的途徑。如甄偉、熊大木等人就認為，「俗」文藝的創作應根據市民大眾易讀、易看、易體會的，通俗、易懂的審美需求，只要符合情理，可以採用虛構的藝術表現手法。而甄偉則在《西漢通俗演義序》中指出，小說創作「言雖俗而不失其正，義

雖淺而不乖於理」，「若謂字字句句與史盡合，則此書又不必作矣」，就從正面肯定「俗」文藝中的小說「雖俗而不失其正（雅）」，從中可見其尚「俗」、隆「俗」的美學精神。《金瓶梅》借《水滸傳》中西門慶與武松之嫂潘金蓮苟合的一段故事為由頭，借題發揮，寫明代運河碼頭上下的世情生活，深入細緻地刻畫社會眾生相，大膽而露骨地描寫男女性愛，從而引起社會各階層人士的關注，評議紛紜，褒貶各異，譽毀並加。從現存萬曆間詞話本看，早期就有欣欣子序，著重指出《金瓶梅》是「寄意於世俗」，以俗為美，化俗歸雅，是作者「罄平日所蘊者」撰著而成（見《金瓶梅詞話序》）。後來，又有弄珠客跋、廿公跋，分別對此書以俗為美、化俗為雅、俗不傷雅的審美追求加以肯定。袁宏道在與友人書札中稱其為「雲霞滿紙，勝於枚生《七發》多矣」；在《觴政》中稱此書可配《水滸》作為酒友所談名作的「外典」。

## 第一節　李贄的「以俗為雅」論

李贄（1527-1602），號卓吾，泉州晉江（今屬福建）人。明代思想家、文學家。李贄在與宋明理學的鬥爭中寫了一系列文論性文章，推崇「以俗為美」「化俗為雅」的審美觀念。他在《童心說》中，提倡以不被陳腐之說污穢的童心寫真文，以達到「內含以章美，篤實生輝光」；在《忠義水滸傳序》中，指出「《水滸傳》者，發憤之所作也」；在《時文後序》中，認為「文章與時高下，高下者，權衡謂也」；對古代儒家所說「聖之時者也」的觀點，對「雅」「俗」審美觀都作了新解釋；在《雜說》中，又就小說與戲曲的聯繫提出「化工」與「畫工」之別；在《讀律膚說》中提出「性情自然」之說。在他看來，無論是「隆雅尊雅」，還是「以俗為美」「化俗為雅」，都可能創作出佳作，關

鍵在於是否達到審美創作的「自然」，達到「化工」之境。後來葉晝慕其名，又托其名擬作了多種評點本，對《水滸傳》等「俗」文學巨著的藝術特點作了細緻、深入的闡發。如說《水滸傳》寫人物性格「傳神」，「各有派頭，各有光景，各有家數，各有身分，一毫不差，半些不混，讀者自有分辨，不必見其姓名，一睹事實，就知某人某人也」（《忠義水滸傳序》）。這些評點似的文藝評論不僅精細，而且有新意，人物形象塑造也提升到了典型化的高度。顯而易見，這是對以《水滸傳》為代表的「俗」文藝創作的極高褒獎。這樣一來，文藝評點之風盛行。李贄故去後，袁宏道在《東西漢通俗演義序》中，一面提倡「文不能通而俗可通」的審美觀念，一面感慨地說：「吾安得起龍湖老子（即李贄）於九原，借彼舌根，通人慧性；借彼手腕，開人心胸！」可見，李贄的評點，以及對「以俗為美」「化俗為雅」審美觀念的主張，對雅俗審美意識的發展影響深遠。

## 第二節　馮夢龍的「重俗」論

馮夢龍（1574-1646），字猶龍，一字耳猶，一字子猶，別署龍子猶、顧曲散人、墨憨齋主人等，長洲（今江蘇蘇州）人。明代文學家、文藝理論家。馮夢龍是全力傾注於「俗」文藝創作的文人。他一反傳統，旗幟鮮明地肯定小說這種「俗」文藝，主張「化俗為雅」「以俗寫雅」。他在《古今小說序》中認為：「韓非、列禦寇諸人，小說之祖也。……若通俗演義，不知何昉。按南宋供奉局，有說話人，如今說書之流，其文必通俗，其作者不可考。」在他看來，通俗小說的審美特徵就是「通俗」，就是「以俗為雅」。論及明代的小說，他認為，不能用過去時代的標準來要求當代，「或以為恨乏唐人風致，謬矣。食桃者

不費杏，穀毳錦，惟時所適」。這是一種從實際出發的文學發展觀，
「惟時所適」，時代決定著雅俗觀的變化，雅俗觀的變化也體現出時代
的審美意趣。

　　在馮氏看來，唐人小說創作中藝術表達所運用的是「選言」，即經
過遴選加工過的書面語言，「入於文心」，受文人雅士的喜愛；宋人小
說則是「說話人」的作品，所採用的語言主體是「通俗」，老百姓欣
賞，感到「諧於裡耳」。「裡耳」與「文心」對舉，讀者聽眾的側重點
不同，這邊是街坊裡市中的市民百姓，那邊是有文化或地位的文人雅
士。可見馮夢龍主張「以俗為美」「適俗為雅」，推崇宋以來小說的通
俗性，認為其「諧於裡耳」。在馮氏看來，只要符合百姓大眾的審美意
趣與審美需要的，就是雅的。故而，明衍堂刊印《喻世明言》的《識
語》標舉「取其明言顯易，可以開口人心」；兼善堂的《警世通言識語》
也稱「通俗演義一種，尤便於下里之耳目」，將「裡耳」直接解釋為下
里巴人之「耳目」，表明「以俗為雅」是當時普遍的審美意趣。

　　馮夢龍在改編小說、創作戲曲、刊行民歌等「化俗為雅」的審美
創作活動中對「俗」文藝的發展做出了重大貢獻，是明代文人雅士在
審美趣味上自覺追求「從雅到俗」的代表。在《古今小說序》中他指
出「天下之文心少而裡耳多，則小說之資於選言少而資於通俗者多」，
倡導「以俗為美」「化俗為雅」的審美觀。他認為，人們習誦經論不如
讀通俗小說受影響「捷且深」；在《警世通言序》中，他指出「俗」文
藝作品如「村醪市脯，所濟者眾」；在《醒世恆言序》中，他提出要「觸
裡耳而振恆心」，又以「天不自醉人醉之，則天不自醒人醒之。以醒天
之權與人，而以醒人之權與言。言恆則人恆，人恆而天亦得其恆」的
道理論證「導愚適俗」的必要性。這些論點都觸及「以俗為美」「化俗
為雅」的「俗」文藝創作的一個基本的審美特性，即必須通俗易懂。

正因為如此，「俗」文藝才能對廣大讀者產生巨大的審美效應。笑花主人在《今古奇觀序》中也提出「天下之真奇在未有不出於庸常者」，「動人以至奇者，乃訓人以至常者」，對「以俗為美」「化俗為雅」寫世情的擬話本小說作了充分的肯定。文人自覺地加入到「俗」文藝的審美創作中，並對之進行理論探討，從而極大地推動了「俗」文藝的發展，使「俗」終於代「雅」而興，占據了文壇的「正宗」。

## 第三節　徐渭等的「本色」論

從明中葉起，倡導「化俗為雅」「以俗為美」的文藝家在「俗」文藝小說、戲曲批評中主張寫性情與世情，和詩文等「雅」文藝創作中前、後「七子」提倡隆雅崇雅，追求復古、擬古的審美主張形成鮮明的對照。李贄在《雜說》中認為戲曲創作語俗意雅，韻味無窮，能起到《詩經》那樣的「興、觀、群、怨」的審美效用；在評點元曲《西廂》時，他盛讚其為「千古傳神文章」。李開先在《西野春遊詞序》中則主張「雅俗俱備」、交相為用。他認為戲曲要像元曲那樣貴在「本色」，「用本色者為詞人之詞，否則為文人之詞矣」；他要求戲曲創作追求「語俊意長，俗雅俱備」之境。其時，傳奇劇本創作和演出已有過分雅化的趨勢，就「本色」「當行」展開爭論無疑是大有裨益的。

徐渭（1521-1593），初字文清，改字文長，號天池山人、青藤道士，山陰（今浙江紹興）人。徐渭《南詞敘錄》對南戲發展作了全面的記述，並在一些序跋評點文字中對「以俗為美」「化俗為雅」的「俗」文藝創作的有關審美導向發表了極有見地的評論。徐氏主張應有「本色」「相色」之分。他在《西廂序》中說：「本色，猶言正身也；相色，替身也。」並宣稱說：「余於此本中賤相色，貴本色。」在《題

〈崑崙奴〉雜劇後》中說：「越俗越家常，越警醒。」還說：「點鐵成金者，越俗，越雅；越淡薄，越滋味；越不扭捏動人，越自動人。」這些論點既充分肯定「以俗為美」「化俗為雅」的「俗」文藝創作，又揭示了「本色」的審美功效和「俗」與「雅」的辯證關係。他指出，「以俗為美」「化俗為雅」的戲曲創作應處理好通俗與文詞的關係，應就表現人物需要和題旨而定。徐渭在《南詞敘錄》中說：「曲本取於感發人心，歌之使奴童婦女皆喻，乃為得體。經子之說，以之為詩且不可，況此等耶！」又說：「吾意與其文而晦，毋若俗而鄙之易曉也！」在《西廂記評點》中，他說寫紅娘諸曲「大都掉弄文詞，而文理雖不甚妥帖，正以模寫婢子情態。用意如此，非妙手不能」。同時，他還充分肯定「以俗為美」「化俗為雅」的「俗」文藝創作的認識、教育、審美價值，在評點《琵琶記》時強調指出：「詩可以興，可以觀，可以群，可以怨，《琵琶》有焉。」

臧懋循在其所編訂的《元曲選》序文中對元曲創作經驗也有所闡發。他指出：「大抵元曲妙在不工而工。」又指出，曲作要「雅俗兼收，串合無痕，乃悅人耳」。他主張「雅俗並進」「雅俗相通」，並強調戲曲創作應向俗詞俗語學習，以俗為雅、化俗為雅。他認為：「填詞者必須人習其方言，事肖其本色，境無旁溢，語無外假。」這些觀點對雅俗審美觀的發展無疑是極有幫助的。

## 第四節　李開先的「以俗為雅」論

李開先（1502-1568），字伯華，號中麓，山東章丘人。明代文藝理論家。李開先也推崇「俗」文藝，主張以俗為美、雅俗俱備、化俗為雅。李氏編刊市井豔詞並為之作序，指出：「憂而詞哀，樂而詞褻，此

古今同情也。」（《市井豔詞序》）他認為，市井歌謠語俗意雅，所謂豔褻之詞，實即男女情愛之詞。他與馮夢龍的雅化觀相同，提倡「以俗為美」「以俗為雅」，充分肯定歌謠中可以見真情的特質：「語意則直出肺肝，不加雕刻，俱男女相與之情，雖君臣友朋亦多有托此者，以其情尤足感人也。故風出謠口，真詩乃在民間。」（《市井豔詞序》）他在《詞謔》中指出，從時調佳品中可以知「作詞之法，詩文之妙」，「以俗為美」「化俗為雅」的「俗」文藝中的作品與「崇雅隆雅」的「雅」文藝創作在審美創造上是相通的，前者的創作經驗可為後者所借鑑。

李氏提倡「本色論」。在他看來，本色乃是「明白而不難知」。他要求戲曲作品能像金元作家的作品那樣在百姓大眾中流傳，認為只有這樣，才是「金元風格」，或曰「金元氣魄」。在評述其友人西野（即袁崇冕）的《春遊曲》時，他說：「西野年愈長，詞益工，而論尤合，近作《春游》一闋，語俊意長，俗雅俱備，聲中金石，色兼玄黃，真如游上林而踏青郊，淑景春葩，歷歷在目。」（《西野春遊詞序》）可見，在他看來，所謂的「本色」，既包含音律、文采，以及「俗」「雅」及「語言雅正」與否等因素；又包含著意蘊意旨是否雋永悠長，即審美意味的多寡、深淺；還和審美意像是否「歷歷在目」，即鮮明生動有關。在論及詩歌創作中的「本色」問題時，李開先還指出最佳途徑在汲取「俗」文藝的營養，化俗為雅，向民歌學習，因為民歌是作者「真情」的流露，所謂「風出謠口」，真詩乃在民間，「直出肺肝，不加雕刻」。他認為，民歌《鎖南枝》等之所以能感動人心，「非後世詩人墨客操觚染翰，刻胃流血所能及者，以其真也。」（《市井豔詞序》）在這裡，「本色」和「真」是直接相關，不可分割，一脈相通的。

## 第五節　小説評論家的雅俗論

　　明代小説評論家對「俗」文藝中代「雅」而興的小説的評價，與詩文評論家對小説的評價形成鮮明對比。

　　追溯起來，中國古代的史學家歷來就與小説的創作與評價頗多關聯。因為他們比較重視從筆記小説中蒐集正史不載的史料，所以他們往往用史家「實錄」的精神與眼光來要求小説創作。於是或者認為小説「其言不馴雅」（司馬遷語，見《古文尚書冕詞》卷八），或者覺得「奇言怪語」「皆非其實」（班固語，見《漢書》卷六十五）等等。唐代史學家劉知幾的《史通》，更是從「惡道聽塗説之違理，街談巷議之損實」隆雅卑俗觀出發，對《語林》等小説痛加貶斥，認為「其事非聖」「其言亂神」，如果採用其説以為史料，則只能「取悦於小人」，而「見嗤於君子」（《史通》〈采撰〉）。由此可見他對小説創作中的虛構與想像特色極為不滿。但是，必須指出，史學家也不是一概尚雅卑俗，否定小説，也有以俗為雅的。如劉知幾也能比較正確地認識到「偏記小説，自成一家，而能與正史參行，其所由來尚矣」。他強調小説要「實錄」，反對「虛辭」，重視「雅言」，反對「鄙樸」。同時他又認為，小説雖然「言必瑣碎，事必叢殘」，卻也時時能「玉屑滿篋」，很有文學和史料價值，值得重視。他們都對小説持肯定態度。宋宗室趙令時在改編唐傳奇《鶯鶯傳》為鼓子詞時，曾就《鶯鶯傳》及小説這種「俗」文藝提出了極為重要的觀點。他認為唐傳奇小説《鶯鶯傳》的藝術成就已經達到「非大手筆孰能與於此」的境界，它廣泛流傳於「士大夫」等上流社會，也受到下層民眾諸如「娼優女子」的欣賞喜愛，達到了雅俗共賞。他還指出：「夫崔之才華婉美，詞采豔麗，則於所載緘書詩章盡之矣，如其都愉淫冶之態，則不可得而見，及觀其文，飄飄然彷

彿出於人目前，雖丹青摹寫其形狀，未知能如是工且至否？」（《元微之崔鶯鶯商調蝶戀花詞》）這裡就著力稱讚《鶯鶯傳》這部傳奇小說，指出其中崔鶯鶯這一人物形象塑造得非常成功，讀者只須讀了小說中人物的「緘書詩章」，就能生動地感受到崔鶯鶯「才華婉美，詞采豔麗」，而更為奇妙的是那種一般「不可得而見」的神情形態被生動地傳達出來了，栩栩如生，活靈活現，故而讀者「及觀其文，飄飄然彷彿出於人目前，雖丹青摹寫其形狀，未知能如是工且至否」。顯然，趙氏實際上是在稱讚小說作者刻畫人物形象非常成功，讚美作者在「化俗為雅」「以俗為雅」的審美創作中獲得了極大的成功。

洪邁也對小說這種「俗」文藝持肯定態度。他在其《容齋隨筆》中評論唐人小說時說：「唐人小說，不可不熟，小小情事，凄婉欲絕，洵有神遇而不自知者，與詩律可稱一代之奇。」又說：「大率唐人多工詩，雖小說戲劇，鬼物假托，莫不宛轉有思致，不必顓門名家而後可稱也。」把小說這種「俗」文藝與唐之律詩相提並論，雅俗並陳，真是見解獨到。小小的情事，能使人「凄婉欲絕」，受到非常大的藝術震撼，可見其審美功效的巨大；「神遇而不自知」，其描寫的成功，藝術上所取得的成就都得到充分的肯定。

陳振孫對「以俗為雅」的小說創作也發表過看法。在其所著《直齋書錄題解》中，他曾指出，小說集《傳奇》六卷為「唐裴鉶撰。高駢從事也。尹師魯初見範文正《岳陽樓記》曰：『傳奇體耳。』然文體隨時，要之理勝為貴。……」陳振孫對唐人小說的評價並不高，但他卻能實事求是地指出，小說這種「俗」文藝的出現是「文體隨時」使然，即小說文體的出現是社會發展的必然，是歷史、文學史發展的必然結果，而且認為小說「理勝為貴」。

劉辰翁喜愛小說這種「俗」文藝，曾對小說評點抱以極為熱忱的

態度，一生都持久為之。他基本上持「以俗為雅」的雅俗觀。在評點《世說新語》時，他喜歡用「語鄙」「清言」「高簡」等描繪性話語，言簡意賅，生動、形象、準確地指出了作者的創作特點。在《世說新語眉批》中，他還非常注重作品中人物形象的個性化語言和感情色彩，如「桓大口語」「婦人語」「家翁語」「市井笑語」等等都比較準確地揭示出諸種人物的話語特點；而「真是注情語」「正墮淚之言」（《世說新語》「王子敬語王孝伯」條）「至得態」等，都點出了人物形像在此時此景中所抒發感情的個性化特徵；在人物性格的分析方面，劉辰翁也能把握住其審美特色，指出《世說新語》中人物語言「極得情態」「意態略似」「有女子風致」等，認為能讓接受者在接受中「神情自近，愈見其真」，「使人想見其良」，「元規巍峨可想」。落筆不多，都能切中肯綮。

## 第六節　「說話」評論家的雅俗論

宋元時期，「說話」這種「俗」文藝的興盛，推動了小說評論與小說美學理論的開展。孟元老的《東京夢華錄》，灌園耐得翁的《都城紀勝》，周密的《武林舊事》，西湖老人的《繁勝錄》，以及吳自牧的《夢粱錄》等書，都以讚賞的筆調記錄了當時「說話」的盛況、說話人軼事，間亦涉及小說美學理論。

吳自牧《夢粱錄》〈小說講經史〉充分肯定「說話」，指出其足以與「雅」文藝並陳。吳氏不但對「說話」詳加記述分類，而且論述到了說話的內容和美學特點，所謂「談論古今，如水之流」，就是指明說話的藝術表達極其自然流暢，隨物賦形，善於刻畫描繪。他還強調指出「說話」這種「俗」文藝「字真不俗」。所謂「真」，首先是指內容

的真實，但是「字」而非「事」，故「真」也應指選詞用字的準確生動，有如事物本來面目的再現。「不俗」，指具有藝術表現力，不俚俗，不庸俗，不低級俗氣。

羅燁在《醉翁談錄》〈舌耕敘引〉的「小說引子」與「小說開闢」中，對小說分類、小說藝術特點及其審美效果等分別作了表述。認為小說的藝術表達應通俗明理，說：「小說者流，出於機戒之官，……以上古隱奧之文章，為今日分明之議論，或名演史，或謂合生，或稱舌耕，或作挑閃，皆有所據，不敢謬言。」並對小說的藝術魅力及情節結構發表了自己的見解，說：「夫小說者，雖為末學，尤務多聞。非庸常淺識之流，有博覽該通之理」。

元末明初，楊維楨曾憑藉其詩名獨步文壇。楊氏對「俗」文藝的態度是「沿俗歸雅」。在為陶宗儀《說郛》所作序文中，他曾就小說的創作意旨發表看法，認為應將小說也納入儒家之道，指出小說必須「要諸聖經」「要諸道」等等。他認為，就是「說話」也應「曰忠曰孝，貫穿經史於稠人廣眾中」（見《東維子集》卷六）。同時，他還認為《說郛》能補「考索之遺」，對於一般學者，則能起到開所聞擴所見者的作用。他說：「要其博古物，可為張華、路（敬淳）、段（成式）；核其古文奇字，可為子雲（揚雄）、許慎；其索異事，可為贊皇公（即李德裕）；其知天窮數，可為淳風（李淳風）、一行（唐高僧）；其搜神怪，可為鬼董狐（指《搜神記》或另一篇筆記小說）；其識蟲魚草木，可為《爾雅》；其紀山川風土，可為《九丘》；其訂古語，可為鈴契；其究諺談，可為稗官；其資謔浪調笑，可為軒渠子（宋呂本中撰《軒渠錄》，記述宋朝仕宦的可笑言行）。昔應中遠作《風俗通》……猶皆傳世，況是集之用工深而資識者大乎！其可傳於世無疑也。」（此段引文中括號內的文字為引者所加）他所論述到的這些，其中顯然包含有「雅俗並

陳」「雅俗相通」的思想。

明代的小說理論家大多主張以俗寫雅，以俗歸雅，化俗為雅，如王稚登給《虞初志》寫的序文就稱讚《虞初志》「其事核，其旨雋，其文爛漫而陸離，可以代捉塵之譚，資捫蝨之論。乃於遊藝之暇，刪厥舛訛，授之剞劂，長篇短牘，粲然可觀」（〈虞初志序〉）。所謂「爛漫陸離」「粲然可觀」，顯然是就小說的藝術境界而言。湯顯祖所作之序也認為《虞初記》「以奇僻荒誕、若滅若沒、可喜可愕之事，讀之使人心開神釋、骨飛眉舞。雖雄高不如《史》、《漢》……而婉縟流麗，洵小說家之珍珠船也」（〈點校虞初志序〉）。凌性德則充分肯定《虞初志》一書，認為「經史而下，自是世外奇珍，人孰不好讀？讀之者如人海市，如行玄圃，觸目皆琳瑯，莫能辨識其為何寶。」（見《讀虞初記》點評本）所謂「洪鐘」「余葩」「奇珍」「琳瑯」，都是極高的評價，從中可以看出其對「俗」文藝的讚揚和對以俗為雅審美意識的充分肯定。署名鐘瑞先的評論家在評點唐韋莊《離魂記》中說：「詞無奇麗，而事則微茫有神，至翕然合為一體，萬解萬想，味之無窮。」（見《讀虞初記》點評本）湯若士在對李朝威《柳毅傳》的評點中說：「造句尖新韶雅」「選詞工麗」「膽雄語健」（見《讀虞初記》點評本）。屠過水批點陳鴻《長恨傳》中的李楊情愛故事，說：「一時寵幸，千載如睹。文之風華藻麗，令觀者目眩神怡。」（見《讀虞初記》點評本）湯若士在對牛僧孺的《周秦行紀》評點中說：「敘得古拙」「光景如畫」「語甚文透」（見《讀虞初記》點評本）等，都是持其「以俗為雅」的審美觀，充分肯定小說這種「俗」文藝的審美價值。

## 第七節　張鳳翼的「雅言」論

　　張鳳翼（1527-1612），字伯起，長洲（今江蘇蘇州）人。明世宗嘉靖四十三年（1564）舉人，戲劇家，著有《語言談》。張鳳翼尚雅，推崇「雅言」，反對俗語。在日常話語的運用方面，張鳳翼主張「雅言」，他認為日常話語是一個人思想、品行、人格、修養等的綜合表現，故文人雅士絕不可作「下流之言」「市井之言」。他在《語言談》中舉例說：「少見鄉曲有一前輩，善為鄙俚，頃刻成篇，播滿人口，以快一時之意，於人若無大損，而於己損德不少。」因此書中舉了大量「雅言」的例子，借「雅言」來表現話語者高潔的品行。此外，張鳳翼很重視語境。他指出，對富者勿談己之貧，因為怕引起對方誤會，以為「有所求」；對貧者勿談己之贍；怕對方以為自己奢侈；「對長者切勿妄談他事，涉於輕縱；對處順境人勿多及沉淪蹉跌事，遇失意人勿多談飛揚快利事；見閒適瀟灑之客，勿論隱顯貴賤盛衰及風塵除目中事，恐妨其雅懷，且乖雅道自負之意」；甚至對俗客世人也當「隨事答應，勿引丘壑煙霞、詩章文翰事」（《語言談》）。可見他極為重視日常話語在和諧人與人之間關係中的效果。他反對講俗語，因為「恐妨雅懷」「乖雅道」，但也不主張故作驚世駭俗之談。

## 第八節　詩論家的雅俗論

　　詩文創作方面，明代以李夢陽、何景明等為代表，提倡復古，主張「文必秦漢，詩必盛唐」，文章要求由唐宋上溯秦漢，詩歌則要求近體主盛唐，古體與樂府必以漢魏高古之格為規範，追求古雅渾厚流美的詩風。由此，也帶來文藝理論家對雅俗觀的深入探討。

詩論家高棅提倡「清雅」。他在《唐詩品彙》總序指出，初唐有王、楊、盧、駱的「美麗」，上官儀的「婉媚」；盛唐有李白的「飄逸」，杜甫的「沉鬱」，孟浩然的「清雅」，王維的「精緻」，儲光羲的「真率」，王昌齡的「聲俊」，高適、岑參的「悲壯」，李頎、常建的「超凡」；中唐有韋應物的「雅澹」，劉長卿的「閒曠」，錢起、郎士元的「清贍」，皇甫冉的「沖秀」，以及柳宗元的「超然復古」，韓愈的「博大其詞」，張籍、王建樂府的「得其故實」，元稹、白居易「序事務在分明」；至晚唐則有李賀、盧仝的「鬼怪」，孟郊、賈島的「飢寒」，以及杜牧的「豪縱」，溫庭筠的「綺靡」，李商隱的「隱僻」，許渾的「偶對」等。並指出整個唐代的詩歌創作審美風貌「莫不興於始，成於中，流於變，而哆之於終」。主張追求並保持其「雅正」風範，提倡清雅、飄逸、恢宏、淡遠的審美之境。

費經虞則倡導「古雅」。為此，他特意撰寫《雅論》。全書分「源本」「體調」「格式」「製作」「合論」「工力」「時代」「針砭」「品衡」「瑣語」「題引」「盛事」「音韻」「詩餘」等十四部分，著重考訂詩歌創作的格法、聲律。在他看來，「抒情詠物」還是以六朝的小賦為好，敘述、描繪事物應當「輕秀曲折」，抒情言志應當「委曲纏綿」。要達到此，在藝術表達方面則應該追求「清潤俊逸」「古雅微妙」，詩句不可太長，不可太短，不可故作「雄壯」，也不可涉於「鄙陋」。

## 第九節　李漁等的「以俗為雅」論

明代盛行的戲曲品種，到清代更受到文人雅士的推重和參與。他們推敲文詞、音韻，使其日益精緻化，脫離了原有的通俗本色。如崑曲就有這種趨勢。代之而起的是在民間流行的新的地方戲的勃興，在

地方戲基礎上形成的京劇也日益受到文人雅士的注意。所謂花部與崑曲優勢之爭，實際上就是新興的通俗戲曲與雅化的、侷限於少數人趣味的原有戲曲兩種審美意趣與審美趨向之間的爭論。焦循繼承與發揚他之前蘇軾等人「以俗為雅」和「化俗為雅」（《對床夜話》）的審美觀念，主張「以俗為美」「化俗為雅」。他在《花部農譚》〈序言〉中指出，其時崑曲文詞過雅太文，不易動俗，「聽者使未睹本文，無不茫然不知所謂」。大眾百姓不易懂，當然也就不容易為之感動；而「花部原本於元劇，其事多忠孝節義，足以動人；其詞質直，雖婦孺亦能解；其音慷慨，血氣為之放蕩」。

李漁（1611-1680），原名仙侶，字謫凡，中年以後號笠翁，浙江蘭溪人，在江蘇如皋長大。清初戲曲、小說家、文藝理論家。李漁也主張「以俗為美」「化俗為雅」。他在《閒情偶寄》〈詞曲部〉中，以「如造物之賦形」「工師之建宅」為喻，說明「袖手於前，始能疾書於後」，「出其錦心」，才能「揚為繡口」。他提出「立主腦」「脫窠臼」「密針線」「減頭緒」「戒荒唐」「審虛實」「戒諷刺」（指「報私怨」）等創作規範，其中涉及戲曲形象動態系統的各個方面。他強調指出：「戲文做與讀書人與不讀書人同看，又與不讀書之婦人、小兒同看，故貴淺不貴深。」只有像元曲那樣「意深詞淺，全無一毫書本氣」，才能達到雅俗共賞的審美目的。他強調指出：「話則本之街談巷議，事則取其直說明言」，「能於淺處見才，方是文章高手」。他對重機趣、戒浮泛、忌填塞以及賓白、科諢等都有極為深刻、中肯的論述，提倡「雅俗同觀、智愚共賞」，「妙在水到渠成，天機自露」，與他的雅俗觀相一致。徐大椿《樂府傳聲》與黃圖珌《看山閣閒筆》〈文學〉〈詞曲〉都主張「貴乎口頭言語」和「化俗為雅」的審美取向。李調元《雨村曲話》也指出，戲曲創作「大略貴當行，不貴藻麗」，「作曲最忌出情理之外」。

## 第十節　清代講唱評論家的「雅俗共賞」論

　　清代前期、中期彈詞、鼓詞、子弟書及寶卷等講唱類「俗」文藝極為興盛。其中，如《再生緣》《玉蜻蜓》《珍珠塔》《榴花夢》等長篇彈詞都有評議文字，表明這些評論家的審美追求是雅俗共賞，化俗為雅。如《繡香囊》說：「雖說是海市蜃樓懸空假設非實有，亦可以怵目驚心善惡賢愚果報全。」吳毓昌在《三笑新編》中說：「翻舊譜，按新腔，權將嘻笑當文章。齊諧荒誕供噴飯，才撥冰弦哄一堂。」侯香葉在《再生緣》序言中說：「詩以言情，史以記事。至野史彈詞代前人補恨，或恐往事無傳，雖裡俗之微詞，付棗梨而並壽。」賈鳧西的《歷代史略鼓詞》《太史摯適齊全章》《齊人有一妻一妾章》等，表現出犀利的歷史眼光和富於哲理的感染力，具有雅俗共賞的審美效果。他在《歷代史略鼓詞》正傳「開篇」裡說：「從古來三百二十八萬載，幾句街談要講上來。權當作蠅頭細字批青史，撇過了之乎者也矣焉哉。」旗幟鮮明地表述自己的審美追求就是「化俗為雅」「以俗為美」；在「尾聲」裡，他自豪地寫道：「俺看那龍樓鳳閣亦是茅庵草，誰知道亂水荒山也生秀氣人！俺考古翻殘千卷史，俺謅詩使碎五更心。說一回青春壯士長征馬，說一回紅粉佳人冷睡衾，說一回黃面禪僧山寺雪，說一回白頭詩客帝京塵。篇篇《國策》儀、秦口，句句《離騷》屈、宋心。字眼不妨文帶武，言談偏要雅兼村。比不上瀛洲學士凌雲賦，算得過蒙館先生勸世文。」所謂「雅兼村」，也就是「雅俗並陳」「雅俗相參」。在假設回答聽眾對演唱《哀江南》曲的疑問時，他又說：「大凡小說家開端的楔子，要說的鬆鬆灑灑，埋伏十面；中間的正文，要說的淋淋漓漓，盡情極致；煞局的尾聲，要說得飄飄揚揚，有餘不盡。」要求聲情並茂，易懂易曉，餘味無窮，強調「以俗為美」「化俗為雅」的

「俗」文藝創作應追求「雅俗並存」「雅俗共常」的審美效果。

## 第十一節　王夫之的「雅正」觀

　　王夫之（1619-1692），字而農，號姜齋，湖南衡陽人。晚手隱居於湘西石船山著述講學，被人尊稱為船山先生，清化啟蒙思想家、文藝理論家。王夫之主張詩文創作應符合「雅正」審美規範。王夫之的詩文理論以「文」為邏輯起點。在他看來，「文」的本質[1]就是人的本質，「文」是區別人和禽獸的唯一標誌，是區別文明人和野蠻人、「中國」和「夷狄」的唯一標誌。他說：「孔子成《春秋》而亂賊始懼，刪《詩》《書》，定禮樂，而道術始明，……孔子垂訓之後，民雖不乏敗類，而視唐寞三代、帝王初興，政教未乎之日，其愈也多矣。」（《讀通鑑論》卷二十）。故而，他堅持儒家「雅正」詩學傳統。他的詩文理論主「情」，說：「詩以道性情，道性之情也。性中盡有天德、王道、事功、節義、禮樂、文章，都分派與《易》《禮》《春秋》去，彼不能代詩以言性之情，詩亦不能代彼也。」（《明詩評選》卷五）在他看來，「情」是「人心」與「道心」辯證統一的集中表現。詩歌創作要表現情感，但必須嚴格遵守「正」與「淫」即「雅」與「俗」的界限，只有達到「正」的審美境界，才符合倫理道德的規範，才能真正體現「人心」與「道心」的統一，全面體現人的本性。他指出：「欻然情動而意隨，孰使之然邪？天也。……物至而事起，事至而心起，心至而道起。」「君子之心，有與天地同情者，有與禽獸草木同情者，有與女子小人同情者，有與道同情者。唯君子悉知之，悉知之則辨用之，辨用之尤必裁

---

1　黃保真、蔡鍾翔、成復旺：《中國文學理論史》（四），第151頁。

成之，是以取天下之精而宅天下之正。」（《詩廣傳》卷一）以「雅正」
審美標準為規範，他認為詩，特別是「文」，必須運用孔子那個時期的
「雅言」，這樣才能做到與聖人聲氣相符相合。因此，他指出要掌握這
種「雅言」必須「多讀古人文字，以沐浴而膏潤之」（《夕堂永日緒論
外編》）；「以心入古文中，則得其精髓；若以古文填入心中，而亟求
吐出，則所謂道聽而途說者也」（《夕堂永日緒論外編》）。由此出發，
他極為反對詩文創作語言不「雅正」。他說：「隆、萬之際，一變而愈
之於弱靡，以語錄代古文，以填詞為實講，以杜撰為清新，以俚語為
調度，以挑撮為工巧……語錄者，先儒隨口應問，通俗易曉之語，其
門人不欲潤色失真，非自以為可傳之章句也。以此為文，而更以浮屠
半吞不吐之語參之，求文之不蕪穢也得乎？」（《夕堂永日緒論外編》）
他堅決反對以口語入文，反對生造詞，反對口語詞，強調書面語言的
規範性。在他看來，口語詞為「穢語」，作為「代聖賢立言」的八股時
文，應堅持其語言「雅正」，風格諧調一致，摒棄口語以求其雅。

## 第十二節　方苞的「清真雅正」觀

　　方苞（1668-1749），字鳳九，一字靈皋，晚年自號望溪，安徽桐城
人。清代文論家。桐城派三祖之首。方苞主張「清真雅正」的審美觀。
方氏衡量詩文創作成功與否的一個最重要的審美標準，就是「雅潔」。
他評述歸有光的詩文創作，說：「震川之文於所謂有序者，蓋庶幾矣，
而有物者則寡矣。又其辭號雅潔，仍有近俚而傷於繁者，豈於時文既
竭其心力，故不能兩而精與？」（《書歸震川文集後》在方苞看來，「雅」
是與「俚」相對的，他主張詩文創作語言表述應該雅正，歧視口語，
他曾告誡門人說：「南宋元明以來，古文義法不講久矣。吳越間遺老尤

放恣，或雜小說，或沿翰林舊體，無一雅潔者。古文中不可入語錄中語、魏晉六朝人藻麗俳語、漢賦中板重字法、詩歌中雋語、南北史佻巧語。」（沈廷芳《書方望溪先生傳後》）在《答程夔州書》中，他強調指出：「凡為學佛者傳記，用佛氏語則不雅，子厚、子瞻以茲自瑕，至明錢謙益則如涕唾之令人㲄矣。豈惟佛說，即宋五子講學口語亦不宜入散體文，司馬氏所謂言不雅馴也……此雖小術，失其傳者七百年。」

方苞所強調的「雅潔」與「義法」在根本上仍是一脈相通的，「雅潔」是文章貫徹「義法」後所必定表現出的風格特色。

## 第十三節　厲鶚的「尊詞」「尚雅」審美觀

厲鶚（1692-1752），字太鴻，號樊榭，浙江錢塘人。清代詞論家。厲鶚尚雅，論詞注重「托興」，特別欣賞「清遠」。他在《群雅集序》中說：「詞源於樂府，樂府源於《詩》。四詩、大小雅之材，合三百有五。材之雅者，《風》之所由美、《頌》之所由成。由《詩》而樂府而詞，必企夫雅之一言，而可以卓然自命為作者。」他對「雅」的解釋，並不偏重於藝術表達形式。他認為，《群雅集》所收之詞，之所以能達到「雅」的審美標準，就是因為「托興乃在感時賦物、登高送遠之間，遠而文，澹而秀，纏綿不失其正」（《群雅集序》）。同時，《在吳尺鳧玲瓏簾詞序》中，他還稱讚吳氏的詞作「寓托既深，攬擷亦富，紆徐幽邃，悄恍綿麗」。厲鶚之所以標舉「托興」，同他個人的生活經歷分不開。厲鶚生活的時代，尖銳的民族矛盾已經消解，儘管清廷文網嚴峻，但也在那裡表彰明室忠烈，所以詞人也不妨對趙宋遺民唐珏等人

的寄託故國之思的作品，如《樂府補題》之類表示讚賞[2]。而厲鶚自己，則一生未能出仕，「索居湖山，抱侘傺之悲」，所以「每當初鶯新雁，望遠懷人，羅綺如雲，芳菲似雪，輒不自已，佇興為之」（《張今涪紅螺詞序》）；「欲如梅溪、夢窗諸公，遨嬉於山綠湖光，歌云舞繡，以寄其淪落之思」（《陸南香白蕉詞序》）。因此，他認為「雅人能事」，主要表現在「感時賦物」，「托興」清遠，具有「深窈空涼之旨」。

## 第十四節　張惠言的「醇雅」審美觀

張惠言（1761-1802），名皋文，陽湖（今江蘇常州市）人。清代經學家，文藝理論家。張惠言論詞，提倡「醇雅」說。他標舉姜夔、張炎，不喜辛棄疾、劉過，主張句琢字練，歸於「醇雅」。他認為詞的創作應「淵淵乎文有其質」（〈詞選序〉），應繼承和發揚「正聲」傳統，也即張炎《詞源》中提倡的文人雅詞。因此，他反對「豪放」「軟媚」「俚俗」。儘管表面上看，他把蘇軾、辛棄疾與姜夔、張炎都列入了「正聲」，但他選錄的詞作，仍然只取其合乎「雅正」審美標準的，而不是取能夠代表蘇、辛詞的獨特風格和審美境界、藝術成就的最佳之作。他還把南唐馮延巳、李煜與西蜀君臣的詞作相提並論，看作是詞中「雜流」「變聲」。他指責柳永、黃庭堅的詞作「蕩而不反」，劉過的詞作「傲而不理」，吳文英的詞作「枝而不物」（〈詞選序〉）。可以說，他所提倡的「雅正」審美標準，比張炎與浙派詞家都更側重於審美意旨的表述，更注重思想內容的充實、中正。但從常州詞人特別是

---

2　黃保真、蔡鍾翔、成復旺：《中國文學理論史》（四），北京出版社1987年版，第604頁。

他自己的創作實踐來看，其詞作中很少有抒發感慨忠憤之情的，也不抒寫男女帷房之事，大多是用高雅的文字型的文學語言，詠物寫景。他們喜歡吟詠殘春新秋，落紅飛絮，寫風風雨雨，嘆身世飄零，隱隱地表現出一種悲觀凄涼的時代心態。其風格既不粗豪、不俚俗，也不豔冶，追求清醇雅正，但也實在說不上有多少深刻的歷史內涵。

## 第十五節　孔尚任的「寧不通俗，不肯傷雅」審美觀

孔尚任（1648-1718），字聘之，又字季重，號東塘，別號岸堂，又號雲亭山人。山東曲阜人。清代戲曲家，文藝理論家。孔尚任尚雅。他論詩，重性情，反對媚俗、「徇俗」。他認為：「夫所謂詩者，欲得性情之正，一有委曲徇俗之意，其大旨已失。」（〈城東草堂詩序〉）所謂「性情之正」，就是說性情要「雅」，要符合「雅正」的詩教傳統。他說：「論詩有二道：曰工，曰佳。工者多出苦吟，佳者多由快詠。古人謂詩窮而後工，稱為工者言耳。而佳詩，則必風流文采，翩翩豪邁，能發廟朝太平之音，較之窮而後工者，有風雅、正變之殊焉。」（〈山濤詩集序〉）「工詩」和「佳詩」、「苦吟」與「快詠」，表現為「風雅」「正變」的不同。他的戲劇理論也堅持「雅正」美學精神。他在《桃花扇小引》中說：「傳奇雖小道，⋯⋯其旨趣實本於《三百篇》，而義則《春秋》，用筆行文，又《左》、《國》、太史公也。」因此，他反對「俗口」「庸筆」，認為「古今妙語，皆被俗口說壞；古今奇文，皆被庸筆學壞。慎勿輕示俗子也。」（《桃花扇凡例》）在他看來，說白「寧不通俗，不肯傷雅」。他指出：「說白則抑揚鏗鏘，語句整練，設科打諢，俱有別趣。寧不通俗，不肯傷雅，頗得風人之旨。」（《桃花扇凡例》）以「雅正」為審美標準，他要求戲劇的說白應講究音韻和修辭，應把

「雅」放到首要的位置。王季思在《桃花扇前言》中指出，《桃花扇》的語言「典雅有餘，當行不足：謹嚴有餘，生動不足」。顯然，這是同孔尚任「寧不通俗，不肯傷雅」的審美觀念分不開的。

## 第十六節　焦循的「以俗為美」觀

焦循（1763-1820），字理堂，一字里堂，喚號里堂老人。江都甘泉（今江蘇揚州）人。清代戲曲理論家。焦循極為重視花部戲曲，堅持「以俗為雅」的審美觀。所謂「花部」，是指清中葉迅速發展起來的、富有濃厚生活氣息的如秦腔、羅羅腔、弋陽腔等地方戲曲，又稱「亂彈」。與之相對，崑曲則稱之為「雅部」。焦循〈花部農譚序〉中云：「『花部』者，其曲文俚質，共稱為『亂彈』者也。乃余獨好之。」「天既炎暑，田事餘閒，群坐柳陰豆棚之下，侈譚故事，多不出花部所演。余因略為解說，莫不鼓掌解頤。有村夫子者筆之於冊，用以示余。余曰：『此農譚耳，不足以辱大雅之目。』為芟之，存數則云爾。」焦廷琥（焦循長子）《先府君事略》則云：「歲乙丑，府君養病家居，博覽詞曲，作《劇說》六卷。」「湖村二八月間，賽神演劇，鐃鼓喧闐。府君每攜諸孫觀之，或乘駕小舟，或扶杖徐步，群坐柳陰豆棚之間。花部演唱，村人每就府君詢問故事，府君略為解說，莫不鼓掌解頤。府君有《花部農譚》一卷。」焦循認為，文學藝術之所以具有永恆的魅力，關鍵就在於變革創新，「一代有一代之所勝」（《易余籥錄》），有變方能通，通過繼承革新，不斷產生前所沒有的新的文藝形式。這樣的文藝發展觀，是以往的文論家所沒有充分闡述過的；而從文藝發展史的角度來考察，從而肯定戲曲的歷史地位，也是以往的戲曲評論家所從未論及的。焦循通過對戲劇審美實踐具體事例的分析，有力地論

證了元代的戲曲足以與《詩經》、《楚辭》、漢賦、魏晉六朝之五言詩、唐詩、宋詞相提並論而毫不遜色[3]。這種審美觀念給予王國維以深刻的影響，王國維在《宋元戲曲史》〈元劇之文章〉中說：「元雜劇之為一代之絕作，元人未之知也。明之文人，始激賞之，至有以關漢卿比司馬子長者。三百年來，學者文人，大抵屏元劇不觀。其見元劇者，無不加以傾倒，如焦里堂《易余籥錄》之說，可謂具眼矣。」焦循以俗為雅，推重「花部」，這在雅俗論發展史上是極為難得的。「花部」這種在民間流行的地方戲曲勃興於十八世紀初，至乾嘉時期已經十分繁盛，在城鄉擁有大量觀眾。而原來在明代盛行的戲曲品種，在受到文人雅士推重並參與推敲文詞、音韻之後，日益精緻化，脫離了原有的通俗本色，如崑曲就有這種趨勢。從而形成了「花」「雅」二部對峙爭勝的局面。張漱石《夢中緣傳奇序》中說：「長安之梨園，⋯⋯所以惟秦聲、羅、弋，厭聽吳騷，歌聞崑曲，輒哄然散去。」可見百姓大眾的好惡表現得異常鮮明，然而清朝統治者卻一再採取行政措施來打擊「花部」。據《欽定大清會典事例》記載：「乾隆五十年議准，嗣後城外戲班，除昆、弋兩腔仍聽其演唱外，其秦腔戲班，交步軍統領五城出示禁止。現在本班戲子，概令改歸昆、弋兩腔。如不願者，聽其另謀生理。倘於怙惡不遵者，交該衙門查拿懲治，遞解回籍。」嘉慶三年（1798）的禁令則規定：「嗣後除昆、弋兩腔仍照舊准其演唱，其外亂彈、梆子、絃索、秦腔等戲，概不准再行唱演。」（蘇州《老郎廟碑記》）加於「花部」的罪名有：「其所扮演者，非狹邪媟褻，即怪誕悖亂之事，於風俗人心殊有關係。」（嘉慶四年禁令）士大夫中大多數人

---

3　黃保真、蔡鍾翔、成復旺：《中國文學理論史》（四），北京出版社1987年版，第759頁。

也是崇雅抑花的，如乾隆四十五年（1780）十二月二十五日郝碩的奏摺説：「臣查江西崑腔甚少，民間演唱，有高腔、梆子腔、亂彈等項目。……高腔等班，其詞曲悉皆方言俗語，俚鄙無文，大半鄉愚隨口演唱，任意更改，非比崑腔傳奇，出自文人之手，剖劂成本，遐邇流傳。」（見故宮博物院《史料旬刊》第二二期）因此，可以説「花」「雅」之爭實質上表現為「雅」「俗」之爭。在這場鬥爭中，焦循擺脱了屬於儒家倫理教化傳統「雅正」觀的束縛，而與「農叟漁父」站在一起，為「花部」大聲疾呼。《花部農譚序》中説：「梨園共尚吳音。『花部』者，其曲文俚質，共稱為『亂彈』者也。乃余獨好之。蓋吳音繁縟，其曲雖極諧於律，而聽者使未睹本文，無不茫然不知所謂。其《琵琶》《殺狗》《邯鄲夢》《一捧雪》十數本外，多男女猥褻，如《西樓》《紅梨》之類，殊無足觀。花部原本於元劇，其事多忠、孝、節、義，足以動人；其詞直質，雖婦孺亦能解；其音慷慨，血氣為之動盪。」這裡通過對「花部」與崑曲的比較，展示了其優點和缺點，列舉理由恰恰與官府和士大夫的評判相反：屬於「吳音」的崑曲「多男女猥褻」，而花部「多忠、孝、節、義」，所以「花部」才有益於「風俗人心」；崑曲雖然典雅諧律，但觀者不易懂，看不明白，「花部」雖然俚俗質直，卻婦孺都能解，因而「曲文俚質」正是花部的優點。雅俗論發展史上「花部」之所以能感動人心、動人血氣，焦循對比題材相同的崑曲《雙珠記》和「花部」《清風亭》不同的演出效果後，指出：「余憶幼時隨先子觀村劇，前一日演《雙珠》〈天打〉，觀者視之漠然。明日演《清風亭》，其始無不切齒，既而無不大快。鐃鼓既歇，相視肅然，罔有戲色；歸而稱説，浹旬未已。」（《花部農譚》）由此他得出自己的見解説：「彼謂花部不及崑腔者，鄙夫之見也。」（《花部農譚》）「花部」儘管遭到清廷的禁止，卻在百姓大眾的支持下得到極大發展。這一歷

史事實，也證明了「雅」與「俗」的相互並進、相互轉化。總之，無論「雅」文藝，還是「俗」文藝，都必須以大眾為基礎，不然，則會僵化、枯萎。

# 後　記

　　在這麼一個浮躁的、流行藝術氾濫的年代來研究中國古代的雅俗論，總有些不合時宜之感。儘管如此，也總算寫完了全部書稿。雖然仍有許多不盡如人意的地方，但的確花費了不少心血，查閱了大量資料，故而，擱筆之時，心裡既有一些輕鬆，更有幾多感慨。

　　「雅」與「俗」，這兩種既相對立，又相互轉化的審美意識，既古老又彌新，隨時而變，因時而異，但有一點不變，即其中所蘊藉的人的求真、求善、求美的精神不變，其人文意義不變。同時，就文藝美學來看，「俗」文藝也與流行藝術不同，具體的流行藝術像走馬燈一樣，轉瞬即逝；而適合大眾品位的、通俗的「俗」文藝則充滿永不衰竭的生命活力，不斷為「雅」文藝輸送新鮮血液。正由於此，所以說「俗」就是「雅」，大俗大雅。以上也算是本書作者的一點膚淺認識吧。

　　需要說明的是，本書的最終完成，與叢書主編蔡鍾翔先生的指教分不開。在審讀書稿期間，蔡夫人突發小腦出血，生命危在旦夕，蔡先生每天奔走於醫院。如此緊要關頭，蔡鍾翔先生仍擠出時間認真審

讀，提出了不少寶貴的修改意見。對此，我們的感激之情不是用語言能夠表達出來的。還要感謝責任編委劉文忠先生，他精心地審讀了全書初稿，其嚴謹的學風和一絲不苟的治學態度，使我們深表敬意！

作者二〇〇二年二月二日

昌明文庫·悅讀美學 A0606021

# 雅論與雅俗之辨

| | |
|---|---|
| 作　　者 | 曹順慶、李天道 |
| 責任編輯 | 楊家瑜 |
| 發 行 人 | 林慶彰 |
| 總 經 理 | 梁錦興 |
| 總 編 輯 | 張晏瑞 |
| 編 輯 所 | 萬卷樓圖書股份有限公司 |
| 排　　版 | 菩薩蠻數位文化有限公司 |
| 印　　刷 | 百通科技股份有限公司 |
| 封面設計 | 菩薩蠻數位文化有限公司 |

出　　版　昌明文化有限公司
桃園市龜山區中原街 32 號
電話 (02)23216565
發　　行　萬卷樓圖書股份有限公司
臺北市羅斯福路二段 41 號 6 樓之 3
電話 (02)23216565
傳真 (02)23218698
電郵 SERVICE@WANJUAN.COM.TW
大陸經銷
廈門外圖臺灣書店有限公司
　　電郵 JKB188@188.COM

**ISBN 978-986-496-202-0**
2020 年 7 月初版二刷
2018 年 1 月初版

定價：新臺幣 440 元

如何購買本書：
1. 轉帳購書，請透過以下帳戶
　　合作金庫銀行 古亭分行
　　　戶名：萬卷樓圖書股份有限公司
　　帳號：0877717092596
2. 網路購書，請透過萬卷樓網站
　　網址 WWW.WANJUAN.COM.TW
大量購書，請直接聯繫我們，將有專人為您
服務。客服：(02)23216565 分機 10

如有缺頁、破損或裝訂錯誤，請寄回更換
**版權所有·翻印必究**
Copyright©2020 by WanJuanLou Books CO.,
Ltd.All Right Reserved　**Printed in Taiwan**

**國家圖書館出版品預行編目資料**

雅論與雅俗之辨 / 曹順慶, 李天道作. -- 初
版. -- 桃園市：昌明文化出版；臺北市：萬
卷樓發行, 2018.01
　　面；　　公分. -- (昌明文庫. 悅讀美學)
ISBN 978-986-496-202-0(平裝)
1.中國美學史
180.92　　　　　　　　　　　107001908

本著作物經廈門墨客知識產權代理有限公司代理，由百花洲文藝出版社授權萬卷樓圖
書股份有限公司出版、發行中文繁體字版版權。